大国制造

DA GUO ZHI ZAO

纪红建　著

CNS｜湖南人民出版社·长沙

目 录

从“制造”到“智造”，以“智造”迈向未来，这是一条必经之路，也是我国从制造大国走向制造强国的根本路径。

先进制造业的发展离不开世界各国的积极参与，离不开全球企业的共同努力。

序篇

向着明亮的方向

一

2016 年 12 月 23 日，星城长沙沐浴在冬日的暖阳里。

这天，国家制造强国建设领导小组成员单位、国家制造强国建设战略咨询委员会、部分省市政府及行业协会、中央企业负责人，还有来自全国各地的重要制造业企业的负责人汇集长沙，参加“中国制造2025”工作现场会暨国家制造强国建设领导小组第四次会议，探索中国制造业高质量发展。

《中国制造2025》是由国务院于 2015 年 5 月印发的部署全面推进实施制造强国的战略文件，是我国实施制造强国战略第一个十年行动纲领。百余名院士专家参与草拟此行动纲领，为中国制造业未来 10 年设计顶层规划和路线图，目标是努力实现中国制造向中国创造、中国速度向中国质量、中国产品向中国品牌三大转变，推动中国到 2025 年基本实现工业化，迈入制造强国行列。《中国制造2025》给数以万计的中国制造业企业吹响新的出征号角。

大会要求深入分析当时世界产业发展新态势、竞争新特点，充分认识我国制造业发展的潜力、机遇和困难、挑战，以新发展理念为引领，以推进供给侧结构性改革为主线，聚焦市场需求、借鉴国际经验，着力深化简政放权、放管结合、优化服务和财税、金融等重点改革，完善政策支持，围绕大力发展先进制造业在市场准入、要素配置、降低成本等方面营造良好环境；着力把“中国制造2025”“互联网 +”和大众创业万众创新紧密结合起来，形成新动能培育与传统动能改造，提升互促共进的良性循环；着力弘扬企业家精神和工匠精神，苦练内功、精益求精、提质增效、追求卓越，努力攻克一批核心技术和关键工艺装备，提升智能制造、绿色制造水平，为促进经济中高速增长、迈向中高端水平提供坚实有力支撑。

湖南省领导在致辞中说，近年来，湖南认真贯彻党中央、国务院决策部署，抓住“中国制造2025”重大机遇，着力促进“湖南制造”向“湖南智造”跨越，为保持全省经济平稳持续健康发展提供了重要支撑。制造业是大国崛起的“重器”、民族工业的“脊梁”、实体经济的主体，也是湖南“创新引领、开放崛起”的主战场。湖南省将深入贯彻落实本次会议精神，充分吸纳专家学者的指导意见，学习借鉴兄弟省份的宝贵经验，以创建长株潭“中国制造2025”试点示范城市群为牵引，着力构筑高端、智能、高效、绿色的新型制造业体系，着力组织实施制造业技术创新计划，着力打造中国智能制造示范引领区，着力培育“工匠湘军”，为实施制造强国战略作出湖南应有的贡献。

这个会议无疑具有举足轻重的地位和作用！

为何在湖南召开？

湖南制造业发展有何独特优势？

“敢为人先”的湖南不仅是近代中国革命的红色热土，更是撑起了工业大国的“钢筋铁骨”。

中国早在上古时期就有了一定规模的制造业。先秦文献《考工记》曰：“审曲面埶（势），以饬五材，以辨民器，谓之百工。”又曰：“治丝麻以成之，谓之妇功。”“百工”指的是审视与考察材料外在特征和内部特性，制备民生器具之人；“妇功”，则是指将丝与麻织成衣物。在漫长的岁月里，中国工匠们的生产活动一方面满足着国内各种日用需求，另一方面制造了出口异域的各类产品，这些产品成为中华文化流传四海的重要载体。

这种传统制造的优势一直保持到清代前期。当历史的车轮进入18世纪，在蒸汽机的轰鸣声中，古老的东方大国不仅将世界第一制造大国的王座易位于英国，还陷入落后挨打的局面。世界强国的兴衰史和中华民族的奋斗史一再证明，没有强大的制造业，就没有国家和民族的强盛。打造具有国际竞争力的制造业，是我国提升综合国力、保障国家安全、建设世界强国的必由之路。

心忧天下、经世致用的湖南人在逆境中奋起拼搏，站到了历史舞台的最中间。他们不仅会读书、会打仗，也会开矿办厂搞实业。19世纪60年代，李鸿章、张之洞、曾国藩、左宗棠等人提出了一项庞大的复兴工程，后世称之为“洋务运动”。因为众多湘籍洋务派的涌现，湖南成为洋务运动的主阵地,在中国近代工业史上留下了浓墨重彩的一笔。

在洋务运动的影响下，湖南开始机器生产，近代工业由此兴盛。据《湖南近现代工业史》记载，20世纪30年代上半期，湖南已有50多个机械厂和12个电器厂，机器设备300多台。湖南五金机械工业开始由单纯的修造、加工、维修为主，跨入以制造为主的阶段。比如，当时中国修建了公路桥史上最早的现代钢链吊桥——能滩吊桥，桥墩柱链所采用的钢件，就来自湖南的机械厂。三湘大地更是诞生了当时中国第一台煤气汽车、第一家羽绒企业、第一座新法炼锌厂……

新中国成立以来，湖南制造业在百废待兴的基础上实现了从小到大、从弱到强的跨越式发展。

改革开放前，湖南就初步奠定了社会主义现代工业基础。以1949年8月中国人民解放军接管小组进驻株洲机厂为标志，湖南进入社会主义现代工业发展时期。1949 年至 1952 年，湖南用 3 年时间完成国民经济恢复任务，有计划、大规模地开展经济建设，掀起了工业建设高潮。“一五”时期，在苏联援建的 156 个重点项目中，国家安排了 7 个项目在湖南。国家重点工程带动了湖南工业发展，1957 年，全省工业总产值达 18.19 亿元，超过“一五”计划目标 16.83%。“二五”时期，湖南创造了新中国第一台干线电力机车、第一根硬质合金棒材、第一枚空空导弹等多个“第一”。1950 年，湖南工业企业共 1884 家，完成工业总产值 4.15 亿元；到 1978 年，湖南工业企业发展到 16491 家，工业总产值达 142.78 亿元。这为后续湖南工业快速发展打下了坚实的基础。

改革开放后，湖南的制造业发展步入全面发展新阶段。党的十一届三中全会以后，湖南工业在改革开放大潮的推动下，通过调整重工业发展速度、加快轻工业发展步伐，逐步走上了持续、稳定、健康发展的道路。2001 年 11 月，湖南省第八次党代会提出“三化”战略，明确大力推进工业化、城镇化和农业产业化。2006 年 11 月，湖南省第九次党代会确定新型工业化带动战略。最终，湖南人走出了一条富有湖南特色的新型工业化道路，在工业总量、发展质量、创新能力、工业布局、整合发展等方面取得了历史性的成就。到“十一五”末，湖南制造业领域已拥有 8 个千亿级产业。

党的十八大以来，湖南大力实施制造强省战略，以供给侧结构性改革为主线加快新旧动能转换，以工业新兴优势产业链为抓手升级打造产业集群，以智能制造为主攻方向加快数字化、网络化、智能化赋能。到 2016 年，湖南工业增加值、规模工业企业主营业务收入分别达 1.11 万亿元、3.76 万亿元，先进轨道交通装备、工程机械成中国制造亮丽名片。面对新一轮科技革命和 5G 时代的到来，湖南省政府从引导产业发展的角度出台规划，鼓励原始创新，推动传统制造行业实现智能化、数字化转型。2019年，湖南共有16家企业被列入国家智能制造试点示范项目，27个项目获评国家智能制造标准化和新模式专项项目；全省累计创建评选省级智能制造示范企业53家、示范车间74个。2022年，湖南规模工业增加值增长7.2%，增速居全国第6、十强省第1，工业对全省经济增长贡献率达42.6%，其中制造业占全省地区生产总值比重达28.2%；湖南钢铁、三一集团分别跻身《财富》世界500强、《福布斯》全球500强；在全国率先出台《湖南省先进制造业促进条例》，以法制保障先进制造业发展……

湖南更是聚焦壮大和培育国家先进制造业集群，所构建的现代化工业体系逐渐展现湖南特色——培育出4个国家先进制造业集群，数量居全国第三、中部第一，不仅推动4个国家先进制造业集群做大做强，更是加快向世界级产业集群跃升。到2023年，长沙工程机械产业集群行业资产、营业收入、利润总额连续13年居全国第一位。株洲轨道交通装备产业集群聚集度居全球第一，电力机车全球市场占有率27%、居全球第一，自主研制的动车组成功进入欧盟高端市场。株洲中小航空发动机产业集群产值占全国75%，飞机起降系统、复合材料成型工艺装备等装配C919大型客机。长沙自主安全计算系统产业集群构建起具有持续竞争力的产业生态，“两芯一生态”成为国内信创工程首选技术路线，飞腾CPU、景嘉微GPU、国科微固态硬盘全国信创市场排名第一，麒麟操作系统全国信创市场占比超过75%。

湖南先进制造业正在走向世界舞台。2023年5月12日至15日，第三届长沙国际工程机械展览会在长沙国际会展中心、长沙国际会议中心举行。全球工程机械国际品牌企业、全球工程机械国际嘉宾、全球工程机械国际论坛赛事等，在这一纯粹由中国人自己打造的世界级工程机械展会上精彩亮相，来自全球的1502家企业参展，展出各类产品超过2万件，涵盖上千款全球首次亮相的新产品、新技术。

…………

湖南制造业在中部崛起，是中国制造不断超越历史，从弱到强、从跟跑到逐渐领跑的一个缩影。

二

一场秋雨，星星点点，开始染红北京千山万岭的秋叶。

2013 年 9 月 30 日上午，在新中国成立 64 周年的前一天，中共中央政治局以“实施创新驱动发展战略”为题举行第九次集体学习。耐人回味的是，这次中央政治局集体学习走出中南海，把“课堂”搬到了中关村，采取调研、讲解、讨论相结合的形式进行。

上午 8 时 30 分，习近平总书记等中共中央政治局同志集体从中南海出发，前往中关村。9 时许，习近平总书记等来到中关村国家自主创新示范区展示交易中心，听取了中关村管委会负责人关于中关村创新发展情况的汇报。听说中关村近年来创新效率显著提高、力争 2020 年建成具有全球影响力的科技创新中心，总书记十分高兴，对此表示肯定。

随后，前往展厅参观。展厅内，精心布置的显示屏、图片、产品，展示了科技创新企业、科研单位研发的一系列具有国际领先水平的创新成果。在 3D 打印、集成电路装备、新一代信息技术、节能环保、新材料、生物和健康、航空航天等展区，总书记仔细察看和了解情况，同企业负责人和科研人员深入交谈，询问增材制造、云计算、大数据、高端服务器、水处理、纳米材料、生物芯片、农作物精准生物育种、量子通信等技术研发和应用情况，对我国科研人员勇攀科学高峰、不断掌握和突破核心技术的拼搏精神给予高度评价。

参观结束后，总书记等来到展示中心会议室，听取时任科技部部长万钢介绍我国科技创新总体情况，并就实施创新驱动发展战略进行讨论。

主持学习时，习近平总书记发表了重要讲话。他强调，科技兴则民族兴，科技强则国家强。党的十八大作出了实施创新驱动发展战略的重大部署，强调科技创新是提高社会生产力和综合国力的战略支撑，必须摆在国家发展全局的核心位置。这是党中央综合分析国内外大势、立足国家发展全局作出的重大战略抉择，具有十分重大的意义。他指出，当前，从全球范围看，科学技术越来越成为推动经济社会发展的主要力量，创新驱动是大势所趋。新一轮科技革命和产业变革正在孕育兴起，一些重要科学问题和关键核心技术已经呈现出革命性突破的先兆，带动了关键技术交叉融合、群体跃进，变革突破的能量正在不断积累。即将出现的新一轮科技革命和产业变革与我国加快转变经济发展方式形成历史性交会，为我们实施创新驱动发展战略提供了难得的重大机遇。机会稍纵即逝，抓住了就是机遇，抓不住就是挑战。我们必须增强忧患意识，紧紧抓住和用好新一轮科技革命和产业变革的机遇，不能等待、不能观望、不能懈怠。并再次强调，从国内看，创新驱动是形势所迫。我国经济总量已跃居世界第二位，社会生产力、综合国力、科技实力迈上了一个新的大台阶。同时，我国发展中不平衡、不协调、不可持续问题依然突出，人口、资源、环境压力越来越大。物质资源必然越用越少，而科技和人才却会越用越多。我们要推动新型工业化、信息化、城镇化、农业现代化同步发展，必须及早转入创新驱动发展轨道，把科技创新潜力更好释放出来，充分发挥科技进步和创新的作用。

…………

创新驱动是未来发展的引擎。创新是先进制造业发展的灵魂，是制造业高质量发展的“牛鼻子”。随着新一轮科技革命和产业变革深入推进，外部环境的复杂多变为我国制造业更好地发展带来了诸多挑战，但全球制造业格局演变以及科技革命和产业变革的深刻影响，更为我国制造业在战略性新兴产业、未来产业领域实现并跑乃至领跑，提供了重要机遇。

对于制造业，习近平总书记始终心心念念。他强调，“制造业是国家经济命脉所系”“要坚定不移把制造业和实体经济做强做优做大”“加快建设制造强国，加快发展先进制造业”，为制造业高质量发展指明了方向。

中国先进制造业的发展中，工程机械制造无疑走在了前列。当下中国已成为全球工程机械市场份额最大的国家，徐工、三一重工、中联重科、柳工、龙工、山河智能等企业就是其中的优秀代表，徐州、长沙、常州、厦门、济宁、柳州等地也成了中国乃至世界工程机械生产重镇。

2020 年 9 月 17 日，又一场秋雨，正滋润着湖湘大地。

那天下午，正在长沙考察调研的习近平总书记冒雨来到山河智能装备股份有限公司，察看生产线和产品展示，了解技术研发、生产制造、销售经营情况。

“今天天气虽冷，但我心里是热乎的，你们的创新精神给我留下深刻印象。创新是企业经营最重要的品质，也是今后我们爬坡过坎必须要做到的。关键核心技术必须牢牢掌握在我们自己手中，制造业也一定要抓在我们自己手里。”听说企业成功研发 200 多种具有自主知识产权和核心竞争力的装备产品，总书记高兴地对企业员工说。

在湖南考察时，总书记还强调，着力打造国家重要先进制造业、具有核心竞争力的科技创新、内陆地区改革开放的高地，在推动高质量发展上闯出新路子，在构建新发展格局中展现新作为，在推动中部地区崛起和长江经济带发展中彰显新担当，奋力谱写新时代坚持和发展中国特色社会主义的湖南新篇章。总书记为湖南擘画了“三高四新”的宏伟蓝图，嘱托湖南着力打造国家重要先进制造业高地！

两年后，习近平总书记在党的二十大报告中强调：“实施产业基础再造工程和重大技术装备攻关工程，支持专精特新企业发展，推动制造业高端化、智能化、绿色化发展。”这为加快推进制造业高质量发展指明了方向，提供了遵循。

…………

这是一项重大的时代课题，湖南人有勇气和能力破题。

“国家重要先进制造业高地”，饱含着深刻的内涵，其中“重要”“先进”“高地”三个核心关键词，更是让湖南人感到责任重大、使命神圣。

先是“重要”。这不是一般意义的“重要”，而是“国家重要”，也就是说对国家具有重大的意义、作用和影响。既要在国家制造强国战略全局中具有重要地位，也要在相关行业中具有竞争力与重要影响力。

而后是“先进”。这是个丰富而多元的概念。不仅包括人工智能、云计算、增材制造、微纳制造、生物制造、新材料等技术工艺在内的先进技术，也包括先进的管理方法和模式。将其综合应用于研发设计、生产制造、经营管理全过程，将推动生产过程向智能化、绿色化方向升级，拥有并提升核心竞争力，产出先进产品，促进产业链、价值链迈向中高端。

再是“高地”。至少体现在三个方面：占据制造业产业链、价值链的中高端；抢占关键技术的制高点；成为制造业企业和人才聚集的新高地。可是湖南地处中部，没有区位优势，要成为高地，这需要何等的决心和勇气。

能吃苦、霸得蛮的湖南人迎难而上！

2020 年 12 月初，湖南省委十一届十二次全会上提出，着力推进先进装备制造业倍增、智能制造赋能等“八大工程”，牢牢抓住制造业未来发展的制高点和主攻方向。

2021 年 11 月下旬，湖南省第十二次党代会进一步提出，打造一批世界领先的产业集群、具有全球竞争力的领军企业、具有国际影响力的品牌产品、具有全国先进水平的产业园区。

湖湘大地，各级各部门同向发力，各类要素资源向制造业领域充分涌流，全力推动湖南制造业从基地向高地迈进。

一时间，千里湘江，波涛滚滚，出洞庭，入长江，融大海，奔涌出不可阻挡的磅礴力量……

第一篇

从微光到闪亮

2008年，一场金融危机席卷全球，涉及面之广，影响之深，堪比1929年那场引发世界大战的大萧条，不仅迅速波及整个金融体系，大量金融机构破产，金融资产大幅度缩水，而且开始伤及实体经济的核心——制造业。

彼时，制造业严重受挫！

如美国，汽车工业是其制造业的心脏，但伴随经济衰退，汽车的销量普遍下降，甚至面临市场的崩溃，这个关系数以万计美国工人就业的行业，一时间处于危机之中。

更令人揪心的是，全球制造业面临严重持久的衰退。

汽车行业的惨淡，不仅深刻影响了美国，欧洲等其他市场的新车销量同样大幅下降。

而在制造业中，景气低迷的也不仅是汽车制造业，其他制造业活动指数也大幅收缩、严重衰退，降到数十年来最低点。

影响更加深远，衰退还在继续。

2013年前后，我国制造业滑至低谷，遭遇寒冬，深陷泥坑。特别是工程机械行业经历着如过山车般的跌宕——库存加大、贷款增加、应收账款上升、利润缩水，行业下滑至低谷，各大龙头企业随之起落。

是趴下，还是爬起来奋勇前行?

不得不承认，与发达国家相比，我们的制造业技术创新能力还不够强，制造业技术基础还有些薄弱，制造业技术创新体系也尚未形成。但我们又自信地看到：1990 年，在改革开放 12 年之后，中国制造业产值仅占世界制造业总产值的 3%，同时中国人口却占世界人口的 20%，这一令人尴尬的数字反映了中国工业基础的孱弱；经过一代人的努力，2010 年左右，中国制造业产值占世界制造业总产值跃升为 19.4%，并且超过美国的 18.2% 成为世界第一制造大国。

自强不息的中国工业人岂甘受命运摆布？！

从泥坑里爬起来

已经晚上 10 点多了，在那栋历经沧桑但又气韵独特的白房子里，四楼会议室依然灯火通明。会议室里断断续续传出不大的说话声，没有喧哗，气氛有点凝重。中联重科的高管们表情严肃地汇报着来自全国各地的统计数据。情况不容乐观，“前线”溃败的消息一个接一个。与上年相比，业绩惨遭断崖式下跌。大家都不想听到这些消息和数据，恨不得将头钻到地缝里去。虽然不少人有点垂头丧气，但时年 58 岁的董事长詹纯新始终保持着平和的面容。性格内敛，不喜张扬，喜欢思考的他不时地点着头，偶尔发表自己的意见。大家都能感受到他脸上那一丝坚强的微笑。他的语速很慢，但声音极具穿透力。

这是 2013 年 10 月底的一个星期日。

已是深秋，但长沙还是一片姹紫嫣红、郁郁葱葱。位于长沙市岳麓区银盆南路的白房子是中联重科总部，周围的大树依然枝繁叶茂，苍翠欲滴。那些树是詹纯新刚来公司时与同事们种下的，已经默默相伴三十多个年头。自从工程机械市场走入低谷，中联重科遇到“寒潮”后，公司立下规矩，每周日下午开会，由高管报告各大片区一周的情况，部署下一周的工作。虽说是下午的会议，但往往要开到晚上，甚至深夜或第二天凌晨。

创立于1992年的中联重科，主要从事工程机械、农业机械等高新技术装备的研发制造，是一家持续创新的全球化企业，是行业标准的制定者，生产制造基地遍布全球，覆盖百余个国家和地区，在“一带一路”沿线均有市场布局。

高管汇报完后，詹纯新又与大家分析起发展形势来。

“2008年金融危机对世界影响深远啊。”一个高管感叹着说。

“你说得没错，但这只是外因。”詹纯新说，“事实上，全球金融危机发生后，政府迅速出台了刺激经济增长的相关政策。2009年，中国的房地产、基建就一片繁荣了。全球金融危机对我们中联的影响并不算大，这期间我们甚至可以说是加速发展。到去年年底，冲到了一个高峰，全年营收480.71亿，净利润75.29亿。这都得益于内因。”

内因是什么呢?

在自身!

2004年，在望城召开的一个会议上，詹纯新正式提出“核裂变”战略的概念。当时中联重科已经与湖南省浦沅集团有限公司（以下简称“浦沅集团”）实现了重组并购，中联重科自身的产业也分成了多块，但整个公司只有一个口子，效率太慢了，离市场也较远，严重影响了公司发展。如果公司不根据市场进行改变和调整，就很难适应时代的发展。于是，公司决定将几个拳头产品分立成不同的事业部。

“核裂变”后的中联重科开始进入超高速发展时期。公司刚上市时的每年营收是2亿多元，在2008年达到135亿元，到2012年高峰时高达480.71亿元。这种出乎意料的发展速度，一方面得益于公司对产品的精准定位以及优良的品质管控：工程师要下到一线进行市场调研，设计出真正满足客户需求的产品，逐渐替代进口；另一方面则得益于巨大的历史机遇：中国在 2001 年加入世贸组织后，国内经济起飞，房地产与基础设施建设都高歌猛进，工程机械市场空间巨大。

尽管如此，这却不是一次完全成功的改革。

“‘核裂变’是把‘双刃剑’啊！”詹纯新叹息了一声说，“‘核裂变’把中联裂变成一个一个的板块，适应了市场，也产生了效益。但裂变后各个板块的领头人，缺乏精细的管理经验，都是粗放式地管理，而总部的管理理念和方式，往各个事业部的渗透力不强。我们工程机械行业的惯例是信用销售模式，在高歌猛进的那几年里，当时行业普遍只需付 10%—15% 的首付款，就可把产品拿走，之后再分期付款。这导致有些法治观念淡薄、投机意识强的经销商，将产品出售给那些没有经营能力和后续偿付能力的人。这一普遍做法，也为全行业的发展埋下了隐患啊。我们一边高歌猛进，一边漏洞百出，到今年，所有的问题全部暴露出来了。我感到无比愧疚与歉意的是，我们的这次‘核裂变’还只是一个不成熟的裂变。”

听到这里，高管们低头不语。

“要不裁员吧！”

“要不减薪吧！”

“就从我们在座的各位开始！”

…………

一阵沉默后，高管纷纷表态。

詹纯新先是摇了摇头，然后说：“你们说的都不是上策，面对困境，我们只有以退为进，提升内功。”

个别高管投来不解的目光。

“我们可以给自己减薪，裁自己的员，但不能裁减研发人员和一线工人，更不能减他们的薪。应该建立一套全新的激励体系，褒奖和留住人才。”詹纯新说，“我们应该从研发机制着手，重点推动科研人员激励体系，帮助科研人员安下心来做研究，使他们成为某一个方面的专家或‘大拿’。我们应该实施‘果树理论’，也就是说，研发人员的薪酬，按研发的产品在市场上获取的毛利分成，产品的毛利越多，科研人员分得越多。相当于果树种得越多，果子结得越多，科研人员收益也越多。当然，我们不光激励研发人员，还要把一线工人以及管理人员的激励也囊括进来，激发全员的积极性与创造力。”

詹纯新接着说：“同时，我们要把工作重心转向处理历史问题上来。在座的各位都要派驻到一线大区，在各自分管的片区处理好历史问题，逐一地清理应收账款等事项。”

詹纯新讲话的最终落脚点还是技术和产品。“我们要对产品结构进行大调整，没有优势的、不符合未来方向的产品板块坚决砍掉。从明年开始，重点推进中联重科产品4.0工程，要求所有产品要型谱化、模块化、智能化。”说到这些，詹纯新表情凝重，“技术是根，产品是本。做企业必须抓住这个根本，只有靠技术、靠产品，才可能重新做起来。”

高管们边听边点头。

“虽然我们的事业触底了，虽然我们的业绩滑到泥坑里，但我们要从泥坑里爬起来。”詹纯新眼神中透射出坚毅，“我们是一支拖不垮、打不烂的队伍，完全有能力和信心走出低谷，我们要拿出宁愿站着死、决不跪着生的决心和勇气来。”

詹纯新本想说“虽然我们被打到了地板上”，但话到嘴边又收了回去。他知道，现在的中联重科除了需要切实可行的出路，也需要主心骨和信心。

与会者都有了一种“风萧萧兮易水寒，壮士一去兮不复还”的悲壮感，泪水湿润了他们的眼眶。

九年后盛夏的一个下午，我慕名来到中联重科总部。就在那栋白房子的四楼会议室，我见到了詹纯新。烈日下树影斑驳，蝉声婉转而嘹亮，纯洁明亮的白房子则显得异常沉稳和安静。

此时的詹纯新，早已带着中联重科走出困境，从泥坑里爬起来了。经过五年的调整，他们全新启航。又经过五年奋斗，公司搭建起了整套全球研发、生产、营销与服务网络，不断完善企业国际化、本地化布局。他们打造的中联智慧产业城即将建成，产业城首开区的第一台挖掘机早已下线。这将是全球规模最大、品种最全的工程机械综合产业基地。此时的中联重科已不再只是工程机械海洋里的一艘战舰，而是一支联合舰队了。他们正千帆竞发，百舸争流。

“那年真有高管辞职吗？真的给高管减薪了吗？”虽然有点突兀，但我仍提出了这样一个问题。

“那还有假？”詹纯新微微一笑说，“董事长、高级总裁、监事会成员、副总裁在内的 22 名在任高管，全部主动降薪过半。不光降薪，我们还斥资逾亿元从二级市场增持公司股票 1937.92 万股。有高管辞职，但只是极个别情况。”

“浴火重生，脱胎换骨。凭什么？”我问得很直接。

“凭着中联人对中联企业文化和企业价值观的高度认可，凭着中联人的诚信、坚毅和创新，凭着中联人忘我的精神，凭着中联人公司利益高于一切、祖国利益高于一切的情怀。”詹纯新一连列举了四点理由。

“这些品质如何养成？”

“第一是研究院所的基因传承！”詹纯新不假思索地回答。

“您说的是原建设部长沙建设机械研究院（以下简称‘长沙建机院’）吧！”我觉得詹纯新即将敞开他的心扉。其心灵深处，既有一名工业人的坚韧如磐，也有他的浓郁情感。

詹纯新点了点头，思绪又回到了当年。

1975年的10月，正值金色的秋天，更是詹纯新人生的新起点。他被梦寐以求的西北工业大学录取，学的是航空发动机专业。

由于表现优异，大学毕业的詹纯新留校任教。当了两年老师的他，总感觉找不到归宿感。他的理想一直是当一名工程师，在学校教书，无法做技术，更难实现自己当工程师的梦想。还有一点，他想回到老家湖南。最终，他离开教师队伍，选择回湖南。回湖南的选择余地很大，可以选择进党政机关，去高校当老师，还可以选择进国有企业。他最后选择了长沙建机院。他的选择，得到了父母的支持。

“我还是想去长沙建机院。”詹纯新说。

“孩子，你去哪里我都支持。”父亲说，“只要你踏踏实实地干，兢兢业业地干，再平凡的岗位，也能干出不平凡的成就。”

“一定要照顾好自己，毕竟企业不如机关单位的条件好。”母亲多少有些担忧。

…………

1980年国庆节后上班的第一天，詹纯新提着行李来到长沙建机院。当时这一片地区叫茅坡，属于长沙市的西区，菜地、鱼塘、稻田、山丘全是未开发的“处女地”。附近除了一家采石场，还有一家船舶厂和裕湘纱厂，好在往南走，不远处就是长沙市的高校区，还有岳麓山。他梦想当工程师，但他并没有想到自己此后的人生会在这里落地生根、开花结果。准确地说，长沙建机院是建在一处山包上，从银盆南路到院内，需要走一段上坡路。不觉间，他在这条路上一走就是42年。

来到长沙建机院的第一份工作是打扫实验室的卫生，跟他一起打扫实验室卫生的是两个老太太。实验室很大，跟厂房一样大，里面有搞不完的卫生。他就跟着两个老太太从早忙到晚，只有中午的时候，才会在实验室的一个角落坐下，眯一会儿。

一开始，他和一个厨师住在一间屋里。其他同事都不愿意和这个厨师住，说他自己开了个双人床，都快把巴掌大的房子挤满了。更让他们难受的是，这个厨师不爱卫生，把房间弄得黑乎乎的，全身还散发着浓烈的油烟味；还起得早，鸡刚打鸣就起床了，影响人家休息。当领导问詹纯新是否同意跟厨师住一起时，他二话不说就点头同意了。有人背后说，这个大学生看上去仪表堂堂，没想到这么不讲究，真是没品位，倒胃口。詹纯新只顾忙他的活，把别人的话当成耳边风。厨师开的双人床，他就开个单人床，不求多宽，只要能容得下自己瘦弱的身子就行。厨师不爱卫生，他就勤动手，把屋里打扫得干干净净，还常常打开窗户和门，多通风多透气。厨师起得早没关系，他正好跟着早起看书。他在放置行李的木箱子上放了一个台灯，就趴在木箱子上看书学习。

就是在这个木箱子上，詹纯新不仅学习了大量机械方面的知识，还搞清了长沙建机院的前世今生。回溯长沙建机院的历史，可谓源远流长：隶属于国家建设部，是国家级的研究院。1956 年成立，初期办公地点在北京的方家胡同，1969 年响应三线建设号召迁到湖南常德，1973 年迁建长沙，1978 年整体迁至长沙。长沙建机院的奋斗者，算上他，应该有三代了。第一代有留苏的，是 20 世纪 20 年代出生的那一批人，第二代大约在 20 世纪 40 年代出生。

他还看到一份普通而珍贵的报纸，这是长沙建机院老工程师们 1975 年 9 月 19 日刻印的《桩工战报》。这份战地报，记录了长沙建机院用自己自主设计的桩机打下青藏铁路第一根桩的场景，也成了一份长沙建机院的工程师们参加青藏铁路大会战的文字印证。同日，国家第一机械工业部青藏铁路汽车桩工试验组联合誓师大会在西宁高原机电所隆重举行。随后的 4 个月时间，工程师们一起翻日月山、穿盐湖、露宿风火山，研究验证自行开发的钻孔机能否适应高原地区缺氧、低温、低气压以及狂风给施工带来的难题。最终，通过试验样机考核，专家们一致认为：长沙建机院开发的长螺旋钻孔机结构合理，能满足强度要求；钻头坚韧，能满足冻土的要求；输出功率大，能满足施工的要求，可以选作青藏高原施工机械。只要一想到这张战地报，詹纯新就眼眶湿润。

他还了解到，历史上，长沙建机院的研发成果支撑了中国上百家企业的发展，是中国工程机械行业的技术发源地，更为湖南工程机械的崛起埋下了种子。

“小詹，你一个国家分配到这里的大学生，怎么让你来搞卫生呢？”一天，一个老太太终于忍不住问起詹纯新来。

让老太太惊讶的是，跟前这个年轻大学生不仅没有任何怨言，还彬彬有礼、面带微笑地说：“阿姨，领导让我到实验室搞卫生，是先让我熟悉实验室的情况，为以后的研究开发打基础。再说，打扫卫生也是建机院的一项重要工作呢。”

半年后，詹纯新没有再搞卫生了，而是被安排进了实验室，不仅有了属于自己的办公桌，还可以参加实验室的技术研发了。就在他雄心勃勃准备在实验室好好学习、大展身手时，院领导找到了他。

“你是共产党员，在大学当过老师，还当过指导员、支部书记，带过两百多个学生？”院领导问。

詹纯新点着头。

“让你当建机院的团委书记怎么样？”院领导试着问道，“以后可以到科研办搞管理。”

虽然詹纯新内心不情愿，不想离开实验室，但他并没有表露出来，而是听从了院领导的安排。在管理岗位工作两年后，他仍放不下科研，他觉得自己必须回到技术岗位了，不能再“浪费”自己的青春了。

“我还是想回到技术岗位，从事研发工作。”詹纯新向院领导坦言，“我从小的梦想就是当一名工程师。”

院领导也没有再挽留，因为他们知道，长沙建机院是一个业务性很强的院所，这里是机械工程师的天堂。

于是，詹纯新高兴地回到了研究室。他从骨子里热爱技术。回来后，他勤奋钻研，每年都会研究出一两项新的科技成果，一路从助理工程师做到工程师、高级工程师、教授级高工，获得过十多项专利，填补过行业技术空白，曾担任国家科委奖励办的专家评委，1993 年更被评为全国第二批享受国务院特殊津贴的专家。

然而，当历史的脚步来到 20 世纪 90 年代初，此时的长沙建机院人心涣散，有门路的都自谋出路去了。经过几年的市场洗礼，长沙建机院一路走来，磕磕绊绊，却仍没能走出一条产业化的好路子。

“纯新，部里领导找我谈话，问提拔谁当分管科研的副院长最合适，我推荐了你。”1992 年春寒料峭的一个早上，詹纯新刚一到办公室，院长陈润余就找到他说。

陈润余是浙江人，1965 年毕业于吉林工业大学，大学一毕业就来到了长沙建机院，先后担任项目负责人、专业组长、室主任、院长等职。他是一个技术型领导，一直从事工程机械的科研、设计及管理工作，特别是从上个世纪 80 年代以来，他致力于我国混凝土搅拌机械的行业管理工作，为提升行业整体水平，促进混凝土机械的发展做出了突出贡献。

“谢谢院长关心培养。”此时的詹纯新已经是长沙建机院第一研究室主任了，他有些难为情地说，“院长，您知道我的追求就是当好一名工程师呀，并且我感觉目前的状态很好。”

虽然陈润余大詹纯新近 20 岁，但都因为热爱工程机械，所以两人一直惺惺相惜，是忘年交。有何困难和问题，詹纯新总会向陈润余请教，陈润余总是不厌其烦地跟詹纯新讲解。可以说，陈润余既是詹纯新的领导，也是他的伯乐、老师，还是他的朋友，亦师亦友。

“纯新啊，作为一名过来人，你的心思我又何曾不知道呢？”陈润余说，“可是建机院需要你这样有钻研精神和担当精神的领导啊。你在当专业组长时，与浙江那家民营企业搞出了一个减速机的专利；与外面企业搞工业联合体时，敢于跟长春汽车厂这样的大企业合作。你有志气、有才气、有虎气，你想想，还有谁比你更合适？”

詹纯新低头无语。

“部领导很快会找你谈话，做好准备。”最后，陈润余拍了拍詹纯新的肩膀说。

几天后，部领导来到长沙建机院，考察人事问题。

“感谢组织的培养，但我只想当好一名工程师。”看到詹纯新依然如此固执，在一旁的陈润余气得直跺脚。

“你是共产党员吗？”部领导问。

“是的。”詹纯新说。

“是共产党员就要服从组织安排。”部领导重重地敲着桌子说。

詹纯新没有吭声。

“做好准备，准备走马上任。”部领导果断地说。

1992年4月，詹纯新正式担任长沙建机院副院长。

詹纯新上任时，正是长沙建机院市场化之路走得不顺之时。长沙建机院老是眼睛向上，想办法跑北京，跑国家计委、国家经贸委，到各个部门去要科研经费，要科研项目。陈润余带着詹纯新跑了几趟，却没有任何结果。

几次碰壁后，詹纯新不干了。他心想：“国家的科研资金注定僧多粥少，靠这样‘讨饭吃’，研究院永远也摆脱不了窘境，只有搞产业，让自己具备‘造血功能’，‘身体’才会强壮！”

一次在北京出差时，他对陈润余说：“院长，要跑你去跑，我看我们还是要集中精力自己搞产业。”

陈润余不是没有顾虑："纯新啊，不成功的先例摆在这，风险太大呀。"

但詹纯新不这么认为："以前不成功，是因为力量分散。如果把全院的力量拧成一股绳，就一定能成功。更何况我们长沙建机院是全国工程机械行业的权威应用型研究院，我们这不是在抱着金饭碗讨饭吗？！既然我们能把名不见经传的小厂培育发展成为工程机械行业里的'大块头'，为什么不能自己办一个企业？"

陈润余连连点头。

"好！就看你的了！"想起这几年的酸甜苦辣，陈润余慨然道。

回到长沙后，詹纯新再次向陈润余请战。

"但有一条，院里没有资金，要办公司，只能去借。"陈润余看詹纯新态度坚决，就决定放手让他来试一试，"钱我可以出面来借，但要你来还。"

詹纯新毅然立下"军令状"，他还跟创业伙伴们说："我们已经没有回头路了。做不好，我也不可能再回去当副院长了！"

一听说院里要办公司，而且还是副院长牵头，长沙建机院就炸开了锅，反对声一片。有冷嘲热讽，说詹纯新不务正业的，有等着看热闹的，甚至还有人告状告到了建设部。但陈润余顶住了各种压力，竭尽所能为詹纯新创造条件。

詹纯新没向院里要一分钱，带领 7 名技术人员，借款 50 万元，于 1992 年 9 月 28 日，正式创立了中联建设机械产业公司。公司刚成立时，包括詹纯新在内只有 8 个人、一台旧台钻、一个车间角落、几把榔头和扳手。

为了生存发展，他们做起了贸易，并选定混凝土输送泵作为第一个研制开发的产品。

作为汽车起重机专家，詹纯新本是搞汽车起重机的，但他却选中了混凝土输送泵作为中联的第一个产品。当时，长沙建机院负责研究混凝土输送泵的第二研究室全体抵制，室主任甚至与院长拍桌子。院里开会研究，一直开到凌晨两点，才把他们说服。

事实证明，詹纯新选混凝土输送泵作为长沙建机院产业化的首个产品，是个明智的选择。彼时，中国大地正掀起建设高潮，而市场上的混凝土输送泵 95% 是国外产品。1993 年，当中联的混凝土输送泵生产出来后，很快便被抢购一空。

从此，中联沿着产业化的道路昂首向前。路，越走越宽。

“不论是在长沙建机院的那些年，为了谋求发展、找到出路，与一些领导和同事之间有过不同意见，甚至是分歧和矛盾，也不论现在的中联重科发展得多好，走得多远，我们的顽强、我们的创新，都有长沙建机院的基因，或者说我们国家研究院所的基因。”詹纯新感慨地说道。

“品质养成的第二个原因呢？”我穷追不舍地问道。

“是历练。”詹纯新说，“那种历练，让我知道什么叫苦，什么叫情。”

我有些不解地看着詹纯新。

“这与我个人的经历有关。”他喝了口茶说。

那是詹纯新人生中刻骨铭心的一段岁月。

1973 年 3 月，整个常德都是阴雨天。

一个阴雨绵绵的上午，18 岁的詹纯新戴上大红花，与其他知青一起，在常德市区坐上了开往国营西洞庭农场的客车。

西洞庭农场因为毗邻洞庭湖西畔，故而得名。在 1955 年之前，这里还是一片荒芜的原始地貌；1955 年 2 月，正式确立了在此地招工建设农场。经过近 20 年的建设，这里已经发展成远近闻名的农场了，有十多个分场和农科所。农场的总面积 100 多平方公里，其中耕地面积有8万多亩，水面有5万多亩。在这里生活工作的职工干部加上家属，大约有3万人。

一到农场，詹纯新就意识到新的人生开始了。他必须面对眼前的一切，必须承受眼前的一切，更要融入农场这个小型的社会。

水稻、果树、蔬菜，詹纯新都种过。干得最多的就是担粪施肥，一年要担几个月的粪。把粪池里的粪担到水稻田里，担到果树林里，担到菜地里。担来担去，脸庞变得黝黑了，肩膀上也磨出一层老茧。他盼望着下雨。每天傍晚，他总会看看西边，看是否有乌云把太阳接下山去，如果有，他就想，明天可能要下雨。如果下雨，就不用干活，就可以待在宿舍里看书。

印象最为深刻的是冬修水利，造水库、修渠沟、造防洪堤、挑大寨田。一到冬天，各个连队的人马，自带口粮、被褥和工具来到工地。找一个工棚，大家在地上铺点稻草，一个挨着一个睡。有的工棚住几十人，有的甚至住上百人。每天天不亮就起床上工地，天黑才回到工棚。他们从离江堤一百多米外的地方担上泥土，先是往江堤走，再爬上二三十米高的江堤。对于年轻小伙子来说，挑几担土可能不算什么，但他们一挑就是一天，并要连续挑上两三个月。更要命的是，整个工地热情高涨，有时各个连队之间还进行“大比武”。江堤圩埂上，可谓红旗招展，万民振奋。大家发扬不怕苦不怕累的精神，争先恐后地挥动着手中的工具，担着泥土你追我赶。每次收工回来回到住处，一身汗水一身泥水且饥肠辘辘。

也有幸福时光。每次担的泥土倒在江堤上时，詹纯新就如释重负，挑着空担子往回走时，他觉得那是最轻松幸福的时候；每次去简易茅厕如厕，他感觉那不仅是身体的放松，更是心灵的放松；每天晚上吃第四顿饭时，他有种苦尽甘来的感觉。

詹纯新不仅住过知青宿舍，还住过农户家里，与农场的百姓打成了一片。虽然他能吃苦耐劳，但毕竟是城里来的孩子，刚到农场时，许多农活并不会干。生产队的班组长和农户很有耐心，总是不厌其烦地教他。看到有些活他实在干不了，或是看到他挑的担子太重了，总会有人站出来说，人家是城里娃，下到农场当知青就已经了不起了，不要给他干太重的活。有的人干脆跑过去，接过他手中的活儿。若是谁家做了好吃的，或是杀了鸡，或是在河里捕了鱼，总会叫他去吃饭。而这些，在詹纯新后来的理解中，都是浓浓的情意。

可贵的是，詹纯新把他在知青岁月中认识和体验的“苦”和“情”渗透到了中联重科的发展之中。

“我的韧性，我的执着，我的情感，对员工的情感，对公司的情感，对国家的情感，可以说都源于这里。”詹纯新感慨地说，“因为吃过很多苦，所以我对浮华的追求非常淡漠，甚至视而不见。”

“那你追求什么呢？”我笑着问。

“我追求的不是享受和安逸，而是自己当工程师的梦想，追求把产品做到极致，做出中国特色。”詹纯新微笑着说，“我也想追求安逸，那是精神的安逸。”

“现在的苦与以前的苦有何不同呢？”我问。

“当知青时，我们干体力活不是蜻蜓点水，而是真正意义上成了一名农民，那种苦，是深入灵魂的苦。”詹纯新说，“我们当时吃的苦与现在年轻人吃的苦不一样，我也不会要求公司的年轻人机械地去吃当时的苦，但我总会告诉他们对苦的认识和理解。”

了解詹纯新的人都知道，他是一个重情重义之人。

詹纯新告诉我说，他能够深刻体会员工生活上的困难。到各分公司和各个部门检查工作，食堂和宿舍是他必看的地方。有一次，他看到一家分公司员工宿舍已经破旧，当场拍板进行改造。分公司领导说，由于是老楼，改造的花费会比较高。詹纯新说，代价再大也要改造，不仅要改造，还必须达到现代化的一流水平。詹纯新说，中联重科一直有一个传统，若是有员工因故去世，公司会按照社会平均工资予以保障，将其子女养到18岁。早在2004年，公司就成立了内部救助基金管理委员会，并建立和完善了一套内部救助制度，对遭遇天灾人祸及突发困难的员工及家庭进行救助。同时，每年组织开展春节困难职工慰问。目前，累计慈善支出过亿了。这既与他知青岁月中感受到的“情”密切相关，也源于国有企业一直以来的“以人为本”的福利体系和优良传统。

“如果再延展一下，就是什么叫‘好’。”詹纯新说，“‘苦’可以对应出很多东西，当然主要的还是‘好’。经历过苦难的人，才知道现在平安幸福的生活是何其之‘好’。还是那句话，我不希望我们的员工刻意地经历苦难，但我们一定要让他们真正理解苦难的内涵和意义。2013年那次低谷，算是大家共同经历的一次苦难吧，那是我们的遭遇，也是幸运。我们从泥坑里爬起来了，站起来了，更加理解和珍惜今天的‘好’。”

此刻，我感受到詹纯新内心的温暖和中联重科的无穷力量。

2017年，经过休养生息后的中联重科，又在詹纯新的带领下进行“核裂变”。他们又新裂变出一个个板块、一个个分公司，走向市场，贴近市场。这次裂变跟上次裂变完全不同了，这次进入了数字化时代，尽管裂变了，但所有的市场数据、生产数据、财务数据都在总部的大平台上，一切都在掌握之中。这次裂变是一次成熟的裂变。

詹纯新不仅提出了“地球村”思维，并且行走在了“地球村”这条路上。

“产品没有国界，在管理理念上，在经营战略上，不要把国界作为一个壁垒。”他说。

正是这种思维，让中联重科成为中国装备制造业具有国际化思维、最早“走出去”的企业之一。

中联重科知道，国际化是有风险的，但是只有通过国际化，才能让企业走得更稳、更均衡。这也是他们为什么选择在金融危机之时全资并购意大利赛法公司（CIFA）的原因。赛法公司成立于1928年，总部设于意大利米兰附近的塞纳哥，是享誉全球的混凝土机械制造商。其产品在行业内具有良好的声誉，主要产品有混凝土搅拌站、混凝土输送泵、混凝土搅拌运输车、混凝土布料机、稳定土拌合设备、混凝土喷射台车和混凝土施工模板等。刚刚并购赛法公司时，有人质疑，甚至有人嘲讽。有人认为他们出了高价、吃了亏、不划算，如果能赶在金融危机之后并购可以省一大笔钱。尽管像所有早期的跨国合作一样，双方在文化上、经营、管理的思路上有很大不同，确实也花了一定时间来磨合，但这次收购确实让中联重科收获满满。这是公司的战略部署，所以不能光看一时得失。

事实证明，赛法公司的品牌、全球化销售网络、技术、工艺和服务体系等为中联重科的发展注入了新的动力，赢得了新的优势，对中联重科的研发、生产、采购和销售都带来了积极影响。从技术方面看，赛法公司在材料研发、结构设计等方面具备明显优势，特别是赛法公司的碳纤维复合材料技术，通过双方融合创新，被大量运用到中联重科泵车产品上。中联重科制造出了碳纤维复合材料臂架，并成功解决了碳纤维复合材料“抗拉（伸）不抗压（力）”的难题，建立了臂架异常损伤成套修复方法。他们制造出的碳纤维复合材料臂架，相对于钢材料臂架轻量化程度达35%。在中联重科成立20周年时，研发下线了臂架长度为101米的泵车，创下全球最长臂架泵车的吉尼斯世界纪录，至今仍未被打破。仅这一技术就大大提高了公司的产品竞争力，产生了可观的经济效益。

从20世纪末产品首度走出国门，到自2001年开始，先后并购英国Powermole公司、意大利CIFA公司、德国M-TEC公司、德国WILBERT公司等企业，中联重科以高质量、强性能、高性价比的产品为起点，坚定“走出去”的目标方向，打开国际合作新空间。

中联重科并购了6家海外企业。2021年，主要海外企业收入同比增长超过30%，为当地解决就业、增加税收，得到了当地政府和工商界的认同，体现了共商、共建、共享，这无不彰显出中联重科的“全球责任”气度。

以“走出去”为进阶，中联重科用“地球村”思维加速海外业务的模式变革和本地化协同，以端对端模式展开业务，以本地化深耕市场，境外收入持续增长。

全球范围配置资源，深度参与国际分工与合作，互学互鉴，一道推动全球工程机械发展，中联重科以“创新、开放”双轮驱动发展，彰显全球化企业的责任担当。

中联重科已经在世界各地注册公司，在注册地招人进行培训，外地公司80%以上是当地人。这些公司他们称之为“空港”。总部的平台可以看到所有“空港”的动态。北半球的“空港”、南半球的“空港”正常工作，这样不论白天黑夜，24小时总会有人上班。在中联，没有国界之分，没有白天与黑夜的概念。

中联重科的发展历史，见证了我国工程机械制造的崛起。而中国制造的崛起之路何其坎坷。

此刻，我被一束来自历史深处的光芒吸引。

它虽然微弱，但它终究是一个原点，照亮了通往未来的坦途。

我逆光而行。

抵达魏源故居，是一个雨后的傍晚。

故居坐落于邵阳市隆回县司门前镇学堂湾村之沙洲上。坐西向东，两正两横，是一座木结构四合院。院前有木结构槽门，四周用干打垒土墙围绕，形成一个独立的院落。前面是大片平坦的田畴，围绕稻田的是被当地人称为“狮象把水口，金板铲龙门”的山峦；故居后有一湾碧水流过，不远处是几重逶迤青山，形成一道层层倚靠的屏障，远看层次分明。

1794年4月23日出生的魏源，在这里度过了他的童年和青年时期。他小时候发奋读书的故事，依然在这里流传。魏源小时候不但沉默寡言，而且喜欢独自静坐，经常一个人关在书楼上读书。由于他平时很少下楼玩耍，连自家的狗都不认识他，每次他下楼时，都会引起狗的狂吠声。书籍与学习是这座故居的灵魂。从这里走出的魏源，在鸦片战争失败后，产生了“师夷长技以制夷”的思想，撰就了《圣武记》《海国图志》等鸿篇巨制，对中国乃至日本等东亚国家的近代化都产生了深远的影响。

暮色降临，伫立在故居前的我，仿佛穿越时空，见证了一次非同寻常的会面。

1841年年中的一天夜晚，江苏镇江。

彼时，年过半百的林则徐，刚从禁烟功臣变为流放边疆的罪臣。但他没有自怨自艾，依然心系国家的安危。痛定思痛，反思大清帝国与英帝国战争一触即溃的原因，深刻认识到外强中干的清王朝无法抵挡英帝国坚船利炮的攻击。他迫切想见一个人，并期望他写一部大书，让国人认清世界形势，主动向西方学习，保家卫国。

这个人就是比他小9岁，时年47岁的湖南人魏源。他们是一对生死不渝的知己，都是天纵之才，惺惺相惜；他们思想相通，主张经世致用；他们性情相似，刚直不阿。林则徐在江苏做官时，魏源的父亲魏邦鲁是他的部属，曾在苏州官钱局当差，从事文秘工作。魏源勇于“破除积习，不受陋规”，颇得林则徐肯定，林则徐冲破地位、身份的阻隔，和魏源缔结了深厚友谊。

听说好友即将远行，魏源没有丝毫顾忌和犹豫，急忙从扬州家里赶到镇江送别。在那个古称“京口”的江南小镇，林则徐和魏源披肝沥胆，对榻竟夜倾谈，抚今追昔，深觉国事茫茫、前途难卜，百感交集。

次日离别，林则徐向魏源再次倾吐“患无已时，且他国效尤”的担忧，并从随身的行李中拿出一个包裹递给魏源，郑重嘱咐说：“这些是我在广东时派人从海外书报中辑译的《四洲志》等资料，现交付与你，并拜托将它们编辑成书，以期启迪国民思想，悟得御敌之道！”说完他把资料交给了魏源。

面对林则徐的信任和嘱托，魏源热泪长流，颔首应允。由此，中国近代史上的这一对生死不渝的知己，开启了中国近代思想启蒙的闸门。

1842年，魏源不辱使命，编成《海国图志》50卷本，总计57万字，此书成为中国最早一部系统地研究世界历史、地理、文化、科技的专著。为表明编书目的，魏源在序言中讲得非常清楚：“为以夷攻夷而作，为以夷款夷而作，为师夷长技以制夷而作。”并在书中特地记载“时林公嘱撰《海国图志》”，以纪念林则徐。

1847年，魏源将其扩充为60卷。1848年，另一位著名思想家徐继畬的《瀛寰志略》问世，魏源又吸取该书部分精华，于1852年增补扩充为100卷。

在100卷本的《海国图志》中，魏源不仅重视工商业，并由经济扩展到政治，由原来对西方“坚船利炮”等奇技的详细解说，发展到对西方近代资本主义民主政体的介绍。他认为“师夷”是一个重要而又紧迫的工作，因为“善师四夷者，能制四夷；不善师外夷者，外夷制之”。

令人惊叹的是，魏源还提出了宏大的“师夷方案”：第一是设厂制造，“请于广东虎门外之沙角、大角二处，置造船厂一，火器局一”；第二是延请西方技术人员来华指导，“行取佛兰西、弥利坚二国，各来夷目一、二人，分携西洋工匠至粤，司造船械，并延西洋柁师，司教行船演炮之法”；第三是军工厂不仅生产船械武器，“此外量天尺、千里镜、龙尾车、风锯……凡有益民用者，皆可于此造之”；第四是学习西方的养兵练兵之法，整顿海陆军。

魏源的“师夷长技以制夷”的观点，冲破了传统封建思想的束缚，打破了“祖宗制度不可变”的封建理论，促进了人们思想的解放。这个向西方学习的思想，被后来的洋务派所吸收和借鉴，最终形成了近代洋务思想。

追寻历史的光芒，我来到娄底市双峰县荷叶镇富托村富厚堂。

由青砖灰瓦所建成的古宅大院，历经一百多年岁月沧桑，与荷叶镇的青山绿水交相辉映，组成一幅江南水墨画。

夜深人静，万籁俱寂，一个中年男子正在挑灯夜读。

此人正是饱读儒学经书的清末名臣曾国藩，虽然他没有明确提出“中体西用”，但却是“师夷长技以制夷”理论的第一个实践者。

在镇压太平天国过程中，曾国藩认识到西方武器的先进。另外，清政府在两次鸦片战争中认识到了西洋坚船利炮的威力，并意识到自身的国防建设远远落后于西方国家，没有正规的海军和战舰，沿海炮台年久失修，火炮技术甚至还停留在明朝水平。在此情况下，朝野上下纷纷请求造炮制船，“师夷长技”。这不仅成了一种思潮，更促使着成为一种具体实践。

“将来师夷智以造炮制船，尤可期永远之利。”1860 年 12 月，曾国藩上奏清廷。这里所说的“永远之利”，就是一年后他所说“剿发逆”“勤远略”，以期渐至促进工商业发展的思想。他主张用仿造的办法来求外国的先进技术。曾国藩上奏清廷后，1861 年初，清政府批准设立“总理各国事务衙门”，拉开了洋务运动的序幕，而在洋务运动的整个进程中，总理衙门起到了中枢的作用。

1861 年，曾国藩从太平军手中攻下安庆后，就着手筹建兵工厂——安庆内军械所。曾国藩知道人才的重要性，于是先派人找到无锡的徐寿、华蘅芳，将他们召集到麾下。徐、华二人到达安庆后，立即奉命协助筹建军械所。

安庆内军械所是一个综合性军火工厂，主要生产子弹、火药、炸炮、劈山炮和火轮船，而其中最为重要的成就是造成了自己的小火轮。主持小火轮制造的是蔡国祥，科技人员则为徐寿和华蘅芳。虽然徐寿大华蘅芳 15 岁，但共同的爱好和理想让他们紧密相连。来安庆前，他们就已经相识，并不时在一起研讨做实验。为了探索光学奥秘，他们将水晶印章磨成三角形来代替难以找到的三棱玻璃，“验得光分七色”；为了验证枪弹运行的轨迹是否呈抛物线，他们设远近多靶，通过实弹射击测试，终于粗知抛物线的梗概。1860 年，他们合著的《抛物线说》一书问世。此书具有开创性意义，它比当时国外专门论述这一问题的《圆锥曲线论》中译本早 6 年。正因为有了这些科技造诣，他们一到安庆内军械所，就进入到实际科学研究制造阶段。

首先是蒸汽机的制造。造蒸汽机必须依赖数学和物理学，还必须有制机械的实际工艺经验。徐寿和华蘅芳已经具备必要的理论知识条件，却缺乏工艺经验，加上军械所设备简陋，全靠手工操作，困难很大。但他们克服一切困难，经过多次实验，最终于 1862 年 7 月制成了中国第一台实用蒸汽机。这台蒸汽机的结构，与当时居世界先进水平的“往复式蒸汽机”相类似。它“以火蒸水气”运转自如，“火愈大则气愈盛，机之进退如飞，轮行亦如飞”。曾国藩非常高兴，在当天的日记中写道：“窃喜洋人之智巧，我中国人亦能为之，彼不能傲我以其所不知矣！”蒸汽机的制成，为造火轮开辟了道路。从某种程度上说，也为后来江南制造局制造各种机器奠定了前提与基础。

安庆内军械所第二个成就当属造成了中国第一艘木壳轮船。中国造船业一直在世界上名列前茅，到清朝时，造船工场的规模和技术都很发达了，这为试制轮船提供了技术条件和技术工人。华蘅芳负责测算，徐寿主要负责制机，1862 年底，他们试造成一艘长约 10 米的小火轮，并正式在安庆江面试航。轮船委员蔡国祥亲自驾驶，曾国藩坐在船头督看，行驶了八九里。试乘后，曾国藩十分高兴地说：“约计一个时辰，可行二十五六里。试造此船，将以次放大，续造多矣。”

1864 年，徐寿等人进行放大试制火轮船的工作，接着将试验场搬迁至南京。1865 年，火轮船放大试制成功，曾国藩将其命名为“黄鹄”。第二年，这艘重 25 吨，18 米多长的“黄鹄”号火轮，在南京下关江面试航，顺流时速 26 公里，逆流时速 16 公里。

安庆内军械所的规模虽小，但它却标志着中国进入制造机器的历史时期。长期致力于晚清研究的历史学者夏东元认为，安庆内军械所既是中国近代工业的开端，也是洋务工业起始的标志。也正是因为有了这个不成熟的实践，曾国藩和参与制造的人员，既看到自己的优点，也意识到自己的不足，特别是看到手工造器的缺陷，于是有“觅制器之器”的决心和行动。

与此同时，时任闽浙总督的另一位湖南人左宗棠创办了马尾船政局，也开始实践“师夷长技以制夷”思想。从 1865 年到 1895 年间，洋务官僚们在各地兴办了二十几个制造枪炮、弹药和舰船的军工企业，较为重要的有江南制造总局、马尾船政局、金陵机器制造局、天津机器局和湖北枪炮厂。

1862 年，左宗棠受命图浙。一到这里，他就开始实施他的制造火轮船的夙愿。

第一次鸦片战争中，左宗棠看到英国人以火轮兵船“数十艘之众，牵制吾七省之兵”的“可虑”之事势，提出“设造船之厂”制造火轮兵船的设想。左宗棠认为，敌之所长在火炮轮船，能制其长，即可操胜券。这与林则徐、魏源所提“师夷长技以制夷”的方针不谋而合。其督浙、闽，不能无利船，故于船政尤为关注。

当时，左宗棠的设想在一批顽固守旧以妥协求苟安的官僚反对下，只能化成泡影，所以左宗棠后来有“廿余载，事局如故”之叹。

在1864年，左宗棠终于如愿以偿，他主张仿造的一条小火轮在西湖上试行，虽然速度不快，但他还是异常高兴。

左宗棠问同船的两个法国人：“与西洋相比，这艘船差不差？”

这两个法国人，一个是洋枪队统领德克碑，另一个是税务司的日意格。他们在马尾船政创办及发展过程中，参与其事，发挥了重要作用。他们说，大致不差，“惟轮机须从西洋购觅，乃臻捷便。因出法国制船图册相示，并请代为监造，以西法传之中土”。

左宗棠点头同意。他知道，中国在造船技术方面远不如西洋。

这年9月，德克碑交卸了常捷军统领一职，并于第二年初奉左宗棠之命，回法国购买机器和雇觅洋匠。这表明左宗棠“师夷长技以制夷”思想进一步明确并付于实施。

左宗棠于1866年6月25日上奏清廷，提出购买机器，雇募洋匠，自造轮船的主张：

左宗棠说：“自海上用兵以来，泰西各国火轮兵船直达天津，藩篱竟成虚设。”

“如虑机器购雇之难，则先购机器一具，巨细毕备，觅雇西洋师匠与之俱来。以机器制造机器，积微成巨，化一为百。机器既备，成一船之轮机即成一船，成一船即练一船之兵。比及五年，成船稍多，可以布置沿海各省，遥卫津沽。由此更添机器，触类旁通，凡制造枪炮、炸弹、铸钱、治水有适民生日用者，均可次第为之。”

细细斟酌，这段话无不体现着视野的前瞻性。“师夷长技”造船，不仅要购买其机器设备，而且必须暂时雇用其技术人员；造轮船的目的主要是为了防御外寇，尤其要布置沿海各省“遥卫京沽”；设厂除造轮船外，也要造枪支弹药和民生日用品。这一思想，与魏源早就在《海国图志》中《筹海篇三》讲过的“置造船厂一，火器局一，行取佛兰西、弥利坚二国，各来夷目一、二人，分携西洋工匠至粤，司造船械”“尽得西洋之长技为中国之长技”“凡有益民用者，皆可于此造之”等话，如出一辙。

徜徉在晚清岁月，我深刻感受到：作为一项首创的事业，自己设厂制造轮船不是一帆风顺的，而是在克服重重阻力中办成功的。

首先是来自洋人的阻力。左宗棠曾在《复陈福建轮船局务不可停止折》中说，英国人威妥玛、赫德等人，“扬言制造耗费，购雇省事，冀以阻挠成议”。而当时英国驻福州领事在船政局正要诞生时，“明知无可阻挠，多谓事之成否尚未可知，目前浪费可惜”，妄图把船政局扼杀于襁褓之中。看到这些情况，左宗棠清醒地指出：“外国多方阻挠，乃意中必有之事，见在英国领事等屡以造船费大难成，不如买见（现）成船为便宜，此即暗中使坏之一端。不然，伊何爱于我，而肯代为打算乎！”左宗棠看出洋人提倡中国“借新法自强”的实质，是要中国购买其成品，不让中国人掌握先进技术，以便他们达到对技术垄断的目的。但左宗棠针锋相对地将“借新法自强”口号，做了与侵略者相反的解释，那就是积极引进和学习西方先进科学技术，做到中国人自己掌握造船技艺。而这正是洋人绝对不愿意看到的。

为此，左宗棠对自造轮船的计划实行了保密。为什么？他给出了理由：“事前不得不密者，缘彼族险竞嗜利，有益于我之事，彼必挠之；

别国有结好于我之意，彼必忌之；或以利器不可示人之说，行其间于外国；或以工繁费巨事难必成之说，行其间于中国，使我疑信相参，颠倒于彼术之中，而彼得久据其利。”为了打破外国人“久据其利”，中国人必须自己掌握造船技术。这一点，左宗棠不仅认识明晰，意志也是坚定不移的。

国内遇到的阻力不小于国外。顽固守旧、目光短浅者不同意自己设局制造，认为“雇买代造”即可。他们“难”字当头，前怕狼后怕虎，提出一系列的困难。船厂择地之难；雇佣外国师匠之难；筹集巨款之难；中国人不会驾驶轮船，船成仍须用洋人之难；轮船既成，煤炭薪工，需费不资，月需支给，又时须修造之难……还有一些好心人认为，“非常之举，谤议易兴，创议者一人，任事者一人，旁观者一人，事败垂成，公私均害之难”，所以还是不造船为好。

为了扫除思想阻碍，左宗棠多次上奏朝廷，直陈“易购雇为制造”的意见，驳斥了顽固派的种种非难，提出解决的办法。他甚至呼吁，中国必须加速引进和学习西方的先进科学技术，尤其是比较能综合体现科学技术的造船工业，更应重视，应马上提到实践日程。

马尾船政局基本是按照左宗棠的规划筹建的，在5年后基本上实现了目标。就在左宗棠积极进行船政局筹建之始，清王朝的一纸调令，让他去西北担任陕甘总督，也就有了后来左宗棠抬棺征西收复新疆的历史。他在赴任之前，向清廷力荐“熟悉洋务”并能“久于其事”的沈葆桢为船政大臣，让马尾船政局得到持续发展。

后来，张之洞创办的中国当时规模最大、影响最为久远的汉阳兵工厂，也得到了许多湖南人的鼎力支持。

洋务运动在举步维艰中前行，终究还是因1894年甲午战争的失败而宣告破产。洋务运动虽未成功，但在中国国内催生出了一股要求维新变法的思潮。谭嗣同、熊希龄等维新派人士，接棒实业救国的使命，推动了湖南工业发展的起步。从而，在连年战火的乱世中，机械、火柴、矿产、纺织、瓷业等各类工厂，仍然如雨后春笋在湖湘大地破土而出。

1895年陈宝箴出任湖南巡抚，这场危机让陈宝箴开始思考救亡图存，“非扫弊政，兴起人材，兴天下更始，无以图存”，他成为湖南维新运动的领头人物。陈宝箴是曾国藩的门生，也做过左宗棠的幕僚。主政湖南时，他不仅在政治、经济、文化、教育方面均有建树，最为突出的还是在经济方面作出的贡献。

就任湖南巡抚后，陈宝箴在发展工矿业中的第一项措施就是奏准开设官矿领导机构——湖南矿务总局。他认为，“开矿之举，行之歉岁，尤为急务”，此举既有利于国计民生，亦是自强之路。从湖南地理、经济等特殊情况出发，认为应优先发展矿业。他给清廷的上奏中称:“湖南山多田少，物产不丰，而山势层迭奥衍，多矿石之质类，不宜于树艺;唯五金之矿，多出其中，煤铁所在多有，小民之无田可耕者，每赖以此谋生。”

陈宝箴的奏请很快得到了清政府的批准。1896年4月，湖南矿务总局在省城长沙正式成立。与此同时，陈宝箴又拟奏了《湖南矿务简明章程》，对办矿的方法、经费、股份、矿质等问题作了具体规定。随后开始了大张旗鼓地招股建矿工作。1896—1897两年之内即建起了常宁水口山铅锌矿、新化锡矿山锑矿、益阳板溪锑矿、平江黄金洞金矿等大型官办企业，其中以水口山铅锌矿为第一，铅锌产量呈逐年上升趋势。

陈宝箴还与长沙士绅王先谦、张祖同、杨巩、黄自元等商议，创办了和丰火柴公司和宝善成机器制造公司，陈宝箴倡议创办的这几个企业，实际上是长沙也是湖南最早的近代企业。特别是1896年在长沙创办的湖南第一家机械工厂——宝善成机器制造公司，为后来湖南长沙成为“工程机械之都”高擎了最早的火把。

列强铁蹄踏晚清，王朝暮色有余辉。

那群试图让日落江河的晚清王朝在暮色中熠熠发光的湘籍洋务派人士，堪称中国近代工业的拓荒者。他们实干兴邦的精神激励着一代又一代中华儿女，湖湘儿女更是以他们为荣。虽然他们组织与参与的这场运动没有成功，但在30多年的时间里仍然取得了一些成果，把“近代工业导入中国，开始了中国的机器时代”。

历史犹如一条长长的时空隧道，从过去走来、映照着当下、向未来奔去……

“寒冬”考验

2012年11月21日清晨，初冬的长沙下起了小雨。冷风飕飕，寒冷异常。位于长沙星沙的长沙经济技术开发区三一工业城内三一集团有限公司（以下简称“三一集团”）总部，雷打不动的早餐会正在进行。虽然会场温度适中，非常舒适，但气氛紧张，参会人员表情凝重。三一集团自1989年成立以来，一直秉持“创建一流企业，造就一流人才，做出一流贡献”的企业愿景，打造业内知名的“三一”品牌，即以极高品质的产品和服务改变中国产品的世界形象。这种追求，让他们收获颇丰。到2022年时，拥有三一重工、三一国际两家上市公司，授权专利7000多项，总资产超千亿元，建有北京、长沙、长三角三大产业集群，并大步行走在数智化、电动化、国际化道路上。

主会场有两三百人，前后大屏幕上显示着国外基地、国内长沙以外分会场的视频画面。各事业部和公司的高管、国外基地的高管如数参加——其实这是三一集团的全球视频会议。早餐会是三一集团的传统。创业初期，梁稳根及其创始人吃住都在公司，每天早晨一边吃饭一边商量工作，渐成习惯和制度，于是延续下来。

“我宣布，三一集团职能总部和各核心事业部将全部迁往北京市昌平区，长沙基地将仅保留泵送事业部！”外表儒雅、内心坚韧的三一集团董事长梁稳根宣布说。

这是三一集团继 1994 年在“双进战略”的支撑下落户长沙星沙 18 年后，面对行业发展放缓、竞争日趋激烈的态势，再次提出的“双进战略”：进入更大的城市——北京，进入更大的市场——国际市场。

虽然梁稳根面带微笑，表面波澜不惊，但内心五味杂陈。将总部搬到北京是好事，是国际化战略布局的需要，也堪称三一集团的第三次创业，但问题是，现在的三一集团已经困难重重。各事业部、公司和国外基地通报的销售业绩出现断崖式下跌，特别是混凝土机械销售，更是掉了近 80%，现在一年的销售量还不如以前一个月的销售量。还有，工程机械市场萎缩，不少相关企业倒闭，客户违约的案子明显增多，员工离职的现象也时有发生。

“2012 年三一集团销售额必须突破 1000 亿。”梁稳根想到了一年前立下的新目标。当时他还承诺，实现这个目标时，将重奖各级有功员工。然而，在工程机械行业久经沙场，并带着他的队伍一路高歌猛进的梁稳根怎么也没想到，竟然会遭遇凛冽“寒冬”。2007 年，三一集团实现销售收入 135 亿元，成为新中国成立以来，湖南首个营收过百亿元的民营企业。2011 年，三一集团旗下三一重工股份有限公司（以下简称“三一重工”）实现营业收入 507.76 亿元，同比增长 49.54%。但谁会想到，这是黑暗来临前的“高光时刻”呢？而事实上，梁稳根在 2011 年底立下的这个新目标，直到 9 年后的 2020 年才成为现实。

是的，正当梁稳根和三一集团的高管们忙于“搬家”时，“寒冬”已经来临。

当时的境况是：从短期来看，工程机械行业遭遇经济下行、出口疲软、用工成本上升等近忧；从长远来看，又面临转型升级的巨大挑战。比如，欧美的一些国家力推制造业复兴，占据产业链高端、利用控制先进技术进行阻击，而东南亚、非洲国家则以低成本生产优势掀起工业化浪潮的追赶。尤需高度关注的是，随着 3D 打印技术、人工智能、工业机器人相结合的数字制造技术和智能技术的崛起，世界正在酝酿一场渐行渐近的工业革命，必将对现有全球制造业格局带来强烈冲击。世界正在酝酿一场工业革命，不要说对于三一集团了，对于整个中国而言，也意味着既是机遇，也是挑战。放眼未来，中国制造业面临的最迫切问题就是，找准自身发展的方向和路径，发现和重塑新的比较优势。

但这又是何其艰难的一件事啊！制造业自身的发展规律决定了这既是一场攻坚战，又是一场持久战。特别是创新，需要长时间大量的投资，只有持之以恒，积累到一定程度，才能实现从量变到质变的飞跃。制造业创新不是见异思迁，而应是执着地进取，只有一直坚守才能等来开花结果。

回首 200 多年来的全球工业化进程，为什么只有美国、德国、日本、瑞士等少数国家是名副其实的工业化强国？因为这些国家经过长期积淀才真正形成了一种深厚的现代制造文明，而且即使在制造业的全球化和产业国际转移中，也可以让这种文明素质根植于本国。一个国家要成为真正的工业强国，必须有众多制造业企业的支撑，而企业又需要有企业家精神和事业理念的支撑。如果有千千万万这样的企业和企业家，不断在实业发展中取得成功业绩，中国就能够逐渐形成现代工业文明的社会心理和实业基础，积淀下植根于中国本土的实业精髓，从而支撑中国成为真正强大的现代工业化国家。

梁稳根知道，工程机械行业处于转型升级的痛苦期，或者说是行业周期的低谷期，但不能因为痛苦而丧失对前途的希望。必须相信，工程机械行业是一个日不落行业，这个行业具有广阔的前景。不论社会如何发展，电脑里是敲不出高楼大厦的，也敲不出高速公路，这些东西必须由工程机械来实现。

抗兵相加，哀者胜！他们该如何打赢这场战争？

首先对内，深化内部制度和流程管理，对公司风险和经营成本进行严格控制。从用户开始，解决、改善用户的盈利，改善自己的盈利能力，化解经营风险；其次通过流程和信息化再造，提升公司的竞争力。坚持走自主创新的道路，打造世界一流的产品。国内市场低迷，要加速海外市场布局。国际市场，如同逆水行舟，不进则退。要把“三一”打造成为世界品牌，就必须走国际化的路子。

…………

他们的认识、他们的理解、他们的行动，终将化成一种力量，犹如滚滚北去的湘江之水，汇入浩瀚的时代洪流。

从 2016 年开始，工程机械行业开始回暖，苦练内功的三一集团率先缓了过来，并在接下来的几年保持着强劲的增长。特别是 2020 年，随着国内新一轮大规模基建的兴起，三一集团又重新迎来了高光时刻。这一年，三一重工营收破千亿，市值一度突破 4000 亿元；销售挖掘机 98705 台，全球市场份额排名第一。

三一集团注定是一支摧不垮的队伍。强劲的实力、谦逊的姿态，或许正是三一集团成功的终极密码。但终极密码的源头在哪呢？我想，这才是我要寻觅的，这才是我们这个时代不可或缺的精神财富。

我首先想到了湖南娄底涟源，那个叫茅塘的地方。

位于茅塘镇的三一集团早期的焊接材料厂，现在已经成为“三一创业教育基地”，每年三一集团新入职的员工首先要到这里来参观学习。虽然这里有些简陋，甚至破旧，但它却见证了创业时期的艰辛与磨砺，梦想与追求。

“今生今世，肝胆相照，患难与共，誓为民族工业的振兴而奋斗！”1985 年底一个昏暗的夜晚，同在洪源机械厂工作、怀抱产业报国理想的年轻知识分子梁稳根、唐修国、袁金华、毛中吾，在工厂后山许下誓言。

随后，他们不顾厂领导劝说与挽留，义无反顾地选择了辞职创业。时年 29 岁的梁稳根雄心勃勃，他对厂长说：“与其拯救一个旧的细胞，不如换一个新的。”

梁稳根大学学的是材料专业，1983 年大学毕业后被分配到洪源机械厂。在这里，他结识了当时大学刚刚毕业的唐修国、袁金华、毛中吾 3 个志同道合的伙伴。他们极不安分，内心始终藏着一个在大多数人看来不切实际的理想——创建自己的企业，走实业报国的道路。他们的选择，有着鲜明的时代背景。

1977 年，中国恢复高考制度。作为恢复高考制度的“老三届”大学生，1978 级的梁稳根和唐修国、1977 级的袁金华、1979 级的毛中吾四人经常利用工作之余，一起讨论企业的出路。这三届大学生通常被称作经历中国改革开放的一代人，他们的成长故事与中国改革开放的节点紧密相连。1982 年，党的十二大提出了“计划经济为主、市场调节为辅”的经济体制改革方针，从此，思想更加解放，市场更有活力。1984 年，邓小平第一次视察南方，这一年也被称为“中国公司元年”，一大批日后引领中国商业潮流的公司在这一年创立。

丢掉国企铁饭碗，白手起家来创业，梁稳根为何如此敢想敢干？这也许和养育他的那片土地有关。

梁稳根是湖南娄底涟源茅塘镇道童村人。娄底不仅是湘军文化的主要源头，也是湖湘文化的重要发源地，是“青铜古道”上重要的制造基地和中继站，也是“茶马古道”的重要驿站。近代以来，娄底地区的精神领袖是晚清中兴重臣曾国藩，他力推西学东渐，大力倡导洋务运动，开启了中国工业近代化之先河。在开拓创新精神的指引下，一批批娄商精英踏上实业报国之路。

令我震惊的是，梁稳根的出生地，一个小镇，竟然出了那么多企业家：到2021年底时，茅塘人在本地或在外创办的企业多达上千家，光是全国品牌总代理就有400多家，资产过亿的有十几家，资产上千万元的有上千家。茅塘人的经商文化始于明朝，以经营药材、竹木、造纸业为主，到清朝时期达到顶峰，特别是生产的各类纸张，通过水路远销湘潭、长沙、汉口等地。

茅塘东边即杨市镇（古称杨家滩）。有一条欢腾跳跃的孙水河，从逶迤层叠的龙山缓缓而来，穿过杨市古镇与涟水汇合，远赴湘江。孙水河上有座桥，叫胜梅桥，也叫杨滩桥，始建于距今300多年的清康熙年间。虽然历经300余年的日晒雨淋，但胜梅桥和它身下的孙水河一样，已与古镇杨市的社会经济发展、历史文化内涵等方方面面融为一体，成为承载杨家滩乃至湘中历史文化的一座地标式古建筑物。

“把把戏戏南岳山，花花绿绿杨家滩。”古民谣道出了胜梅桥河岸昔日的繁盛。这里是去宝庆、长沙、安化、衡阳的要冲，龙山一带的竹木、土纸、药材和来自汉口、长沙等外埠的工业品，都在这里集散。透过桥下码头的两个水潭，依稀能够想象出它昔日的繁盛景象。现在，虽然昔日的繁华不见了，但胜梅桥依旧矗立着，依旧紧紧联系着杨市镇孙水河的两岸，并向所有来访者讲述着昨天的故事。

此处的繁荣兴盛，还与湘军的崛起紧密相关。

涟源市史志办的老师介绍说，当年曾国藩奉旨在家乡操办团练，招兵买马，抗击太平军。杨家滩离荷叶塘不到百里，这一带的许多青年村夫前去投军，投奔到曾国藩的麾下。随后，他们跟随曾国藩驰骋沙场，南征北战，凭借自己的非凡才能和过人胆识立下赫赫功勋，并涌现出了一大批以刘腾鸿、刘岳昭等为代表的湘军将领。这些湘军将领衣锦还乡后，大修宅邸，一时杨家滩、荷叶塘境内豪宅相连。与此同时，他们在外征战，扩大了视野和见识，返回家乡后，加强了家乡与外地的沟通联系，也影响了更多人外出经商。此地商人继承和发扬了湘军坦诚相待、相互信任、相互支持的团队精神，极具凝聚力和战斗力。

这些，对梁稳根有着潜移默化的影响。

“下海后”，梁稳根他们四人贩过羊、做过酒，做过玻璃纤维，但都以失败告终。1986 年春节前，眼看就要山穷水尽，梁稳根和毛中吾发现焊接材料在市场上供不应求。那时，中国的焊料市场规模很小，只有不到 300 万元的市场，大企业不愿意生产，小企业又做不好，而新材料正是他们四人的专业和特长。

“我们之所以失败，可能是因为贩羊、做酒和做玻璃纤维都不是我们的长项。”一天，梁稳根把大家召集在一起商量起来，说：“我们四个人里面有 3 个是学金属材料的，所以我觉得应该做金属材料。”

经过一番市场调查，他们找到了当时市场上很紧缺的有色金属材料。于是，他们从亲戚朋友那里凑来 6 万元钱，以焊接材料为突破口建立了涟源茅塘焊接材料厂。当时，创业资金严重不足，工作、生活条件十分艰苦。梁稳根他们就在道童村一栋废弃的养殖场烧起了第一灶炉火。接着，他们自己动手建设厂房：开挖地基、焊接屋架、油漆设备……几个血气方刚的青年一下子成了泥工、焊工、油漆工。随后，他们没日没夜地进行产品开发。

一天，爱才心切的洪源机械厂厂长来看望梁稳根，见到他们简陋的厂房、艰苦的环境后，痛心地问：“小梁啊，人没有一个大的平台是干不了事情的。兵器工业部是一个部，小卖部也是一个部，你就心甘情愿开一个‘小卖部’吗？”厂长的言下之意很清楚，没有一个大的平台，“小卖部”是做不大的，他希望这些有志青年能够重回厂里。然而，踌躇满志的梁稳根不为所动，仍汲汲于他的“小卖部”。

要创业，何其难。当时不仅没有钱和设备，就连生产焊接材料的原材料铜和锌，都要有指标才能购买。为此他们想尽了办法。他们在兵工厂工作过，知道炮弹壳含铜、含锌，于是就用报废的炮弹壳来提炼原材料。他们还回收紫铜线作替代原材料，但紫铜线不能直接使用，只好在工艺上进行创新，熔炼后又精炼。经过100多次配方调整、几十次工艺变革后，他们终于制造出第一个适销对路的产品——105铜基焊料。产品问世后，他们开始一家一户跑客户。

梁稳根北上辽宁，没有通过任何介绍，直接“闯进”辽宁省葫芦岛市一家冶金厂厂长的办公室，推销自己的产品。从未听过这家材料厂的厂长被梁稳根的诚恳打动，要求他在当年5月供应200斤焊料。但如期交货后，梁稳根却没有收到货款，收到的是一份产品质量不合格、拒付货款的电报。焦急万分的他想到了自己的母校，想到了恩师翟登科教授。于是，他们来到中南工大，和翟登科教授反复讨论，并在学校借了一个实验室。三个月里，一百多次调整他们的配方，几十次改变工艺，才使105铜基焊料研制出现转机，各项指标达到国家要求，并填补了湖南省的一项技术空白。

那年10月9日无疑是三一人永远难以忘记的特殊日子。这天，梁稳根他们从农业银行的一个营业所取回了葫芦岛市那家冶金厂打来的9000块钱货款，这也是他们收到的第一批货款。他们取了钱一路狂奔，跑回公司。

“我们打过长江了！我们打过长江了！”他们在办公室兴奋地大喊。然后紧紧地拥抱在一起，唱起了《酒干倘卖无》。

这是多么及时与珍贵的9000块钱啊！这意味着他们可以生存下

来——当时他们创业还不到一年，已经无米下锅了。有了“第一桶金”和产品的支撑，涟源茅塘焊接材料厂迅猛发展，几年时间便实现产值过亿，成为娄底地区最大的民营企业。

虽然涟源茅塘焊接材料厂在短短的几年时间里实现了产值过亿，梁稳根却又有了新的苦恼：同为湖南民企，他们的材料厂和同省一家空调企业几乎同时起步，为什么人家一下子就能够做到产值 20 个亿，而他们产值却不过 1 亿元？尽管当时公司开始了金刚石生产的业务，但即使把全国的金刚石市场都垄断过来，产值也只有 10 个亿。这种速度和规模，与梦想相去甚远。

梁稳根他们开始思考企业是否该进行战略调整。1989 年，他们走出茅塘，在涟源市成立了“涟源焊接材料总厂”。他们要“创建一流企业，造就一流人才”，并将这样的创业梦想和追求以对联的方式贴在总厂的大门口。

当年，时任湖南省委书记的熊清泉到涟源焊接材料总厂考察。他鼓励大学生创业，在职期间，为了鼓励湖南的学子、人才，竟拿出自己多年的积蓄创办了基金会。看到总厂大门口贴着“创建一流企业，造就一流人才”的对联后，熊清泉说道，还可以加一句嘛，做出一流贡献。”于是，“三个一流”最终成就了三一集团的企业之名。

在涟源道童村，那栋他们点燃第一灶创业炉火的养殖场已变得老旧斑驳，但三一人从那里起步的梦想却日渐清晰……

1991 年 9 月，涟源焊接材料总厂更名为湖南省三一集团有限公司。同年，向文波加盟他们的团队。这位后来被称为“三一战略第一人”的合伙人，与梁稳根的想法碰撞出串串火花。

放下家里一亿多元的摊子，梁稳根与向文波开始了市场调研。一年多的时间，他们走访了几十位专家，开了十多次董事会议，终于找到了制约公司发展的两个瓶颈：一是所在行业——有色金属材料的市场狭小；二是所在地方——涟源，位置偏僻。之后，董事会提出了三一集团历史上著名的“双进战略”：进入中心城市——长沙；进入大行业——装备制造业，首先进入工程机械制造业。

更为可贵的是，梁稳根他们当时就用国际思维和全球视野来思考、谋划三一集团的未来。

他们做过比较：欧洲、美国、日本的工业化过程造就了一百多个世界500强的企业，在美国，仅仅是工程机械行业就有3个世界500强企业，其中规模最大的年销售额是300亿美元，相当于2400亿人民币。

中国是什么情况呢?

中国的人口是美国的6倍，是日本的10倍，中国的国土面积比美国大30万平方公里，日本的国土面积仅相当于中国的云南省那么大。而中国的工业化还没有完成，中国的城市化率只有40%，日本、美国城市化水平已经到了90%。也就是说，中国的工业化、城市化和现代化建设将为他们提供巨大的机会。同时，中国人口众多，绝不可能完全靠进口机械装备来完成现代化建设。

市场前景广阔！这是进入装备制造业千载难逢的好机会啊！

这也是机遇和责任的驱使！

1994年，在“双进战略”的支撑下，三一集团落户长沙星沙，开始了混凝土泵送产品的生产与制造，从此由材料行业最终进入国家支柱性产业，施展起“创建一流企业，造就一流人才，做出一流贡献”的抱负。决定将三一集团定址在当时并不起眼的小镇星沙，梁稳根也是有战略考虑的。梁稳根认为，这个位置，离机场和火车站都不远，天上飞过的飞机能看到，地上开过的火车能看到，他要让经过这里的每一个人都能看到三一集团。

立足长沙，精耕实业。经历三十多年的艰难与困苦、创新与奋斗，三一集团终于取得了令世人瞩目的成绩，成为中国工程机械行业的标志性企业。在三一集团的带动下，地处星沙的长沙经济技术开发区也快速发展为中国领先的充满活力的现代化工业基地。三一集团的成功，很大程度上得益于战略的成功。当年的“双进战略”转移，使三一集团进入了一个更广阔的发展天地。

三一集团作为国家重要先进制造业的标杆企业，最终支撑其发展的还是一系列的创新成果。

1994 年，“双进战略”启动后，靠做焊接材料起步的三一集团，以拖泵为敲门砖进军工程机械领域，研制出中国第一台开式混凝土拖泵。但很快便遇到了第一只拦路虎。当时，三一拖泵故障频出，究其原因，跟拖泵的核心部件集流阀组有很大的关系。这一核心部件的制造技术一直被国外企业所掌控，外国人还通过采用非标准件设计构建了技术壁垒，其他人想要简单模仿，几乎不可能。

怎么办?

要么重新对集流阀组进行自主设计，要么像大多数中国企业一样选择进口。如果选择进口，则会使企业在采购时受制于人，并且还要面对客户无休止的抱怨。

关键时刻，三一集团总工程师易小刚登场了。

那是 1995 年春，刚成立不久的三一重工遭遇发展困境。90% 的混凝土拖泵市场和拖泵液压系统被国外垄断，想不受制于人，必须尽快实现技术革新！求贤若渴，梁稳根在全国广发英雄帖。

1963 年 9 月出生的易小刚是湖南武冈人。父亲是教师，母亲是农民，还有一个姐姐，家境贫困。他年纪轻轻就到大队上“赚工分”。虽然农村生活艰辛，但同时也磨炼了他的意志力，让他明白，读书才是唯一的出路。华中科技大学毕业后，易小刚被分配在北京机械工业自动化研究所。梁稳根找到他时，他已是国内颇有名气的液压专家，在北京机械工业自动化研究所工作有十年了，先后参与和主持开发的两个项目分别获机械工业部、机械工业部机械科学研究院授予的科技进步二等奖。

用什么方式来破集流阀组这个局呢？易小刚的办法是，自行设计，用标准件来组装这个核心部件。只有用这个办法，才能通过购买市场上已有的零件，组装成优质的集流阀组，从而做出属于自己的高质优价的拖泵来。易小刚的想法得到了梁稳根的全力支持。当时三一集团在星沙只有两栋厂房，并且还是一边施工一边生产。无论是梁稳根还是一线工人，都住在施工厂房边上的临时工棚里。由于投资不足，整个公司只有一台装有计算机辅助设计系统的电脑。就是在这种条件下，易小刚用这一台计算机日夜不停地研究，几个月后终于设计出了属于三一集团的集流阀组。自此，三一集团有了自己第一个专利技术。打破技术壁垒，实现核心部件集流阀组的自制后，三一重工在拖泵的研制上取得重大成功。

自集流阀组开始，三一人掌握了一大批具有自主知识产权的核心技术。通过核心部件的自主研制，三一集团打破了受制于国外的行业困境，带动了行业技术升级，构筑了安全的产业链。更为重要的是，破局集流阀组打破了“国外还没有这么做，我们也不能这么做”的信心壁垒，有力支撑了三一集团在工程机械领域做大做强的雄心壮志。

从此，三一集团的技术革新“一发不可收拾”。2009 年，他们自主研发了中国第一台自制 37 米臂架泵车，公司也由混凝土设备制造领域的追随者变为领导者，并带动了整个中国工程机械行业的发展。可以说，37 米臂架泵车记载了中国工程机械民族品牌与国外品牌同台竞技并最终实现逆转的一段历史。2014 年 6 月 15 日，在助力“上海中心”580 米主体结构封顶后，三一超高压混凝土拖泵再次成功将混凝土泵送至620米的世界新高。仅靠一台拖泵就完成了如此高度的混凝土泵送，当时在世界建筑史上绝无仅有，三一集团也由此完成了从“中国泵王”向“世界泵王”的跨越。

也因为如此，三一集团有了亮剑世界的底气和勇气。

于是，一个个温暖人心的故事诞生了。

2010年8月5日，智利北部阿塔卡马沙漠中的圣何塞铜矿发生塌方事故，33名矿工被困700米深井下。智利政府及军方随即动用一切可能的力量展开营救，一场集合多国力量的世纪救援就此拉开帷幕。

8月30日，在确定了矿工被困的具体位置后，救援队伍开始打钻第一条救援通道。经过一个多月的艰辛努力，智利方面终于打穿厚实的岩层，拉通了到达矿工避难区的上升通道。智利政府制定出最终救援方案：利用救生舱经此通道将矿工运回地面。

整个救援方案最关键的部分，是需要一台拉动救生舱的牵引设备，它将直接决定救援工作的成败。

哪种设备可以拉动33名矿工的生命之舟？

智利政府没有凭印象和感觉选择，而是决定经过严格评审和招标来选择。参加救援设备竞标的，除了三一集团智利分公司，还有马尼托瓦克、特雷克斯两家国际知名的吊装公司。

9月21日，正准备赶往外地去为一台平地机做“诊断”的三一集团智利分公司服务经理郝恒接到客户的电话，客户请他马上赶过去，为一台三一400吨重的履带起重机做检测——实际上是参加救援设备竞标。

一番测试、多方调查后，智利政府发现，来自中国三一集团的履带起重机动作可以精确至毫米，并且能够充分适应矿难现场松软的沙漠环境，可随时进行360度全方位工作。更重要的是，这个“庞然大物”

在智利期间拥有零施工故障的纪录。这让智利政府毫不犹豫将其定为救援的首选设备。

10 月 6 日上午，智利晴空万里。三一 400 吨履带式起重机被拆装在 6 辆卡车上，浩浩荡荡开往智利矿难救援现场。郝恒也跟随设备赶往现场，保障设备顺畅运转。

“中国，谢谢！”见到大型救援设备到来，有家属用生硬的中文大声喊道。

“生命高于一切！”董事长梁稳根召开紧急会议，要求倾公司之力，全力以赴参与救援。同时派出三一集团海外总经理张重科带领两名技术专家携配件紧急赶赴智利并现场指挥。

10 月 13 日，救援进入了最关键的时刻，全世界的人都在紧张关注着这里发生的一切。

救援现场三一“巨无霸”吊车更是格外引人注目。

然而，随着时间推移及局势变化，施救方案悄然改变。经充分论证，56 米以下岩层情况良好，不易松动，隧道周遭处理平整，不再需要安装“钢护筒”。因此使用履带式起重机安装“钢护筒”，再起吊救生舱的第一方案，被调整为直接使用绞车起吊小型救生舱。

三一 400 吨履带式起重机就近待命，24 小时“保驾护航”，一旦绞车出现卡、挂等情况，则立马跟进。郝恒仍然不敢有丝毫懈怠。

10 月 13 日 11 时 43 分，第一名矿工被成功从井下运送到地面。智利总统皮涅拉走上前给了矿工一个深情的拥抱。郝恒率先鸣笛庆祝，“中国制造”再次吸引了世界的目光。随着最后一名矿工顺利升井，在 700 米深井下待了 69 天的 33 名矿工全部获救，这场世纪救援大获全胜。

作为现场最大的救援设备，三一 400 吨履带式起重机犹如定海神针，让现场的每一个人心神安宁。

“尽管最后未能使用三一设备起吊，但能够参与此次救援，我已经觉得非常自豪了。三一的设备中标，并在现场随时待命，表现了对于来自中国制造设备的性能、质量和后勤保障的认可。”郝恒说。

2011年3月11日，日本东北部海域发生9级强烈地震，导致福岛第一核电站发生爆炸与核泄漏事故。

灾情危及福岛民众的生命，救援刻不容缓。

3月19日，日本东京电力公司向中国驻日本大使馆和三一重工发函，请求三一重工支援一台62米混凝土泵车，对1号机组进行注水降温。三一重工第一时间响应。董事长梁稳根当即表示，公司可以免费提供所需设备，并愿提供全方位支持。

当天下午，一台价值100万美元的62米泵车从长沙出发直奔上海港。中国外交部、上海警方及上海海关为这台救援泵车提供了一切可以提供的方便。

3月24日，日本东京时间上午9时许，经过40多小时航行，运载三一救援泵车的“苏州号”客轮抵达大阪港。泵车几乎是从船上直接开出港口，以往所有烦琐的通关手续都免了。原来，为了让这台泵车尽早开到福岛第一核电站，日本外务省、国土交通省事先规划好了行车路线，一路由警车开道护送。

与此同时，彭延寿、周新安和戴达安三位三一集团的工程师也以最快的速度分别从上海、长沙及越南的某城市出发赶赴东京。他们将承担培训日方泵车操作手的任务。为了最大限度保护工程师的人身安全，三一重工最终选择了离核辐射200公里的千叶县野田场地进行泵车教学。

3月24日晚，泵车抵达千叶县。彭延寿、周新安和戴达安等三一重工方面工作人员以及9名日方核电站工作人员已在此等候。由于时间紧迫，本来需要3个月左右的训练缩短到两天。工程师们5点起床忙到第二天凌晨才能休息。经过高强度培训和反复操作检验，两天后3名日方操作手基本可以顺利操作泵车。

3月27日12时45分，62米泵车抵达福岛核电站指挥中心。

3月31日12时，62米泵车正式开始为福岛核电站1号机组注水降温。第一次注水之后，反应堆的温度就明显下降。

三一重工还对62米泵车进行了改装，在臂架末端加装了摄像头和辐射传感设备，从上空对核电机组情况进行全方位探测与监控，最大限度地保证了日方工作人员的安全。

三一62米泵车驰援福岛核电站，在日本引起极大反响。日方救援人员、日本媒体和民众给泵车起了个外号叫“大长颈鹿”。日本政府和民众以不同方式表达感激之情。4月1日，日本驻华大使丹羽宇一郎致函梁稳根，代表日本政府对三一集团的援助表示感谢。第二年丹羽宇一郎到访三一重工时再次表达感激之情，他说：“三一重工的支援鼓舞了日本国民。”

值得一提的是，当时参与救援的仅有两台泵车，一台是三一62米泵车，另一台是德国大象泵车，其制造商德国普茨迈斯特一年后被三一集团收购，成为三一大家庭的一员。

…………

在国际化战略发展中，三一集团闯出了一条路子。中国能够被全世界尊称为“基建狂魔”，除了工程师与一线施工人员的努力外，自然也离不开三一集团这样的企业在工程机械制造技术上取得的突破。中国工程机械从无到有，历经艰辛突破西方壁垒，并且成功摆脱依赖，还斩获了多项世界第一，一些技术还是绝无仅有的。特别是三一集团作为一家中国企业起诉奥巴马总统、CFIUS（美国外国投资委员会），这在美国司法史上是第一次，同时这也是中国制造企业第一次拿起法律武器对美国贸易保护主义说“不”，这些故事依然被业界人士津津乐道。

从涟源到长沙，从长沙到北京，再从北京到世界，沿着三一集团的发展足迹，我既感受到中国制造企业创业的艰辛，更感受到市场经济是民营企业发展的基础和命脉。中国强大的内需和国际广阔的市场，催生企业创新求变，以适应市场的需求。而国际视野，不仅让三一集团赢得了长足的发展机会，更让世界重新认识中国制造，认识大国制造的魅力。

扬帆出海

我驱车来到位于长沙市长沙县凉塘东路的山河工业城，拜见一位老师。

正值春末，阳光明媚，春花烂漫，一派生机盎然。山河工业城内，一片繁忙景象，工人在各自的岗位上忙碌着，设备有条不紊地运转。

到达山河工业城时，正是午餐时间，工人们三五成群地走向食堂，他们边走边聊，欢声笑语。渐渐地，人越来越多，如同潮水。这是工厂，也像校园。

山河智能装备股份有限公司（以下简称“山河智能”）品牌管理中心主任廖宁领我加入了人潮之中。在前往食堂熙熙攘攘的人流中，廖宁发现了何老师的身影。我顺着她手指的方向看去，眼前是一位满头白发，穿着山河工服的老者。他一边步履矫健地行走，一边忙着打电话。即使在打电话，面对他人的招呼，他也总是满脸笑容地回应。廖宁告诉我，在山河智能，大家不叫他董事长，都亲切地称他何老师。虽然何老师年逾古稀，已 76 岁，但他完全以公司为家，几乎天天吃住在公司，从不搞特殊化，吃大食堂，只是不吃那么油腻。他依然参加公司管理，带头进行技术革新。他早晨6点起床，每天步行不少于2万步；做事雷厉风行，每天的工作都安排得满满当当的——参加产品试制、技术评审、论坛展会，接待前来参观调研的人员，有时还会到施工现场查看。

大家都说何老师是向着太阳奔跑的筑梦人。

何老师便是山河智能的创始人、名誉董事长何清华，他也是名副其实的老师——中南大学教授、博士生导师。

山河智能由何清华1999年领衔创办，主要聚焦装备制造业，在工程装备、特种装备、航空装备三大领域全面发展，并以湖南、广东为两大战略要地，不断推出具有世界影响力的产品，目前已经成为国内地下工程装备头部企业、全球工程机械制造商50强、全球支线飞机租赁企业3强，入选中国智能制造50强，是一家具有国际影响力的企业集团。

下午两点半，何清华准时出现在会议室。

他步伐极快、走路带风，还没进门，爽朗的笑声就已传到我耳中。面对我的提问，何老师微笑着打开了话匣子。

他说起了两年前习近平总书记来到山河智能考察的场景。

习近平总书记强调，自主创新是企业的生命，是企业爬坡过坎、发展壮大的根本。

“总书记的殷切嘱托，让我们在创新发展道路上有了更强的动力、更大的目标。”何清华感慨地说，“两年间，我们申请专利达334件，其中发明专利105件；开发新产品新技术134项，其中75款新产品成功下线。”

我们自然聊到2013年前后制造业陷入行业低谷期之事。

2008年全球金融危机对中国和全球工业化进程影响巨大。欧洲主权债务危机不断发酵，对全球经济增长造成重大打击。中国的工业，特别是先进制造业在2013年下滑到改革开放30多年来的最低谷，甚至可以说是经历了一次前所未有的寒潮。

“作为一名创业者，或者说作为工业人，经历这样的低谷期很正常。”何清华说，“但面对低谷，面对困难，我们不能心灰意冷，丧失信心，还必须在激烈的市场竞争中充分发挥自己的优势。”

“如何发挥优势呢？”

“首先是创新。”何清华说，“我喜欢创新，也是个善于创新的人。我自己从小就爱捣鼓一些东西，比如用皮筋自制水轮发电机；看了《鲁宾逊漂流记》，我就希望自己成为现实生活中的鲁宾逊，拥有木头枪、木头飞机和木头船。”

无疑，创新已经是烙在何清华骨子里的人生符号。

“其次是开放！只有包容开放的胸怀，才有创新和崛起。”何清华说，“必须扬帆出海，向海而兴，背海则衰，是历史教训，也是一条亘古不变的铁律。”

“如何面对那次寒潮的呢？”

“除了自我创新，就是逆流而上，向海而行！”何清华说。

时间回到2012年初冬。这年11月27日，世界工程机械行业的年度盛事——2012宝马展（bauma China）在上海新国际博览中心隆重开幕。

作为世界工程机械企业50强，山河智能携三十余款产品参加了此次盛会，并强势推出多款引领行业技术发展的高端创新产品。当天下午，“创新引领价值”——山河智能新品发布暨客户答谢宴会在上海甸园宾馆隆重举行。

此次发布会，山河智能推出的多款产品都走在了行业技术发展的最前沿，如“3612双动力头多功能钻机”是当时国内钻孔咬合桩施工精度最高、成孔效率最快、成桩质量最好、工艺范围最广的一款设备，技术达到世界行业领先水平，填补了国内市场的空白；“32R 硬岩旋挖钻机”是专门针对硬岩和其他复杂地质施工要求开发的，在回转扭矩、抗冲击能力、钻孔稳定性等方面有大幅提升，大大提高了硬地层的施工效率和钻孔垂直度；“97A 多功能锚杆钻机”应用于城市基坑和边坡的锚固施工，较市场同类产品在动力头配置、钻进系统可靠性和参数优化方面优势明显，施工高效、节能环保；“89-1 全液压露天凿岩钻车”产品技术国内首创，系统配置、功能及可靠性最贴近国内施工环境和操作技术水平要求……

可以说，这次盛会上，山河智能推出的引领行业技术发展方向和高度的系列产品，取得了良好的推广效果，进一步展示了集团强大的自主创新实力，展现了“中国创造”的魅力。

“你们的 3612 双动力头多功能钻机相当棒，不仅工艺不错，技术也是世界水平了。”参展期间，一位中文名为俞泰银的韩国年轻人被 3612 双动力头多功能钻机深深吸引，参观完后，他主动跟山河智能的代表聊了起来。

“谢谢夸奖！”代表微笑着说。

“这样的产品完全可以在韩国销售。”俞泰银说。

“是吗？”代表被这个突如其来的提议惊到了。

“一定可以大卖。”俞泰银认真地说，“一是你们的质量好，二是韩国有需求。”

代表虽然并没有将这段对话太放在心上，但展览结束回到长沙后，还是将展览期间的这个小插曲报告给了何清华。

听了这个小插曲，何清华却陷入了沉思，或者说打开了他思考集团未来发展的另一扇窗户。虽然当时山河智能的产品还没有走出国门，但并不意味着何清华没有这个野心。相反，带着自己的产品扬帆出海是他朝思暮想的事情，只是他非常理性，认为时机不成熟。现在竟然有外国人主动提出这个问题，他觉得是时候出击了。

一个多月后，也就是2013年元旦刚过，何清华率领团队前去韩国考察市场。去的路上，他们还多少有些担忧，但当他们来到韩国，在俞泰银带领下考察了韩国机械市场、拜访了几个客户后，感觉市场前景很不错。为了做到相互了解，他们又邀请俞泰银和客户来中国，到山河智能来考察。不久后，俞泰银带了多个韩国客户来到山河智能。

然而双方互相考察后，却没有了下文。

“怎么一直没有动静？”何清华问国际营销部负责人。

国际营销部负责人说：“我们与对方进行了沟通，他们认为，我们现有的机型以及机器在很多细节方面，还不适合韩国市场的要求。”

何清华认真地听着，不时点着头。

“韩国客户对我们这种价值百万美元一台的产品还是心存疑虑，他们信任的还是日本和欧洲的产品。”国际营销部负责人说。

“这不能怪人家，是我们自己工作没做到位。”何清华说，“我们的研发团队并没有完全了解日本和欧洲产品在韩国的整体情况和实际施工的全过程，这对于改进产品，打开韩国市场都是非常重要的。知己知彼，方能百战不殆。我们应该深入一线，进行调查了解。”

何清华清楚，此前，韩国市场桩工机械几乎全部采用日本品牌的全液压履带式桩架。日本的履带式桩架代表了全球领先水平，在韩国、东南亚等国家和地区被广泛应用。

2013年冬天，何清华带着几个营销人员和技术人员再次奔赴韩国。他们顾不上暴雪严寒，直奔施工现场。

在韩国潜在客户的帮助下，他们来到仁川机场，考察正在施工的日本产品。但只能隔着铁丝网观看，不能进入现场。

为了对比韩国常用桩基础施工的工法特点和施工效率，已经67

岁的何清华手持手机在雪地里拍摄了工作循环的镜头，拍了几十分钟，手被冻僵了。尽管如此，他手中的镜头始终很稳定。

跟随何清华一同去韩国的有一个 24 岁的小伙，叫朱振新。2012 年大学毕业后，他就进入山河智能，从事基础装备与电液控制自动化领域的基础研究与实用开发工作，负责桩工机械特别是全液压履带式桩机的研发。朱振新被何清华的一个行动深深感动：为考察一台停在雪地里的日本同类产品，他不顾自身安全爬上了滑溜的钻桅。

他们反复调研，不停讨论，不断改进，终于在 2014 年 5 月赢得了客户的认可，第一款面向韩国市场的双动力头强力多功能钻机正式进入韩国，打破了日本品牌在韩国桩工机械市场的垄断局面。

这台机器出口韩国，意味着山河智能开始了它的海外之旅。当时正在东南亚出差的何清华高度重视，直接乘飞机赶到韩国见证这个历史性的时刻。

随着出口韩国的机器增多，需要解决的问题也多了起来，而且解决这些问题需要研发、制造、服务、客户交流等环节的配合。瞄准韩国桩工机械市场的山河智能，组建了以研发为主，包括销售、生产和品管部门的韩国项目组。

谁当组长？

谁也没想到会是年仅 25 岁的朱振新。

“这小伙子年轻，敢干敢闯，能吃苦，英语也不错，还是做桩工机械研发的。”何清华对朱振新印象深刻，并点他的将。

这让朱振新很是惊讶。虽然朱振新从未在何清华面前自我表现过，甚至总是离得远远的，但何清华却始终悄然关注着朱振新的一举一动。

年轻的朱振新果然不负重托，他带领团队画图、设计、调整、测试，深入生产车间和试验工地及时解决技术难题，取得了一系列创新成果。仅用一年时间，他们团队研发的全液压履带式桩机销量就跃居韩国市场第一。最终，新产品赢得了韩国客户的青睐。后来，他们又研发了三款全新产品并批量进入韩国，还研制了几种不同型号的产品，在国内被广泛使用。

2016年夏天，何清华出差韩国。

“我们去双动力头强力多功能钻机施工现场看看。”刚到宾馆，何清华就对销售人员说。他们要去见山河智能在韩国的第一个客户。

“何老师，什么时候去？”销售人员问。

“现在。”何清华说。

“就现在？”销售人员问，“何老师，不休息吗？”

何清华微笑着摇了摇头。

来到施工现场，一番寒暄之后，何清华与客户便直入主题。

“我想听听您使用后对我们产品的详细看法。”何清华说，“有什么说什么，实话实说。”

经过近两年的使用，客户也成了专家。他说：“山河智能的桩架与日本相比，操控性、稳定性等都很强，但钻孔效率比日本机器要低……”

“是不是液压动力系统的匹配有问题？”何清华沉思着说。

“有可能。”客户点着头说。

“如果两组液压动力系统协同匹配工作就可以提高效率。”何清华说。

…………

“小朱吧！”与客户交流完，何清华就拨通了当时正在长沙的朱振新的电话。

“何老师好！”

“你尽快将韩国这台双动力头强力多功能钻机的液压动力系统的相关原理图、技术参数等，通过微信发给我。”

“好的，何老师。我马上就发。”

何清华收到朱振新发来的资料后，就在宾馆里研究起来，并提出让原来相互独立的两组液压动力系统协同匹配工作的实施方案。随后，他将这一实施方案发给朱振新，并要他尽快通过分析计算拿出工程实施方案。

于是，一场攻坚战打响了。

何清华在韩国指挥、等待，朱振新组织一帮人马白天冒着烈日在公司的测试场测数据，晚上在办公室进行数据分析。

一次、二次、三次、四次……朱振新他们反复测算，果然发现原匹配数据确实不合理，于是设置新的数据，将匹配的方案优化再优化。

韩国那边，何清华指导客户按此方案改进后，工作效率提高了10% 以上。

消息传回长沙，朱振新他们欣喜之余，无不佩服何清华的专业敏感性。

随后，在何清华的指导下，朱振新他们还解决了液压系统不适应双动力头施工工况，液压与动力系统功率匹配不合理、能耗大等问题，为后续设备的升级奠定了理论基础，同时也系统形成了我国的旋挖钻机设计理论。这不仅填补了我国旋挖钻机设计理论的空白，而且成为山河智能在旋挖钻机开发领域的独门绝技，一直传承下来。现在，朱振新已经成长为山河智能基础装备事业部总经理、基础装备研究总院常务副院长。

“您都亲力亲为，真了不起！”我惊叹地说。

“不认真不行啊，我们的产品要真正走向海外，最终靠的还是质量。”何清华微笑着说，“随着性能可靠性不断提高，我们的双动力头钻机不仅在韩国的市场占有率越来越高，市场的拓展面也越来越广，后来还走向了东南亚。靠的不是简单的仿制、复制别人的产品。”

"那靠的是什么？"

"我们通过充分调研，针对别人产品的不足，以发明创新、技术升级为导向展开产品的研制工作。"何清华说，"比如我们通过大量的客户走访，了解到韩国市场上现有产品的稳定性欠佳，而有的公司为了满足客户要求升高了钻桅，结果稳定性更差了。看到这种情况，我就跟研发人员商量，采取优化底盘结构参数、优化上车重心、独创附加稳定装置等一系列提高钻机稳定性的措施，让我们的双动力头钻机的稳定性全面超越竞争对手。"

他们想得更多，考虑得更加周全。

"我们还特别关注如何提高这种大型设备装配、拆卸的便捷性和安全性，并在这方面取得了多项创新专利。"何清华说，"我带领团队考察竞争对手产品时，还发现竞争对手的操作电控系统整体设计落后，工人操作手柄多达 20 个，信息化程度低，几乎没有现代手段进行故障诊断。针对这些情况，我就跟研发人员讲，完全可以发挥公司在液压电控方面的优势，以高标准设计山河钻机的操作控制系统。"

"现在情况如何？"

"现在只要打开钻机驾驶室一看，就会明显感到它在操作控制显示方面要领先竞争对手一个时代——全面实现电液控制，大屏幕显示。特别是钻桅的立起和放倒、钻机钻孔过程等复杂动作都只要选择好模式按一下电钮，就可以让机器自动完成。这些都是世界首创性的功能。"何清华说，"我们之所以特别重视产品门类相应的体系化创新，是因为这是保持产品技术领先竞争对手的基础。"

如今，仅朱振新他们研制的具有自主知识产权的系列化高端全液压履带式桩架，就涵盖了大、中、小机型共计 10 个型号，产品功能及可靠性得到市场的检验和认可，在韩国市场的新机年销量多年连续第一，累计销售额超 4 亿元人民币。

对于地处内陆的湖南而言，海洋是一个陌生而遥远的存在。

但连绵的山峰并没有阻挡住我们对海洋的向往。

蓝色的海洋，波澜壮阔，浩瀚无边。海洋蕴藏着丰富的生物资源，海底分布着富饶的油气田。海洋是生命的摇篮，海洋是交通的要道，海洋是现代高科技的研究与开发基地，它为人们探索自然奥秘，发展高科技产业提供了空间。

向海而兴，背海而衰。透过历史的长镜头，不难发现，500 多年前开启的大航海时代，是推动全球化的真正力量，自此，海洋成为全球性大国竞争的战略要地。葡萄牙通过控制地中海与大西洋的交通要道，曾建立起横跨 140 个经度的庞大帝国；西班牙“无敌舰队”纵横四海，曾占有世界金银总产量的 83%，进而控制国际金融市场；英国确立海上霸主地位后，曾占世界贸易总额的四分之一。

而中华民族百年历史屈辱，都来自海上。虽然晚清已经觉醒的开明政治家们已经认识到，仅靠引进西方设备是不行的，还必须学习西方先进的科学技术，甚至有了一些具体举措，但甲午海战还是直接瓦解了东亚宗藩朝贡体系。

历史和现实反复证明：海兴则国强民富，海殇则国弱民穷。只有主动迎接新的海洋思潮觉醒，营造有利于增强全民海洋意识的环境氛围，才能突破重陆轻海的传统思维藩篱，筑牢海洋意识、海洋文明等软实力基座，为海洋事业发展凝聚磅礴力量。

历史教训告诉我们，中国制造业要走出寒冬，要从制造大国走向制造强国，唯有逆流而上，扬帆出海，别无他选。虽然要经受欧风美雨的吹打，经受市场海浪的冲击，但它承载着中华民族伟大复兴的梦想，正在悄悄地崛起，备受瞩目。

扬帆出海之路充满艰辛，开放之路又何尝不是呢？与共和国一同成长的何清华有着深刻的感受和理解。

1969 年 7 月上旬的一天，23 岁的何清华和未婚妻易宇欣以知识青年身份进入益阳县泞湖公社（现益阳市赫山区泉交河镇泞湖村）农机厂做了一名社办企业工人，拉开了他的"机械缘"之旅。而在此之前，他已经在湖南边陲的江永县有过 5 年的知青岁月，还担任过生产队长。

泞湖公社农机厂是个新办工厂，主要从事碾米机部分零件的制造、打稻机的维修及零部件的制造、农用柴油机等农机具维修，后来又发展到插秧机、蒲滚船等农机的整机制造。当时的泞湖公社农机厂，除了有皮带车床和皮带钻床各一台外，资金、技术、设备等样样都缺，但最缺的还是技术人才。

刚到农机场的何清华的工作就是从师傅们极不愿干的手工锯圆钢开始的。为生产碾米机的工厂配套产品，要加工碾米机的主轴。这种主轴的加工步骤是先将直径 45 毫米的圆钢用手工锯下料，通过车削加工成轴样，再用手工在上面开键槽。为了制造轴承座，何清华和同事还得锯断直径 80 毫米的圆钢做轴承座锻坯。他很快就掌握了这种费力、枯燥的手工锯工功夫，锯得又快又不偏斜。

他还打过铁，用工厂的正规表述是"当过锻工"，那可是个力气活。老师傅一手掌钳，一手拿个小锤，小锤其实是个"指挥棒"，敲在哪儿，抡大锤的帮手就得打向哪儿。十多斤重的大锤可叫烧得火红的铁成圆成方、成条成坨。何清华还成功完成了铁匠师傅的一些"高技术活"——为刀斧类工具"嵌钢"。他还学会了淬火——热处理，以至于后来他自己创办企业后，对热处理技术也略知一二。

有意思的是，他对这里的一切都感兴趣。通过自学，他将车、钳、刨、铣等技术学得精细，也饶有兴趣地自学了电焊技术，还学会了开拖拉机、修拖拉机。就算是翻砂技术，如抬铁水、捏油砂、做模子等，他都把要领掌握得非常娴熟。他成了磨刀高手，他自制过活动板牙，会修理电动机。

收获来自辛勤的付出，技艺却是在危险中练成的。

一次，何清华开车床，不知怎么回事，衣服左边的袖子被卷进了旋转的卡盘，一股力将他往机床里拖。顿时，他惊出一身冷汗。他明白，一旦被卡盘带过去，至少是手臂折断。“一定要挺住！”他提醒自己。他将右手死死地撑在刀架上，并使劲将身体重心往后倾。“哗啦”一声，机器卷不动人，就将他身上那件很结实的卡其布衣服撕裂开，并扯下去绞到旋转的卡盘上了。所幸人安然无恙。

又一次，何清华开车床加工一个较深的内孔。为了看清楚，他一边干活，一边用右手将装在车床大拖板上的工作灯罩按下，让灯光照进内孔。就在按的过程中，他突然感到一股强大的吸力将他的右手掌与灯罩贴合在一起。“被电打了，一定要使手脱离灯罩。”尽管意识有点迷糊，他仍提醒自己。随着一声爆发式的吼叫，他的右手将灯罩连带扯断的电线甩到了地下。站在车床对面想跟哥哥学技术的弟弟还不知道发生了什么，只是目瞪口呆地看着哥哥。“触电了！”看着右手虎口处一个被烧焦的小坑，何清华庆幸自己又一次有惊无险。

再一次，何清华在自制的简陋砂轮机上刃磨铲刮机床导轨的铲刀。开始时他站在高速旋转的砂轮对面，磨着磨着，他突然产生了一种不祥的预感：这砂轮要破裂了！于是，他将身体快速闪到砂轮的侧面。就在此时，砂轮碎成几块并沿砂轮切线方向高速甩向四周。随着“砰”的一声，其中一块较大的碎片将车间屋顶檩条和瓦片击破并砸出一个洞，他开始站立的位置正在碎片飞行的路线上。想想都后怕，如果他没及时闪开，就会身负重伤，要是砸在脑袋上就更严重了。

还有一次，农机厂从湘潭楠竹山一个工厂买回一台新的 B650 牛头刨床。这是农机厂添置的第一台现代化的新机床，全厂上下一片欢欣鼓舞。不料刨床质量很差，问题一堆，比如一个应该装 308 型号滚珠轴承的地方居然装了一个外径小了 10 毫米的 208 型号滚珠轴承。甚至刨床摇杆中间翻砂时的砂子都没有清除掉。一天，他和易宇欣修复这台刨床。易宇欣在刨床的另一侧用手清理摇杆中的砂子，何清华没看到，刚按下开关打算试一下机床，只听见一声惨叫，便快速按下停止开关。何清华跑到对面一看，只见在摇杆窗口导向槽中上下往复运动的钢制滑块已将易宇欣的胳膊压在摇杆窗口下部侧壁的端面上，滑块侧面与侧壁的间隙只有几毫米，两者实际构成了一把强力剪刀，要不是随即停车，滑块只要再下行几十毫米，易宇欣的胳膊就会齐刷刷地断掉。多少年后，何清华只要想到这一幕，心就不由得缩紧一下。

当时的社办企业是随着人民公社产生和发展起来的，有其局限性，但这并没有挡住机械向何清华展示出的无穷魅力，也为他打开了一道通往科学殿堂的大门。

1974 年底，何清华向梦想再次迈进。这一年他进入省属企业长沙客车厂当工人。

何清华来到长沙客车厂后，被安排的岗位是车工，级别二级，每个月领 36.5 元的工资，就生活来说没有根本性的改变。但这里是大工业生产，绝非农机厂那种舞台可比。尽管当时长沙客车厂不评专业技术职称，但这里终究可以施展才华。学习、钻研、革新，何清华很快就小有名气，因为他的小改小革产生了许多成果。

当时，何清华每月都会接到一批销轴类的磨削前粗加工任务，也就是两端打中心孔和车削外圆。完成一根销轴加工需要机床启动四次、停车四次，夹持、松开卡盘各两次，装卸鸡心夹头各两次。

何清华没有墨守成规，不断琢磨如何提高销轴加工效率。他设计制造的两套工装能达到钻中心孔时不停车和加工外圆时不停车。经过一番改造和试验，加工这批销轴零件，在保持主轴旋转的情况下，钻两端中心孔，车削外圆柱面，全程无须停车，既大大提高了工作效率，还节电，减少了因频繁启动、停止对电动机带来的损坏。

可贵的是，不论工作条件如何艰辛，何清华始终在努力学习。在山河智能陈列馆，我看到玻璃橱中有一份上个世纪七八十年代中小学教师惯用的备课本，那是何清华自学高等数学的笔记本。发黄的页面上记录着他于 1972 年 2 月写下的一段文字："我相信这（知识无用）只是一种表面、暂时现象。"

"文化大革命"结束，一个时代过去，中国命运出现了重大转折，何清华夫妇的命运也随着国运的转折迎来了转变。

1977 年，中国恢复中断了 11 年的高考招生制度，这为无数青年投来了一束光亮，打开了一扇窗，也为国家带来了变革的迹象和复兴的希望。1978 年，已经是两个孩子的母亲、已过而立之年的易宇欣走进考场，以益阳地区"理科状元"的身份进入湖南大学机械系，从而结束了 13 年的知青生涯。随之，这个时代也给何清华开启了命运转折之门。

1978 年，国家重启已废除十多年的研究生招生制度。当时的现实是，中断多年的高考制度造成了本科生断层，如果硬性规定具有本科学历者才能报考硕士研究生，必然是"和者必寡"。因此，国家出台了一项特殊政策——允许以同等学力报考。这让那些十年坚守、自学有成的年轻人燃起了希望之火。

"清华，你可以去考研究生呀！"一天，一位知青朋友跟他说。

这句话提醒了他，他觉得这是一个实现理想的途径。于是，他开始了高强度自学。1979 年，他参加全国研究生考试。虽然因为高等数学等课程考得不理想，没有被录取，但他看到了希望，对考研充满信心。

1980 年，何清华又一次来到研究生考场。他报考的是北京农业机械化学院。起步农机，再涉农机，自然而然。考试结束后，他觉得高等数学与理论力学的试题没有什么错误，读研的把握比较大。后来的成绩证明了他的判断，考研成绩出来了，数学 100 分，力学 90 分，日语 81 分，政治 57 分。这种成绩，在全国也算名列前茅。

然而，他并未接到北京农业机械化学院的录取通知。他急坏了，跑到北京去问情况。那是他第一次到北京，但最终无功而返。何清华情绪十分低落，只好回到长沙。

百废待兴的年代，尊重知识、尊重人才成为一种风气。何清华考得如此好，命运却如此多舛，自然引起各方的注意和重视。何清华的同学韩少立为他打抱不平，带着他见了自己的亲戚——湖南医学院科研处处长陶蒲生。陶蒲生是个老革命，爱惜人才，看了何清华的成绩后，马上将他推荐给时任湖南省教育厅厅长的王向天。王向天看了成绩后大力支持何清华，并告诉他，要成为研究生首先要找到愿意接受的学校。当场，王向天便给中南矿冶学院蒋良俊与周忠尚两位副院长写了张推荐便条。

何清华拿着推荐便条找到周忠尚。周忠尚与王向天是湖南大学的同学，曾经都是中共地下党员。周忠尚也是一名爱才的老革命，他看了何清华的成绩单后也很高兴，但他不能直接答应，说这得要指导教师同意带。周忠尚又写了张推荐便条给机械系矿山机械教研室的齐任贤副教授。齐任贤是当时机械系唯一能招研究生的教师，他当即表态同意接收，矿山机械教研室主任对何清华也非常满意。但机械系系级领导的意见却不一致，一场争论在机械系发生了。

“这是教育厅和院长推荐来的人，是走后门，不能录！”

“录取就得不拘一格，何清华人才难得，他的考研成绩如此之好，北京市和湖南省教育厅都有录取的意愿，怎么能算走后门？”

“何清华还当过生产队长，在社队企业当过工人，实践经验丰富，这正是我们当前缺乏的人才。”

…………

就在两派意见僵持不下时，有人提议来个折中，说何清华考试成绩虽然不错，但没念过本科，有一些机械类主要课程比如机械原理、机械零件等功课没学过，是不是看看何清华这两门功课的底子，补考一下，如果行，就录取。

于是，机械系通知何清华：一个星期以后你再来，补考两门没学过的本科课程。一个星期后，何清华来应试，系里面多位这方面的骨干教师采用面试的形式，给他抛来一个个并不容易的考题。在近两个小时的“盘问”中，何清华对答如流。最后，考官们一致表示，通过。

何清华拿到录取通知书到学校报到时，已经是 10 月下旬了，混合编班的 1980 级硕士研究生班其他几十个同学已经上课一个多月了。离开教室整整 15 年，前两天还站在车床前的工人，现在竟坐在大学研究生教室听课，何清华就像在做梦。

他从田埂走出，从车间走来，走向机械制造的广阔天地。

我充满敬意地听着何老的故事，心中产生一个疑问。“后来您留校任教，都当到中南工业大学（后来并入中南大学）机电工程学院副院长、博士生导师了，过了天命之年怎么还想着创业？”我问。

“进入到 90 年代后，随着改革开放的深入推进，民营企业家的春天也来临了。那时提倡科研成果产业化，提倡厂校合作。而机械学科是一门应用科学，研发设计到最后都要落实到生产实际。当时我主要研究矿山机械，常常要去到矿山，一去就是一两个月。当时为研发一款重要的凿岩设备，下矿井也是家常便饭。在 80 年代下到几百米的矿山做实验，还要用到炸药，确实很危险。实际上，我的工作强度比在矿井的一般工人还要大，因为很多问题他们不能解决，而我可以。那时，一个新产品是研发成功了，可产品生产较为困难，市场的接受度又低，产品一年也卖不了几台。当时我还有液压静力压桩机的发明专利，这个产品高效节能，使用起来十分方便，我找到一家冶金机械厂合作生产，可机械厂不但不能按时交货，做出来的产品质量也参差不齐。”何清华说。两次的产品制造、发售失败经历让何清华下定决心成立自己的公司，让自己的成果能更有效地转化为高质量的产品。

1999 年 8 月，长沙山河工程机械有限公司在观沙岭正式成立。最初，公司只有十几个人，大多都是中南工业大学的老师和何清华的学生。他们在租赁的厂房墙上写下 8 个大字：修身治业，兴企强国。

也就在这年，凭借液压静力压桩机这个产品，长沙山河工程机械有限公司就实现了盈利。随后，他们凭借自主完备的挖掘机研发、制造和配套体系，路越走越宽，越走越远……如今，山河工业城门口的 8 个大字是：装备制造，立国之本。

“从 1969 年到 2022 年的 53 年里，您不论是在工厂当工人，还是在高校当教授，以及创办、执掌山河智能 23 年，本质上说，您是在做一件事，潜心机械研究。您实现了自己的梦想，也取得了巨大的成功。”我说。

“这要感谢这个时代。”何清华想了想后说，“如果没有改革开放，如果没有改革开放持续深入推进，就不可能有我自己的创新，也不可能有山河智能的诞生。如果没有创新，就不会有先进制造业的兴盛，就没有中国在现代化进程中的迅速崛起。”

机遇与挑战

马来西亚和中国北京时间没有时差，我和李桂文约定晚上七点进行微信语音通话。

虽然长沙的这个伏天异常炎热，空气像锅炉一般灼热烫人，让人无端烦躁，但一想到这个重要的约定，还是顿时觉得心情愉悦。

中国制造在海外的境遇到底如何？这是我最为关注的。

“李工好！现在可否采访？”我首先发去微信文字。

“纪作家好！刚回公司，正准备做饭。”李桂文很快回复说。

“国外生活真不容易，那就等你吃完饭再说吧。”

“没关系的，可同时进行。”李桂文马上回复。

80后，湘潭市雨湖区人，兵工厂子弟，大学时学的工程机械运用与维护专业，现在是山河智能国际营销公司驻马来西亚的一名售后服务工程师。

“我只是山河智能的一名普通员工，没有什么特别的故事可讲。”李桂文又发来信息说。

“讲普通人的平凡故事就可以了。”我回复后便拨打了语音通话。

一接通语音通话，就听到噼噼啪啪的炒菜声。

“受新冠肺炎疫情的影响，这两年我们产品在海外的市场保有量略有下降。有些区域销售和售后人员多，会请个保姆，帮着搞搞卫生，做个饭。马来西亚区域人不多，就一个销售和一个售后。我们自己做饭，谁先回公司谁做饭。手艺说不上好，马马虎虎吧，保证有辣椒就行。”李桂文一边炒菜一边与我聊着。

从与李桂文的聊天，以及富有韵律的切菜声、噼噼啪啪的炒菜声中，我能感受到，他不仅能吃苦耐劳，还是一个乐观向上的人。

我的判断在随后的聊天中进一步得到了验证。

2006年7月，李桂文从湖南交通职业技术学院毕业后，就来到了山河智能。一开始做钳工，转正后，便被调到旋挖钻机事业部，再后来又调到国际营销公司。

“我不怕吃苦。”李桂文坦言说，“刚进厂时，就是做些简单的事情，比如给师傅们递递工具，帮着拧拧螺丝。当时有同伴跟我说，要是就这样拧一辈子螺丝，真的心有不甘。后来那个同伴离职了，干起了别的行当。我选择了留下，从未后悔过。虽然技术革新主要靠设计，我们普通的工人无非就是熟悉机械的结构原理、液压系统，会调试、会组装，能做点小改装就行，但干着干着，我对工程机械渐渐有了了解和感情，发现干工程机械不只是拧螺丝，有很多其他的乐趣，也很有价值和意义。”

“你是哪年到的国际营销公司？”

“2018 年正式到的。”李桂文说，“一方面是自己有这方面的意愿，最主要的是山河智能不断发展壮大，越来越多的机器走向海外，国际营销公司大力招兵买马。”

“都去过哪些国家？”

“韩国、越南、新加坡、格鲁吉亚、印度尼西亚、柬埔寨、刚果（金）、尼日利亚、马来西亚等国家都去过。有的国家待得久点，就办工作签证；有的国家待得不久，就办商务签证；有的国家停留时间短，就办旅游签证。我都用完一本护照了。”李桂文如数家珍。

“在国外工作与在国内工作有何不同？”

“出国后更加自信与爱国，也才真正深刻体会到‘走出去’的艰难与豪迈。”李桂文说。

山河智能走向海外的机械，不只有旋挖钻机，还有桩机、桩架、装载机、起重机等。李桂文不仅要熟悉各个机械的结构和性能，还必须是个多面手，既要是钳工，也要是电工和液压工。否则，碰到问题，他无法解决。为了减少生活成本，他和同事们尽量自己做饭，自己开车。语言是他最大的短板，于是翻译软件成了他最亲密的朋友。

虽然在国际营销公司工作，但不是去国外旅游，忙碌是常态。一般来说，他必须在 24 小时内到达机械维修现场，72 小时内维修完毕。这是山河智能的承诺，也是中国人的承诺。最让他难忘的是在群岛国家印度尼西亚，有时出个差，要坐船在海上漂泊几天。一次，乘坐的船只遭遇强烈风暴，船只在风暴中倾覆，心爱的维修工具沉入海底，他侥幸捡回一条命。

每个国家都有自己的民俗文化和生活习惯。有些国家，有喝咖啡的习惯，每天早中晚餐都会花不少的时间喝咖啡；有些国家，对星期五上班没有明确的规定，上班纪律比较松散；有些国家时间观念强，只要下班时间一到，绝不多干一分钟。在工地上修理机器时，李桂文总会争取在工作时间内完成，否则找个帮忙的人都困难。他不光只对机械进行售后服务，还要兼职当仓管员、会计等。个别客户拿了配件不及时打款，李桂文还要三番五次地去催款，甚至软磨硬泡才能要回款项。

在非洲一些国家工作，条件相对更艰苦。在刚果（金）工作时，正碰上旱季，但每天阴云密布，很少见到太阳。工地在矿山里，山高路远，得与矿工同吃同住。由于缺水，十来天才能洗个澡。工地上甚至连网络信号都没有，生活非常单调。最让李桂文头痛的是，由于基础设施建设还不完善，连条像样的水泥路都没有，大都是坑坑洼洼的烂泥路。同样一台机器，在同样的距离里，在其他地方只要几个小时就能到达工地，但在那里却要花费个把星期。

“其实苦和累，甚至是危险都算不了什么。”李桂文说，“跟你讲个刻骨铭心的故事吧！”

李桂文的同事已经回公司，电话那头传来吃饭时餐具碰撞的声音。

“什么故事？”我充满好奇。

“在正式调到国际营销公司前，我也偶尔被借调到现在所在的部门。应该是2016年春天吧，正值春暖花开的时节，我来到了韩国。那是我第一次走出国门，对海外充满各种好奇。虽然那时我们山河智能新研制的全液压履带桩机打入韩国市场才一年多，但我为此骄傲，也充满期待。”李桂文说，“但很快，我就感受到了现实的‘骨感’，甚至可以说是心灵上受到打击。”

“打击？”

“一次，我偶然发现，韩国代理商悄悄将我们桩机上的标识撕掉。”李桂文的语速很慢，声音很小，但一字一句我却听得异常清晰，“我非常气愤，感觉这是一种侮辱，赶紧上前制止，并跟代理商理论，‘你怎么能撕掉我们中国的标识呢？’代理商微笑着，心平气和地跟我说，虽然中国的桩机不错，但他们的用户目前最认可的还是日本和欧美国家的机器。如果不撕掉标识，机器很难卖掉。当时我也好奇，就问代理商：那你们为什么不直接进口那些国家的机器呢？代理商告诉我说，一是中国的机器便宜，二是中国的机器并不比日本和欧美国家的机器质量差多少。随后，我又几次看到这样的场景。我也从开始的气愤，慢慢地走向理性与反思，觉得应该更多地从自身找原因。我们的机器竞争力还不够强，品质上还需要不断提升，我们的海外之路任重而道远。”

随后，语音通话那头是短暂的沉默。

“但在国际营销公司工作的这几年，我见证了中国工程机械从小到大、从弱到强的发展历程——从一开始的不被接受，到现在的特别受欢迎。”再次说起这个话题，李桂文的声音变得饱满洪亮起来，“我们山河智能不断加强技术研发能力，不断改进全液压履带桩机，研发人员抱着开放包容的心态，多次到韩国实地考察。客户需要什么样的改善，我们就怎么改善，尽量满足他们的要求，为他们创造价值打下良好基础。我们的全液压履带桩机在韩国的市场占有率，已经连续三年超过百分之五十了。”

与李桂文聊天时，我能感受到他的激情与豪迈，也能感受到他的冷静与理性。

“现在我们山河智能的业务在‘地球村’遍地开花，除了北极和南极，其他地方都有我们的身影。”从话语里，听得出李桂文内心的骄傲与自豪，“我们认真倾听客户的建议和意见，但决不允许任何人损害我们中国品牌。”

“我们的品牌在很多方面已经在国际上领先了，国际认可度越来越高了，即便个别机器在材料上和技术上比欧美国家逊色，但差距也越来越小了。三一重工、中联重科、山河智能等中国品牌，已经在很多国家的业界耳熟能详了。”李桂文接着说，“但不能骄傲，更不能沾沾自喜，世界制造业滚滚向前，如果不勇往直前，逆水行舟，就会后退，甚至每况愈下。”

与33岁的李超见面后，在我心目中，他首先是一个好丈夫、好父亲。

那天下午，株洲下了一场猛烈的大雨，就像一个壮实的大汉尽情挥洒的热汗，有着一种酣畅淋漓的痛快。雨后，中车株洲电力机车有限公司（以下简称“中车株机”）产品研发中心机电研发部结构设计组主管李超所在的大办公室异常凉爽。

中车株机是中国中车股份有限公司旗下核心子公司、湖南千亿轨道交通产业集群龙头企业。前身为株洲电力机车厂，始建于1936年，新中国成立以来始终保持快速健康发展，创造了中国轨道交通装备领域的诸多纪录，既是中国轨道电力牵引装备主要研制生产基地和城轨交通设备国产化定点企业，也是国内唯一的电力机车整车出口企业。

“我是去年去的德国基尔，是公司收购福斯罗后第二批外派人员。”李超阳光而又热情，“今年本来3月份要过去的，后来因为机电研发部太忙，暂时抽不开身，所以一直没有成行。”

“哪年进的公司呢？”

“2012年。”

“等于大学一毕业就进了中车株机。”

采访中我得知，李超毕业于中南大学机械设计专业，并从小就受学工业设计的姐姐的影响。

“但到株机公司的第三年，我还参加过公务员考试。”

“为什么？”我惊奇地看着他。

“我是湘潭的，我老婆是邵阳的，也是我学妹，大学毕业后，她考到了邵阳的一个事业单位。我在株洲上班，她在邵阳上班，两人一直分居两地。为了两个人在一起，我就想着考到邵阳去。由于我这个专业很难找到对口的岗位，最后不得不选择考偏远的乡镇科员。笔试过了，算是入了小围。但后来一想，从我老婆那里开车到那个乡镇要两个多小时，跟株洲到那里的距离差不多，觉得意义不大，就没有参加面试，放弃了这个机会。”李超坦诚地说。

“就一直两地分居吗？”我问。

“也不完全是。”李超说，“每个周末和节假日，我就在株洲和邵阳之间跑，跑了 7 年。”

“那多辛苦呀！”

“辛苦倒算不上，我喜欢机械也擅长机械，回到邵阳能见到老婆孩子，算是苦中作乐吧！”

“后来问题解决了？”我在内心感叹他的不易。

“是的。”李超说，“去年年初，我老婆生了二胎。小孩体质弱，经常住院，岳父去世多年，岳母年纪大了，不能照顾，我老婆忙得焦头烂额。最后我们商量决定，我老婆辞去公职，搬到株洲来住。办手续的时候，我老婆泪水涟涟，我知道她非常不舍，但为了支持我的工作，也为了我们这个小家，她默默地承受着这一切。”

“她上班没有？”我关切地问道。

“上班了，就在株机公司下面的一家子公司。”李超微笑着说，“虽然只是劳务派遣的临时工，但毕竟到了一起，我也能安心工作了。”

其实李超是一名创新能力很强的研发人员，2012 年进入中车株机机车客服部进行为期一年的售后工作后，便来到了产品研发中心，从事产品研发工作。2013 年从事研发工作至今，他获得了“中车科学技术奖特等奖”“中车科学技术奖一等奖”“铁道学会科学技术奖三等奖”各一次，主持了“时速 160 公里动力集中动车组动力车研制”“八轴交流传动快速客运电力机车研制”“六轴米轨（1000mm 轨距）客货两用电力机车研制”等重大科研项目的屏柜研制工作。5 年里，他共授权了发明专利 11 项，完成学术论文 1 篇，成长为中车株机的重要人才。

这为李超走向海外埋下了伏笔。

中车株机打入欧洲高端市场的意志一直都在。早在 2016 年，公司就希望通过收购斯柯达交通技术公司来打开欧洲市场，不过限于种种原因，最终却被捷克 PPF 投资集团抢单。

“欧洲的轨道交通市场一直都以复杂和冗长的审批和许可程序而闻名。正因如此，此前中车在欧洲市场只赢得过一些小型车辆订单。”李超说，“成功收购欧洲机车业务相关的公司是打开欧洲市场的突破口。”

随后，中车株机又将目光投向德国的福斯罗公司。

福斯罗是一家铁路基础设施公司，总部位于德国沃多尔。经过 21 世纪初的疯狂收购和扩张之后，福斯罗渐渐出现了消化不良、无法优化协同效应等问题。2014 年底，福斯罗宣布了企业转型战略，公司未来将聚焦于铁路基建和服务业务。而位于德国基尔的福斯罗机车业务板块，其重点是研制和生产最先进的机车，并提供维护和维修服务，这正是中车株机所看重的。经过艰辛的谈判，2019 年 8 月 26 日，福斯罗正式宣布已与中车株机签署合同，将机车业务部门出售给中车株机。

“意义何在？”我想了解此举的战略意图。

李超说：“世界轨道交通装备技术起源于欧洲，尤其是高端轨道交通装备市场历来为欧美等跨国公司所垄断。而且，欧洲的轨道交通市场手续烦琐，此次收购的完成，会成为中国轨道交通制造企业进入欧洲市场的里程碑事件。”

2021年6月22日，李超和其他八位同事从南京出关，飞往德国。他们是中车株机第二批去德国的技术人员，第一批主要是领导，负责前期开路。飞机上，李超思绪万千，他既对即将面对的新环境、新生活充满向往，但也考虑到了“水土不服”待磨合的问题。

他们先飞到德国的法兰克福，再从法兰克福飞到汉堡，然后从汉堡乘车去往基尔。基尔是德国北部港口城市，多年来一直是重要的造船和海事基地，现在也是生机勃勃的大学城，拥有舒适的生活环境和优雅的生活氛围。在基尔城最美丽的地区基尔峡湾和宏大的现代化市中心，在基尔的丹麦大街，矗立着不少中世纪德国的建筑，向世人展现着海滨城市的独特魅力。

但李超无暇观光，一腔热情地扎进公司干起工作来。可是很快，他就发现，自己有劲使不上，很无助。第一个阻碍便是疫情。因为疫情影响，德国基本上处于半待工状态，大部分人居家办公，公司的每个办公室就留一个值班人员。见不到德方技术人员，沟通交流，开展工作，全成了纸上谈兵。生活方面，他们集中采购，自己买菜做饭，基本上处于封闭状态。

李超是个急性子，且事业心强，他非常着急，想尽办法与德方设计人员沟通，推进项目的进展。见不到人，他就通过视频或是邮件与他们沟通，语言不通也不要紧，可以借助社交软件与他们交流。有时，李超把自己加班加点做出来的工作方案或是设计方案连夜发给德方设计人员，但对方不会当即回复，一定要等到第二天正式上班时间才会回复。周末给德方设计人员发资料，德方设计人员置之不理——他们正和家人或朋友共度美好的周末时光。但德国人也非铁石心肠，看到中方的技术人员如此投入，他们慢慢被感动，甚至被同化了，下班后也回邮件了，周末也加班准备资料了。

让李超感觉更难的是，中国人与德国人理念上的差异。德方设计人员认死理。李超他们的工作是按中车株机的计划逐步推进的，不会严格执行 8 小时工作制，也没有严格的周末休息一说，任务一来，8 小时之外也要工作，周末也要加班。这样的做法，在中国人眼中，就是讲大局、讲奉献，而在德国人眼中，就是急功近利。任务目标在一步步逼近，而德方设计人员完全不急不慢，把李超急成了热锅上的蚂蚁。李超还体会到了话语权的重要性。面对中方提出的方案，德方人员总会提出自己的理由，总会摆出标准和契约进行拒绝，而李超他们很难改变德方人员的想法和决定。

“水土不服怎么办？”我想了解解决办法。

“有些原则和决定该坚持的就要坚持。”李超说，“我们也尝试着改变自己，在有些方面慢慢地适应他们的工作方式和工作节奏。这不是屈服，而是互相融合。这是有前车之鉴的。以前我们在欧洲一些项目或是产品，特别是定制化程度非常高的产品，就是因为对他们的标准、法规没有吃透，吃过一些亏。他们做项目，一定是先有论证，论证完了再做产品，我们则不同，边做产品，边去论证。于是，我们也改变流程，先做论证，再做产品。我们只有适应了他们的节奏，速度才能更快，也才能更加科学。”

…………

“我在德国待的时间虽然不长，也只不过是一个普通的技术人员，但我能感受到中国制造业‘走出去’的挑战与机遇。”李超说。

李桂文和李超的讲述，让我陷入了思索。

不得不承认，中国制造业和世界最先进水平相比还有差距。行百里者半九十，路漫漫其修远兮。同时，他们的讲述又将我的目光和思绪引向了辽阔的海外。

在一叠厚厚的《环球时报》里，我找到了中国制造在海洋搏击的艰辛与希冀。

2016 年，中国企业在海外掀起了新一轮并购大潮，特别是欧洲，几乎成为中国资本的重点投资区域。与此同时，欧洲对中国投资者“恐惧”和担忧的声音不绝于耳。

实际上，尽管欧洲媒体、政府机构对于中企投资或多或少会保有一定“戒备”，甚至一些人认为这是在夺取优势技术、市场和就业岗位，但大部分认为，中企对外投资更多实现的是双赢互利的良好局面。

《欧洲时报》2016 年报道称，2012 年中国三一重工并购德国工程机械巨头普茨迈斯特公司，当时普茨迈斯特的工人曾在工厂大门外抗议。如今 4 年过去了，普茨迈斯特公司在德人员工作稳定，同时公司业绩增长近 1/3，品牌形象完好。普茨迈斯特公司首席执行官卡希说，公司被收购后执行的战略是严格保护两家公司的品牌。普茨迈斯特生产没有任何变化，而市场更为广阔。

关于欧洲对中国投资的担忧，德国哈威公司老板卡尔·霍伊斯根曾称：“欧洲对中国人的恐惧令我吃惊。”他认为，应积极看待欧洲和中国之间的资本交流，任何投资都推动融合。确实，2010 年，中国民企吉利汽车从福特收购沃尔沃轿车业务，上演“蛇吞象”时，并没有太多人看好这桩跨国收购。如今，中国资本与欧洲技术的融合，不但使沃尔沃早就实现了扭亏为盈，吉利也成为中国自主品牌战略转型中的一匹黑马。

法国《新观察家》称，中国企业要经营好欧洲公司，需要对公司基础设施进行大投资，也需要雇用专业化和熟悉当地情况的管理团队，这并不容易。目前来看，中国投资者做得不错，中国收购的多数欧洲公司仍然雇用当地高管。报道称，中国投资总的来说符合国际标准，不应对此加以不必要的限制。

无疑，中国的国有企业和民营企业为了拓展海外市场以及推进技术发展，进行国际并购一直是个重要战略。每宗并购交易都伴随着与业务架构、目标、运营、财务和法律相关的一系列独特挑战。从组织的角度来看，并购过程同样微妙：曾经固定不变的文化因素可能会突然变得错综复杂，两种文化可能会发生冲突而不是顺利融合。尽管收购方有着良好意图和积极努力，但并购交易并不总是一帆风顺——包括沟通不畅、悬而未决的战略问题、文化冲击，甚至最后一刻才出现的法律问题都可能会危及整个计划。

如何解决？

除了财务和战略方面，还要将尽职调查扩大到组织架构和领导团队方面。应在收购后的早期就评估和发展未来的领导人才梯队，确保这些冉冉升起的领导新星适合企业的新需求并愿意留下来。还应尽早组建一个能力背景互补的高管团队，担当这一角色的西方 CEO 必须具有跨文化的经验。CEO 必须明白，从上任第一天起，首要任务就是要促进信任。没有信任，就不可能成功。中方组建的管理团队，也要将所收购企业的一些高管纳入“信任圈”。不同的期望可能导致摩擦。中西方的管理风格、工作态度、管理模式都是不同的，而且，中西方对于什么事更重要的理解也很不一样。

此刻，回望历史，我看到了湖南工业人沉着应对挑战、牢牢把握机遇的能力。

岁月那头，一艘满载钢梁与机器的远洋货船正逆向而行，朝东方驰来。

1936年8月1日，株洲田心堍叶家祠堂，“铁道部株洲总机厂筹备处”

正式挂牌。与此同时，万里之外的伦敦码头，一艘满载钢梁与机器的远洋货船即将扬帆起航。

几个月后，货船及随船前来的英国工程师终于到达田心坳。在中英庚子赔款 15 万英镑的基础上，他们将要协助这里的开拓者建设一座服务于粤汉铁路的蒸汽机车修理厂。

那是民国时期民族工商业短暂的黄金岁月。

我漫步在中车株机，在厂区主干道东南面，一栋古朴的建筑引起了我的注意：东西朝向，由 4 栋不同跨度的厂房联合在一起组成。厂房两端为“凸”字形山墙，屋顶呈双脊形，屋面平铺进口中波石棉瓦，并设置双向冲顶天窗，采光和通风效果良好。

“那就是粤汉铁路株洲总机厂联合厂房。”中车株机党委宣传部的李翔虽然才二十出头，但她对公司的历史却了如指掌，“联合厂房是由英国建筑师设计，由中国工匠建造而成，1937 年建成左边 1—3 栋；1947 年和 1952 年对其进行加长；1959 年加建了右手边第 4 栋。整个厂房建筑总长 263.128 米，宽 78.86 米，建筑面积 22383.5 平方米，是目前我市规模最大、保存最为完好的工业遗产，现为省级文物保护单位。”

李翔还介绍说，联合厂房主体框架为钢结构，全部构件均为铆焊成型，柱间筑砌清水砖墙围护。第二附跨为混合结构，钢筋混凝土柱，预应力混凝土屋架，混凝土地面。虽然从建成至今经过多次扩建、修缮，但主体结构仍然保持 1936 年时的形态，而且这些钢材历经 80 多年岁月洗礼，仍然保存完好。钢材上的英文“british-i-steel”（英国的钢材）清晰可见。

“这些钢材都是从英国凡尔康结构厂定制，然后漂洋过海，在 1936 年粤汉铁路全线通车后，通过火车运回株洲，就地拼装而成。”李翔说。

现场，工人师傅们正在组装地铁线。联合厂房最开始只是用来修理蒸汽机车，后来开始生产蒸汽机车、电力机车和地铁。先后在这个厂房诞生了“中国第一台电力机车”“中国第一台微机控制电力机车”“中国第一台交流传动电力机车”等中国电力机车史上的12个“中国第一”。可以说联合厂房见证了中国民族火车工业发展的历史，这也是它能够成为省级文物保护单位的原因所在。

角落里一个老机床，中间位置清楚地写着“中英庚款”字样。

我驻足沉思，心情沉重。

1900年八国联军攻陷北京，强迫清政府于次年9月7日签订了屈辱的《辛丑条约》，条约规定清政府从海关银等关税中拿出4亿5000万两白银赔偿各国，并以各国货币汇率结算，按4%的年息，分39年还清。因为1900年是庚子年，所以这笔赔款便被称为“庚子赔款”。

1918年第一次世界大战结束，德、奥等同盟国失败，英、法、美等协约国取胜。因为当时北洋军阀政府曾支援协约国大量粮食，并派出劳工17.5万名，牺牲2000余人，中国也顺理成章地成为战胜国，和西方列强又成了“盟友”。接着，在五四运动推动下，美国、英国、苏俄、法国等国家开始陆续返还赔款，主要用于派遣留学生学习西方先进科学技术、创办教会大学和医院、资助农村调查与考古等。如清华大学、燕京大学、协和医院都是庚子赔款退还背景下的产物，再如文化大家胡适便是得到第二批庚子赔款资助而留学美国的，后来还担任了中英庚款顾问委员会的中国委员。

但是，直到1931年4月8日，中英庚款董事会才在南京正式成立，其功能是：用退回庚款设立基金会，借款给国民政府投资铁路、公路、电讯、水利工程及电气等生产经营活动，然后用贷款所得利息兴办文化教育事业。但是又明确规定投资经营活动所需要的机器，必须通过基金会下设的购料委员会从英国购买。虽然帝国主义国家退回了庚款，但却附加了条件，资金使用受对方的严格控制。这就是联合厂房钢材上有英文“british-i-steel”和“中英庚款”字样的原因。

虽然庚子赔款充满屈辱，甚至令人愤怒，但工程师们却表现出超越国界的宽阔胸怀。当时应中国政府采购委员会要求，前来进行技术支持的英国工程师福克斯和梅约，在货物搬进仓库后，就顾不上旅途劳顿，开始工作起来。工厂投产并修理蒸汽机车后，英国政府又组织专家考察团，前往田心塅验收英庚赔款建设成果。当时正值夏天，他们顶着烈日，拄着文明棍，沿着杂草丛生的铁轨步行数里，去查看正待检修的蒸汽机车。

而对于中方的建设者来说，那段日子更是他们终生难忘的峥嵘岁月。

1936年2月21日，粤汉铁路整理计划委员会第三次会议认为株洲地处粤汉、浙赣、湘黔三条铁路的交会处，对过往客运和货运列车的修理及配件供应均具备优越的地理条件，且株洲位于湘江河畔，物资丰富，取给方便。鉴于此，国民政府资源委员会规划在株洲筹建钢铁、铸铜、汽车、化工、电工等七大工厂，将株洲打造为“东方鲁尔区”。这次会议后便将粤汉铁路总机厂由原定的广州西村改设株洲，由此拉开粤汉铁路株洲总机厂建设步伐。

“粤汉铁路总机厂规模宏大、计划繁复，为国有铁路之大型工厂。”

“由粤汉铁路‘株—韶段’工程局主持其事不当，应该由新路建设委员会主持筹划建厂事宜。”

…………

此消息在全国引起广泛关注。

不久后，国民政府铁部道批准粤汉铁路整理计划委员会的决议，命令新路建设委员会负责筹划株洲总机厂的建设，并调粤汉铁路管理局运输处处长程孝刚、机务处处长茅以新主持筹建工程。这年5月，程孝刚、茅以新一到株洲，就先后到贺家土、麻塘坳、报亭子、田心塅等地勘察，在离株洲北站约 3 公里，路域之东的田心塅，测得一块 1000 亩的土地，并几经比较，定厂址于田心塅。“铁道部株洲总机厂筹备处”正式挂牌后，筹备处组建了总务组、工事组和施工队。

程孝刚和茅以新不仅是当时享誉全国的铁道工程专家，更是有情怀、有风骨的爱国主义者。

程孝刚 1892 年出生于江西宜黄的一个书香世家，1909 年入江西省高等学堂读理科，成绩优异。1912 年考取省公费留美。1913 年秋入美国普渡大学学机械工程，专攻机车专业，1917 年毕业获机械工程学士学位。在美期间，他积极参加科技普及活动，1918 年在纽约发起组织“中国工程学会”，学会后迁国内，成为中国机械工程学会的前身。1918 年底回国途中，第一次世界大战结束。

学成归国时，程孝刚提出自己一不做官，二不教书，三不做买办，要一心投入中国铁道建设事业。1922 年华盛顿国际会议裁决由中国出钱赎回接管胶济铁路（该路于 1914 年被日本无理强占），程孝刚出任该路机车车辆科长兼青岛机务段长。当时所有技术要害、机车司机均由日本人把持，他们在中国接管铁路的当天全部离岗，准备看中方全线停车的笑话。程孝刚早有准备，早就选拔人才，亲自上课培训，精心组织。接管当天，中国人自己驾驶火车，所有客、货列车安全、正点到达，为中国人接管铁路开创了一个光辉范例，大长了国人的志气。

1936 年，程孝刚主持修建株洲总机厂时，从厂址选定、厂房布局、车间和工艺流程的总体设计到组织施工、订购安装设备，他都亲自把关，以身作则，全力以赴。程孝刚和茅以新带领一批中国工程技术人员，在没有一个外国人参与下，经过两年拼搏，终于将株洲总机厂建成，并开始修理机车。

出生于南京的茅以新比程孝刚小了整整10岁。他1923年毕业于交通大学上海学校机械系，1924年留学美国，在普渡大学获硕士学位。在加拿大国家铁路机车工厂实习过，在美国一家机车公司设计室当过制图员，但最终他回到了军阀混战、民不聊生的祖国。

在茅以新老伴陈景湘的口述史料《我们的这一辈子》中，我深深感受到一位铁道机械专家的赤子心和爱国情。

在美国留学时，茅以新读过一本描写福特如何奋斗成功的书。书中描写了福特如何从摆摊开始，替人修汽车，逐步积累财力，最后成长为世界最大的汽车工厂的厂长。他对福特十分钦佩，立志要回到祖国开创这样的事业。

正是基于这样的理想，茅以新回国不久，就打算在南京开办一家小型的汽车修理厂。办厂的资金也是七拼八凑。主要资金是他自己的，当时他的留学是公派的，原来在国内工厂每月60元的工资依然保留，所以在留学的四年里总共积攒了2800多元。同时，他还在一个军事学校兼职当老师，一个月能赚300元钱。有一位在中央大学教书的教授，非常支持他的事业，主动捐助了500元。

"以新，你把修理厂开到上海去都好啊。那里有租界，外国汽车多，马路又好，开修车行，容易赚钱。"有朋友建议他说。

"到上海开修理行是给洋人卖力，在南京开厂是给中国人服务。"茅以新坚定地说。

可是，当时官僚无赖横行，修理行的欠债收不回，还要追加投资，他不堪重负，创业之路被无情阻断。茅以新病了一场，修理厂就此倒闭，还欠了一身债。这对他是一个不小的打击。一个留学回来的人，满脑子的爱国思想，满肚子的学问，满腔的工作热情，刚踏进社会想要大干一番的时候，就碰了这么一个硬钉子。虽然他很不服气，但在现实面前，他也不得不认输。

茅以新只好另找出路。

那时，正好修建浙赣铁路，人才奇缺，时任浙江省杭江铁路工程局副总工程师的侯家源亲自上门邀请他参加修建浙赣铁路。茅以新同意了，便拖家带口地来到杭州，一住就是六年。

浙赣铁路终于通车了，为了表彰茅以新对铁路建设的贡献，当时的交通部颁发给他一个银盾奖牌。那时，粤汉铁路正处于建设的关键时期，需要像他这样的懂机务的技术人员，所以他又被邀请参加粤汉铁路的建设。于是，他先拖家带口来到汉口，不久后又搬到长沙，投入到株洲总机厂的建设中来。

一如中国近代史中的其他工业发展一样，株洲总机厂在艰难中诞生，命运多舛。就在大家干劲十足时，卢沟桥事变发生，全面抗战正式爆发。当时工厂的设备陆续到达安装，布置大体就绪。地面式移车台、新式镟床及磨机、弹簧制造及试验设备、半吨电力炼钢炉、热处理电炉、氧气制造设备等，都是当时较为先进的设备。如果没有战争，他们很快就可开展生产。

茅以新在株洲的工作更加艰难。一次，他和程孝刚去丈量地皮，遇到空袭，一颗炸弹落在他们旁边，死掉不少人。是汉奸告的密。当时日本侵略者企图打通粤汉路，而地处粤汉线上的株洲自然非常危险。更令人伤心的是，他在长沙的家也在 1938 年 11 月的文夕大火中被烧成灰烬。1939 年初，交通部决定撤销株洲总机厂筹备处，命令全部机器、员工转移到广西、贵州，设立柳江、全州、黔中三个机厂。茅以新又拖家带口，四处颠沛流离。

然而，令人震惊的是，在历经了侵华日军三次轰炸后，在株洲那片荒郊中，承载着中国人工业强国梦想的厂房丝毫没有怯意，依然傲然地挺立着孤零零的身影，终于迎来了抗战胜利的曙光。

80 多年后的今天，从这座 300 多米长的厂房里走出的机车，早已漂洋过海，奔驰在世界各地的铁轨上。而厂房冰凉钢架上所残留的“中英庚款”字样，仍提示着中国近代工业发展的悲凉历史。

讲起这段历史，忍不住说几句题外话。株洲总机厂因粤汉铁路而生，粤汉铁路是清末民国时期我国境内的一条重要铁路，这条铁路从湖北武汉延伸到广东广州，是当时我国的南北大动脉，具有很高的经济价值。

于湖南人而言，粤汉铁路的建设有着十分深远的意义。

于长沙而言，粤汉铁路的开通，不仅更加强化了其省内政治中心的地位，也让其经济地位更加稳固。1930 年出版的《长沙县调查笔记》说，长沙火车上通武昌，下达株洲，旅客往来，久称便利。而 1935 年出版的《湖南实业志》这样写道：“粤汉铁路湘鄂段修成后，长沙之商业地位，更加重要，以前之岳州及湘潭，至此日形衰落，长沙渐成湘省货物进出口之总汇。”

显然，粤汉铁路通达了商品，促进了长沙的经济交流，京津、沪汉、江浙等富庶地区的工业品及国外商品借此进入长沙，而本地农副产品亦由此输出，形成了旺盛的经济循环交流，使得长沙经济快速攀升。

岳阳、衡阳更是凭借着较好的经济基础，乘着粤汉铁路的东风，工业迅速发展。

南大门郴州，因为粤汉铁路的到来，盐商们告别了通过骑田岭古道挑盐的历史，这个当地使用了两千多年的古商道从此完成了使命。

作为粤汉铁路经过地的株洲，更是成了时代的“宠儿”。随着粤汉铁路的开通，这个小集镇历经半个世纪的涅槃，迅速成长为颇具名气的工商业城市，并在很长一段时间，维持着其南方最大铁路枢纽城市之一的历史地位。

虽然，随着衡阳复线的开通，粤汉铁路完成了其历史使命，但途经岳阳、长沙、株洲、衡阳、郴州那段风云变幻的岁月，奠定了湖南城市的格局，成为近代湖南快速崛起的“加速器”。

中国铁路的发展，促进了中国城市的发展。而刚刚起步的中国铁路，依赖的是西方的制造业。制造业水平关系国家兴衰。如何实现制造强国，是百多年来中国人接续探寻的课题。

1912 年 12 月，孙中山在上海机器公会成立大会上演讲时说：“即如上海通商口岸，商机几全握于外人之手，皆缘各国机器发达，货物千奇百怪，能力不敌，则势力不敌。国际交涉亦是如此。机器可以富国，用机器开矿，矿可发达，以之耕田，禾谷可以多出。无论何种工厂，造何种货物，不用机器必不能发达；我中国开矿屡屡失败，亦因往昔不用机器之故。所以机器可以灌输文明，可以强国，我中国如不速起研究机器，我四万万同胞俱不能生存。”

“今日之会为中国自古未有之事，尚望诸公努力，自用聪明才力发明种种机器，庶几驾乎各国之上。”孙中山对上海机器公会发出呼吁。

虽然孙中山领导的辛亥革命推翻了清朝的腐朽统治，但并未改变中国半殖民地半封建社会的状况，民主、民权、民生的革命目标远未实现；虽然孙中山殚精竭虑，亲自制定了宏伟的《建国方略》，并在方略中提出要发展工业，要用机器生产，甚至规划了 16 万公里铁路、160 万公里公路的建设方案，但没有一个坚强的、思想统一的领导集团持之以恒地来实施，结果只能是“为毒之烈，较前尤甚。于是而民愈不聊生矣”。最终，孙中山留下“革命尚未成功，同志仍须努力”的遗嘱和遗憾早逝了。

但是，有幸，中国诞生了真正代表最广大人民利益的中国共产党。中国共产党愿以“抛头颅，洒热血”在所不惜的精神，为中国人民的解放事业贡献一切；有幸，中国从西方引入了科学的马克思主义作为我们的指导思想，这个思想在西方没有成功，在苏联和东欧社会主义国家夭折，但在中国的实践中却得到了丰富和发展；有幸，中国选择了“社会主义救中国”，并在中国的实践中创造性地形成了中国特色社会主义道路、理论、制度和文化。

1945 年 4 月，中国正处在抗战胜利的前夜，中国共产党第七次全国代表大会召开，毛泽东在大会上作了《论联合政府》的政治报告：

“没有工业，便没有巩固的国防，便没有人民的福利，便没有国家的富强。1840 年鸦片战争以来的 105 年的历史，特别是国民党当政以来的 18 年的历史，清楚地把这个要点告诉了中国人民。”

“解放中国人民的生产力，使之获得充分发展的可能性，有待于新民主主义的政治条件在全中国境内的实现。”

“在若干年内逐步地建立重工业和轻工业，使中国由农业国变成工业国。”

…………

建设一个人民当家作主、幸福富强、生产力充分发展的工业化国家，这是中国共产党的初心，更是日后推进先进制造业发展的底色和底气。

打破垄断

2010 年初，45 岁的喻乐康担任中联重科负责技术的副总经理不到四年。对那个备受煎熬的夜晚他仍记忆犹新。

“该论证的大家都论证了，利和弊也都分析了，到底是接还是不接，大家畅所欲言，谈谈自己的看法。”喻乐康不急不慢地说道。满头夹杂着的白发，让他看起来比实际年龄更大一些。

“我们做过的只有 1000 吨米的塔机，还刚刚研发不久，现在一下子要从 1100 吨米加到 5200 吨米，跨度太大了，不太现实。”

“时间短，技术要求高，只怕有点悬。”

“难度太大，干脆要他们进口算了。”

…………

大多数人不主张接，只有少数人对此充满期待，跃跃欲试。

“从战略上讲，我们要奠定自己的行业地位，就必须把招标抢下来，而且不容许有任何闪失。”

“从技术实力和经验上讲，一下子从 1100 吨米跨越到 5200 吨米，对我们而言有极大的风险，但是机遇不等人。”喻乐康是“主战派”的领头人。

塔机是塔式起重机的简称，也称塔吊，是动臂装在高耸塔身上部的旋转起重机，主要用于房屋建筑施工中物料的垂直和水平输送及建筑构件的安装。由金属结构、工作机构和电气系统三部分组成。金属结构包括塔身、动臂和底座等。工作机构有起升、变幅、回转和行走四部分。电气系统包括电动机、控制器、配电柜、连接线路、信号及照明装置等。

“2000 年以前，超大型塔机技术一直被国外垄断。我们只能做中小型塔机，所以我们的重点工程和项目，只能从国外进口超大型塔机。其中的弊端，一是进口周期长，从开始提出需求，到发货安装，需要一个漫长的过程。二是价格昂贵。但再贵也只能接受，否则我们的建设要么停止，要么像以前那样缓慢进行，这将严重影响国家的经济建设。三是服务不好。要么长时间等待需更换的零配件，要么没有零配件可换。当年中国建设大型桥梁，就曾进口一批法国的超大型塔机。说句心里话，只要想到这些，我心里就很不是滋味的。中国的建设要真正不受制于人，塔机技术必须突破，首先必须突破超大型塔机设计、制造等系列技术难题。”喻乐康说。

就在此前不久，中铁大桥局提出了5200吨米超大型塔机的桥梁工程需求，要中联重科出具技术方案。此前，中联重科最大的塔机仅仅只是2008年推出的1100吨米。对于塔机生产来说，吨位的加大并不只是简单地放大设备，还存在诸如仿真计算、结构创新、传动控制创新，工艺、制造、安装、运输创新等各方面的技术难题。当时特大型塔机技术的积累十分有限，更何况当时国内整体配套技术还处于比较落后的状态。

做还是不做？集团领导犹豫不决，最终交由喻乐康的团队论证决策。

随后，喻乐康拨通了集团领导的电话。

“乐康，能不能接？”领导问。

“能接，有些难度，但可以突破，可以拿下来的。”喻乐康说，“可以与德国利勃海尔公司（LIEBHERR）、法国波坦公司（POTAIN）抢标。”

喻乐康的态度给了集团信心，抢下了这项只许成功不许失败的重任。当时压力之大可想而知。接下来后，喻乐康的团队，十几个核心技术人员进行分工协作创新。集团领导高度重视，全力支持，请经验丰富的老专家做他们的专业顾问，多次参与方案设计和讨论，并针对5200吨米的设计方案开过数十次评审会。

中联塔机团队的潜力和战斗力非凡，团队凝聚力非常强，仅用了10个多月的时间，就成功完成了这款超级设备的设计开发和生产制造。

“当D5200在马鞍山长江大桥建设项目中，在200多米高空稳稳吊起240吨重的桥梁构件、完美地完成它的首秀，并得到中铁大桥局高度肯定的时候，我感到无比欣慰——跨越艰险，中联塔机的春天终于来临了。随着D5200的成功开发，超大型塔式起重机系列关键技术获得了全面突破，我们形成了具有自主知识产权的成套技术，申请了专利百余件，先后开发出了两大系列、20 余款大型及超大型塔机，占据了一个又一个技术制高点，跨越了国外几十年的‘技术禁区’。”说到这儿，喻乐康脸上才露出轻松的笑容。

喻乐康介绍说，2013年，凭借“超大型塔式起重机关键技术及应用”项目，他作为第一完成人荣获“国家科技进步奖二等奖”，这是塔机行业得到的最高技术奖励，也是工程机械行业得到的最高技术奖励。2014 年他入选“全国优秀科技工作者”“国家百千万人才工程专家”，2015 年获国务院政府特殊津贴专家称号。这些荣誉对他而言，是肯定，更是鼓励。中国的塔机事业，从蹒跚学步，终于实现自主创新；从技术引进，终于实现中国本土化；从进口替代，终于走出国门。终于，中联重科一个个“明星塔机”横空出世，我们终于可以看到中国自己研发制造的设备在全球各大重点工程中的实力担当。

继 D5200 在 2010 年创造了中国桥梁建筑史上的多项“第一”后，2014 年世界最长臂架塔机 D1250，有效工作幅度达 110 米，打破了德国 LIEBHERR 保持的 100 米工作幅度的世界纪录，作业覆盖面积超过 5 个足球场。2019 年世界最大吨位的内爬动臂塔机 LH3350，最大起重力矩 3350 吨米，最大起重量 120 吨，内爬独立高度 73 米，在超高层建筑施工中具有显著优势。

其实喻乐康一直是追求极致之人。1986 年，他从上海交通大学毕业来到长沙建设机械研究院，担任塔机设计工程师，就此与塔机结下不解之缘，并在这个岗位一干就是 36 年。追求极致之人，自然干极致之事，成极致之业。他没有躺在 D5200 上睡大觉，而是继续攀登，不断突破超大型塔机关键技术瓶颈。

在逐渐站上世界装备制造业舞台的过程中，喻乐康的视野和胸襟也愈加开阔。他明白，自主创新并不是关起门来搞创新，更需要有效利用全球科技资源，在全球环境下创新。为了追求更高的技术水准，他主张聚焦全球塔机市场，以国际化战略整合全球资源。

喻乐康讲了两个例子：消化德国 JOST 技术形成中联塔机技术风格，吸收德国 WILBERT 技术实现从简单到极致的升华。

2010 年前后，随着中联重科的快速发展，吸收国际先进的平头塔机技术和设计理念，并进行国产化开发成为当务之急，也是战略成功的关键。2011 年 6 月，中联重科与德国 JOST 签署技术转让协议，买断“平头塔机之父” JOST 平头塔机全套技术，这一重大战略为中联塔机的国际化扩展带来优势。

为取得这一胜利，由喻乐康领衔，公司成立了 JOST 项目组，并在德国慕尼黑设立了塔机研究所。喻乐康多次跟项目组的成员说，学习 JOST，不仅仅是学形，更要学神，要掌握 know how，更要掌握欧洲标准。年轻的项目团队在德国的 3 个月里一刻也不敢松懈，夜以继日地研究设计、与 JOST 方交流沟通，很快开发并向市场推出 JOST 系列融合新品。最终，成功掌握了 JOST 技术的精髓，把国际先进的平头塔机技术应用于自己的系列产品中，实现技术应用从复杂到简单的升华，形成了中联塔机独有的技术风格：上装 JOST 化、塔身榫头化、传控智能化。此举把中联平头塔机技术往前推进了一大步，进一步巩固了公司塔机行业的龙头地位。进行 JOST 技术融合也让他们的设计团队再次升级，培养了一批年轻的具有先进设计理念的技术人才。这些人现在都已经挑起了大梁，比如建起研究院院长俞立虎、国际标准达人刘圣平、塔机计算达人孙旭国、中小平臂平台经理刘毅、工艺技术骨干刘振华及郑鹏等，这些技术人才为公司的技术发展作出了并且还将继续作出贡献。

2018 年，中联重科收购塔机制造企业德国 WILBERT。在此之前，喻乐康带领技术团队几次赴德国 WILBERT 进行调研评估，与老板交朋友，了解他的技术来源，了解其创新技术。当第一次看到他们的产品时，喻乐康非常惊讶——原来还能把塔机做得这么精致。

WILBERT 是做塔机租赁的，原来买的是“百年老店”德国 WOLFF 的产品，老板是租赁一线的老把式，对使用需求理解很深。已有塔机不能满足他的需求，WOLLF、LIEBHERR 等不同意按照他的思路改进设计，于是他自己设计制造，生产的产品主要供自己公司使用。塔机自己设计、自己租赁，全球少有，这就是 WILBERT 的特点。

WILBERT 的技术优势是结构紧凑、安装调试便捷、运输装车极省，这些是国内塔机和欧美其他塔机当时所不具备的，具有国际领先水平。作为一名老塔机人，喻乐康本能地意识到收购 WILBERT 具有极大价值，当时他非常兴奋。2018 年宝马展上，公司和 WILBERT 成功签署了收购协议，中联重科由此宣告高起点踏入欧洲高端塔机市场。

有了中联塔机数十年的技术沉淀，有了之前 JOST 技术融合的经验，有了模块化的型谱和模块化的零部件，有了成体系的计算平台和企业标准，不到 1 年的时间，中联重科融合世界领先的 WILBERT 技术开发的 W 系列新品在 2019 年底快速批量上市，在行业引起轰动，创下了 1 秒钟卖出 1 台塔机的行业纪录。安全双控、不冲顶、不溜钩、两车运输、4 吊安装、4 小时安装调试、回转“稳准快”等技术极大地推高了行业对塔机的认知水准，大大超出了客户的需求预期。

2020 年底又推出 W 系列二代产品，“二代”在“一代”基础上增加了窄起重臂、合规运输、顶升安全、传动提速、超起功能等多项技术创新，W 系列二代产品紧凑结构运输不超限技术、一键调试技术、数字化控制技术等达到国际领先水平，为下一代的无人机 R 代系列塔机开发打下了基础。在智能技术的加持下，W 系列二代产品实现了更稳、更快、更安全。

除了不断推出新产品，喻乐康及其团队在基础技术研究方面也有了很多突破。进行极限工况试验、寿命预测设计、无人机、数字化控制等基础核心技术研究布局并取得突破，与国际标杆差距进一步缩小。2020 年首次开展整机疲劳试验、极限卸载试验等，在雄安新区发布全球首份塔机安全企业宣言——《塔式起重机安全　中联重科雄安宣言》，公布了包括超欧标试验载荷、额载断绳冲击验证、数字化安全装置控制等 11 条核心安全企业标准，这个安全宣言已成为政府部门塔机安全准入的标准。

“发布宣言，底气从哪里来呢？”我笑着问。

“因为我们有强大的技术实力和充分的试验验证支持，有强大的研发团队。我们有智能技术研究博士，结构分析、结构试验博士，我们还将有更多博士加入。”喻乐康满脸豪气。

“你心目中的极致之业是什么？”

“实现塔机的 BIM 无人化蓝图！”

BIM 无人化的实现不容易，却是行业发展的必然趋势，这也是中联重科近几年高度重视的课题。他们做的“十四五”规划，对塔机的过去、现在和未来进行了一次深度的梳理和思考。他们将公司产品和技术的发展阶段划分为四个时代：老 POTAIN 时代、JOST 时代、W 时代和 R 时代。

老 POTAIN 时代是 20 世纪 80 年代，当时国内还没有自主核心技术，靠引进测绘 POTAIN 等欧洲产品进行开发。那个年代他深有体会，没有现在这么先进的技术手段，没有 CAD、计算平台等一系列开发工具，效率远不如现在高，图纸、计算书等靠手工。到现在他的手写计算书复印稿还保存在方圆集团等许多伙伴的档案库里，成为被珍藏的历史资料。

2014 年，中联重科进入 JOST 时代，以“简单”为设计理念，形成了中联重科独有的技术风格，塔机结构简单、低应力集中，结构型式国际领先。

2018 年收购 WILBERT 以后，进入 W 时代，塔机由“简单”到“极致”，实现 4 小时装调，引领行业技术迈向新高峰。

R 时代，也就是数字化无人机时代。中联重科以博士团队为主，引进了一批专业化人才，正在做相关研究，包括智能化、无人化、大数据、互联物联、极限安全等，为 R 时代新产品的推出做全面的技术储备。

“创新没有止境。如今的科技发展一日千里，要紧随新时代的发展，与时俱进，不墨守成规，不因循守旧，时刻做好走出‘舒适区’，进入‘无人区’的准备。我们的 R 时代技术，有很多就进入了‘无人区’。我们时刻警醒，没有永远的技压群雄，只有不止的潜修精进。创新是加快科技强国建设的必由之路，只有坚持以创新为引领，方能破解‘卡脖子’难题，掌握一批‘杀手锏’技术，不断增强竞争力、发展力、持续力。”喻乐康说，“我们的‘极致之路’已经基本规划好，我们的目标非常清晰，就是‘超越 LIEBHERR 成为技术世界第一’，我们现在做的工作都是围绕这个目标在布局和推进，分阶段执行，每年进一大步，我相信，我们的目标一定能实现。”

令人称道的是，喻乐康虽然在技术革新上硕果累累，也获得了全国劳动模范、享受国务院政府特殊津贴专家等荣誉，但他内心却始终保持着一份冷静与理性。

不忘初心，行稳致远。喻乐康始终告诫自己，在取得成绩的同时，也要清醒地看到面临的挑战。2020 年行业规模创历史新高，但是，行业也可能面临周期性下行、产能过剩等风险。这些年他们虽然做出了很多亮眼的成绩，但“革命尚未成功，同志仍须努力”。中联塔机做到了规模全球第一，把对手远远地抛在了后面，但是他们也面临着来自国内国外竞争对手的追赶和围攻，他们的技术与国际标杆 LIEBHERR 相比还有差距，他们的研发团队还有待进一步锤炼和提质，要实现“技术世界第一”的目标，还有路要走。未来的塔机事业需要继续走深走实，智能化嵌入、绿色设计与制造、全生命周期质量意识的加强，这些将会是他们接下来重点创新的课题。

我不禁想到“脊梁”二字，不正是千千万万个喻乐康，挺起了民族工业的脊梁吗？

十年磨一剑

“不论是金融危机，还是制造业寒潮，我都没有太多感觉，甚至没有感觉。这可能与我潜心研究有关，也可能与我性格内向有关。”刘国友感慨道，“当然，我要感谢举国体制对制造业发展的有力保障。”

56 岁的刘国友是中车株洲电力机车研究所（以下简称“中车株洲所”）的半导体专家。退居二线之前，他是中车株洲所所属株洲中车时代电气股份有限公司副总工程师。中车株洲所始创于 1959 年，前身是铁道部株洲电力机车研究所，现为中国中车股份有限公司全资子公司。中车株洲所拥有两家上市公司、11 个国家级科研创新平台、3 个企业博士后科研工作站、5 个海外技术研发中心、11 家境外分（子）公司，打造了轨道交通、新材料、新能源、电力电子器件、汽车电驱、海工装备、工业电气、智轨快运系统等 8 大产业板块。

制造业寒潮来临之际，刘国友正带着队伍在英国紧锣密鼓地进行技术吸收、研究与革新。他戴着眼镜，看上去有些内敛，甚至不苟言笑，却不失儒雅。宁静而安详的外表，根本看不出他曾经乘风破浪，唯有头上的丝丝白发在向我讲述着他历经的艰辛与沧桑。

他老家湖南双峰，从小学习优异。1983 年考入武汉大学物理系，本科毕业后又考了武汉大学的硕士研究生，学的半导体制造技术专业。

研究生毕业后，他被分到株洲的一家小厂当技术员。1994 年春节后，在一个小厂蛰伏 4 年后，刘国友终于时来运转：他被调到梦寐以求的中车株洲所，从事半导体研究。没过多久，他就放了一颗“卫星”：研发一个电子直线加速器。

那时，中车株洲所全部产品的辐照，都要送到北京加工，一来一去，既浪费时间，也增加了成本。刘国友决心自己研制辐照加速器，虽然这个加速器比较复杂，且有辐射，刘国友还是将它攻克了。在免去所里折腾之苦的同时，这个加速器还使中车株洲所成为全球第一个拥有这种加工能力的半导体企业。在大功率半导体器件领域，刘国友的确有着点石成金的本事。善于琢磨的他，总能捣鼓出一些新事物。1998 年，他和团队实现了从传统的烧结技术到全压件技术的跨越，并使之工程化，生产出更高等级、更大流量的器件。

韶七 SS7D 原件质量整改，是刘国友刻骨铭心的一段经历。这一型号的电力机车是中国铁路的电力机车车型之一，是为适应中国铁路大提速的需要，特别为陇海铁路郑州至西安段而设计的准高速干线客运用电力机车，由中车株洲所、大同机车厂、成都机车车辆厂于 1999 年联合研制成功。其持续功率为 4800 千瓦，最高时速为 170 公里，主要特点为采用三段不等分半控桥整流电路、加馈电阻制动、牵引电机架承式全悬挂、独立通风系统等。2000 年到 2003 年，这一利用全压接技术生产的韶七 SS7D 装上机车后，出现大面积失效，以致机车集体“趴下”。如果全部召回，无疑将使中车株洲所的形象大打折扣，市场也将沦陷，这也意味着中车株洲所将面临 3000 多万元的直接损失。就在这个当口，刘国友和团队分成若干小组，下到全国各铁路局解剖“麻雀”。刘国友被分到西安和大同。通过深入现场调查，刘国友分析，这不是产品本身的问题，而是用户使用不当造成的。顶着巨大的压力，刘国友广泛收集第一手资料，最终通过技术手段实现风机连锁，化解了这一危机。

2006年，刘国友又遇到一次挑战。国家电网特高压直流输电项目需要6英寸晶闸管和大变流器件。当时，这种技术为国外一家公司垄断，该公司只生产5英寸晶闸管。该公司提出，产品可以提供，但中国国家电网必须先支付一笔巨额的研发经费。谈判不成，双方处于僵持状态。中车株洲所闻讯主动请缨，在国家发改委等部门的支持协调下，6英寸晶闸管研发任务落到中车株洲所。

“到底能不能生产出来？”国家电网相关部门负责人对其能力和水平持怀疑态度。

“能！”刘国友坚定地说。

“你们开发可以，但研发经费不多。”

“我们不要研发经费。”刘国友虽然性格内向，但骨子里却有湖南人不服输的强悍性格，特别喜欢承担有挑战性的工作。

经过半年多的攻关，刘国友和团队在当年9月底生产出世界第一只特高压直流输电用6英寸4000A/8000V高压晶闸管，满足了国家电网的需要。从此，中车株洲所与国家电网结成战略合作伙伴关系，国家电网的多个大项目都与中车株洲所紧密合作。6英寸晶闸管投产后，一举取得高岭直流、灵宝直流、山东—宁东直流、葛上二回直流等直流工程项目应用佳绩，累计销售突破5亿元。这在中车株洲所的历史上具有里程碑意义。

刘国友的业绩得到了充分肯定，为他日后进军海外市场奠定了坚实的基础。

事实上，进入21世纪后，西方先进国家的轨道交通，已从交直传动向交直交传动转型。要跟上时代节拍，中国必须开发出新的开关器件，才能适用转型和过渡。国际主流技术的“杀手锏”是IGBT。IGBT，即绝缘栅双极型晶体管，是由双极型三极管和绝缘栅型场效应管组成的复合全控型电压驱动式功率半导体器件，兼有金氧半场效晶体管的高输入阻抗和电力晶体管的低导通压降两方面的优点。它是能源变换与传输的核心器件，更堪称新的轨交电气系统的“心脏”，而这种产品国内没有生产，全部依靠进口。

自主开发还是借船出海？

有着丰富技术和市场开发经验的株洲所面临重大抉择。

“国友，所里准备派你到欧洲考察，看能不能找到合适的合作企业。国家电网也希望我们能够与国外企业合作，学习欧洲先进经验，提高晶闸管批量生产能力，把它做得更大更强。”2006 年国庆节后的一天，时任中车株洲所副所长，后来当选中国工程院院士的丁荣军找到时任公司电力电子事业部技术总监的刘国友说。比刘国友大 4 岁的丁荣军出生于江苏宜兴，1984 年从西南交通大学毕业后就进入中车株洲所工作，先后担任设计师、交流传动室主任、应用技术研究部主任、副所长等职，是电力电子及控制技术专家。

“好事啊，所长！”一听要出去考察，刘国友显得异常兴奋。他不是因为能出国看世界而兴奋，而是为所里敢于把步子迈向国外而欣喜。实施海外并购，建立前哨阵地，是他一直的主张，也是他曾多次向所领导表达过观点。

有意思的是，当时国内轰轰烈烈的高铁建造运动并未开始，与之相关的 IGBT 技术尚未提上议事日程，丁荣军叫刘国友他们去欧洲考察，主要是寻求高压直流输电的合作，想找到“洋拐棍”。

2006 年 12 月底，刘国友和负责营销的谭兴进等人踏上了欧洲之旅。他们先去了总部位于瑞士苏黎世的 ABB 集团。这是一家全球 500 强企业，是电力和自动化技术领域的领导企业，其致力于帮助电力、工业、交通和基础设施等领域客户提高业绩，同时降低对环境的影响。但商谈的结果并不理想。接着他们又去了位于德国慕尼黑的英飞凌科技公司，它是世界芯片制造巨头，但它早在三年前就与西安有合作了。随后，他们又去了法国、意大利……转了一大圈，还是一无所获。

“要不到英国的丹尼克斯看看？”刘国友提议说。

“哎哟，怎么早没想到呢，丹尼克斯可是英国有名的大功率半导体企业啊。”谭兴进一拍大腿说，“但听说他们只做过 4 英寸特高压直流晶闸管。”

“那倒没关系，只要做过，他们就会有基础和经验。”刘国友说。

于是，他们又来到英国林肯郡的丹尼克斯半导体公司。公司负责人介绍说，丹尼克斯公司是一家拥有 50 余年历史的知名科技企业，已在加拿大上市，还介绍了公司发展历史、研发优势和特色产品。

随后，他们又参观了丹尼克斯的生产设施，实验室等场所。

“IGBT！他们有 IGBT 技术！”刘国友异常惊喜。

刘国友明白，虽然丹尼克斯的 IGBT 技术与国际主流技术还存在差距，规模也不大，但已经有基础了。更重要的是，IGBT 是交流传动技术的核心，而高铁及动车组采用的就是交流传动技术，这意味着 IGBT 是高铁及动车组的“心脏”。事实证明了刘国友的想法，后来虽然中车株洲所并购了丹尼克斯公司，但其技术对于高压直流输电帮助并不大，却为他们开辟了 IGBT 技术，真是无心插柳柳成荫。

一回国，刘国友就给所领导写报告。因为偶然遇见了 IGBT，报告的重点不再是对高压直流输电技术的考察结果，而是 IGBT 技术的重大作用。“IGBT 是交流传动技术的核心，我们没有基础，如果我们将来要发展动车组，要发展高铁，IGBT 技术必须突破，否则会被卡脖子。”刘国友在报告中说。

丁荣军等所领导知道，国家已经开始引进高铁技术了，IGBT 技术对于中国来说，极其重要。他们对刘国友的建议高度重视，并拍板：尽最大努力并购兼有晶闸管和 IGBT 技术的英国丹尼克斯公司。很快，中车株洲所又派了几个团队赶赴英国，对丹尼克斯进行全面调研，对其能力、状态，包括法律业务进行全面调查。甚至还请了一些国际咨询机构，对其进行综合评估。

但真正有实质性进展却是在 2008 年。由于金融危机，丹尼克斯公司股价遭遇重挫，资金困窘，在市场扩展上无力可施。而已经迈向高铁时代的中国，刚上市的中车株洲所，并不缺资金和市场。

这年夏天，丁荣军一行再次来到英国，与丹尼克斯公司商谈并购之事。丁荣军率领的中车株洲所并购工作组与丹尼克斯公司高管进行了两天的谈判。刘国友和谭兴进都是核心成员，刘国友负责技术和知识产权，谭兴进负责业务和规范流程。

“为什么要并购丹尼克斯？”丹尼克斯公司总裁开门见山问道。

“丹尼克斯是一家有历史、有实力、有基础的公司，制造无国界，并购之后，我们可以在技术和业务上互补，强强联手，把丹尼克斯经营得更好。”丁荣军说。

丹尼克斯公司总裁点了点头，说：“你们想持有多少股权？”

“我们想绝对控股，至少 75%。”丁荣军干脆地说。

“为什么？”丹尼克斯公司总裁问。

“这也表达了我们的诚心。”丁荣军说，“你们开的价，我们没有异议。”

…………

丹尼克斯公司总裁先是一阵沉默，但最终还是露出了微笑，虽然他的微笑有些许无奈。

收购完成后，中车株洲所首先确定了中英两方的分工定位：英方的林肯工厂，主攻研发，兼具小规模试产，也就是把 IGBT 的原型打磨好；中方的株洲工厂，主攻大规模量产，兼具部分研发。当然，不管是中方，还是英方，都由中车株洲所的中国工程师主导技术学习过程。

2009 年春节后，刘国友和谭兴进再次受命前往英国。他们分别带着工程师队伍和营销队伍来到英国，并分别担任全球技术总监和全球营销总监。这是中车株洲所第一次出国经营企业，也是第一次研究开发 IGBT 技术，一切都是陌生的，他们只有摸着石头过河。

刚到英国，刘国友就发现了一个问题。丹尼克斯公司的英国员工从骨子里觉得自己高人一等，他们的产品是最好的，不想进行改进和创新。

“要改变他们真的很难，这可怎么办？”一天晚饭后散步时，谭兴进对刘国友说。

“我也碰到了这样的问题，其实我在来英国前就想到了这个问题。”刘国友微笑着说，“这可能就是中西方之间文化观念的差异吧，属于正常现象。”

“工作怎么开展呢？”谭兴进问道。

“不能一刀切，只能慢慢地一步一步探索，稳步推进。”刘国友说。

“加强与英方员工的交流沟通，让他们真正了解中国。”谭兴进补充道。

刘国友会意地点着头。

“虽然他们有些牛气，但不得不承认，他们的技术基础还是比较扎实的。”谭兴进说。

“是的，他们对 IGBT 技术研究很深很透，而我们株洲所几乎还是白纸一张，所以我是抱着学习的心态，学习他们的技术和理念，要像海绵一样吸收。”刘国友说。

刘国友心里明白，并购丹尼克斯公司，就是要用丹尼克斯的 IGBT 技术发展中国的 IGBT 产业，同时通过英国的平台，将自己的产品推向欧洲和全球市场。刘国友的职务为全球技术总监，具体说来，就是进行半导体业务技术交流和整合。

虽然丹尼克斯公司IGBT技术基础不错，但与国际先进水平相比，还存在一定的差距。

怎么办?

刘国友敏锐地意识到：利用丹尼克斯公司这一平台，建立功率半导体海外研发中心，使欧洲国家人才、技术优势，为我所用。

2010年春节，刘国友利用回国休假的机会，向所领导丁荣军提出建议：在英国成立一个功率半导体研发中心。

“为什么？”丁荣军既惊讶又欣喜。

“一是可以提高IGBT技术水平，二是可以锻炼自己的队伍，培养自己的技术人员。”刘国友说。

“具体谈谈。”丁荣军边说边给刘国友倒起茶来。

“可以把丹尼克斯公司为数不多的设计人员并到研发中心来，中心的研发经费绝大部分由所里承担。这个研发中心，应该有所里选派的国内的工程师，也有在欧洲招聘的工程师。我们通过研发中心获得欧洲的相关信息，提升IGBT技术水平，培养属于我们自己的队伍。”刘国友说。

“太好了！”丁荣军有些激动。

刘国友的建议得到了所领导的大力支持。丹尼克斯公司功率半导体研发中心很快就成立了，刘国友担任主任。研发中心承担了整个IGBT技术的突破工作，工程师也由成立时的20多个发展到后来的60多个。在反复实验的训练下，中国工程师逐渐摸清了产品的高可靠性要求，并打磨出最初的原型产品。“虽然这是中国在国外的一家研发机构，但人才和知识产权却属于中国。后来株洲所的IGBT建设，包括第二代、第三代，以及现在的第六代、第七代，都是通过这个研发中心来实现的。”说到这些，刘国友脸上露出了自豪的微笑。

仅有海外的技术学习依然不够，中车株洲所还同步启动了与国内学术界的研发合作。2011 年，中车株洲所联合浙江大学，启动关于轨交 IGBT 芯片的 02 专项。在这一合作中，学术界从理论上探明技术优化的方向，然后交由中车株洲所在制造工艺上予以改进。2012 年，在基本完成技术吸收、消化的过程后，中车株洲所研制出耐压 3300V 的高压 IGBT，改变了这一设备被国外垄断的“卡脖子”现状。

2012 年，中车株洲所打算投资、启动国内首条 IGBT 芯片产线建设，并任命刘国友兼国内 IGBT 生产线建设的副总指挥长。

这年夏天的一个论证会上，大家围绕是建 6 英寸 IGBT 芯片产线，还是建 8 英寸 IGBT 芯片产线展开了热烈的讨论。

“国友，你最有发言权，谈谈你的看法。”丁荣军点将刘国友。

“虽然目前 6 英寸的技术相对成熟，风险没那么大，也是全球普遍生产的型号。”刘国友说，“但根据我对 IGBT 技术的掌握，以及其发展趋势的判断，我建议建 8 英寸的。”

“建 8 英寸的风险太大，过于冒进，再说从来没有建过，没有经验可以借鉴。”有同事表达了自己的担忧。

“总要有人第一个吃螃蟹，没有敢闯敢拼的劲，怎么能干出点成绩来呢？”丁荣军拍板说，“我同意国友的建议，就建 8 英寸的。”

那段时间，刘国友成了空中飞人，英国待一段时间，国内待一段时间，两边来回跑，既组织工程师们进行 IGBT 技术的突破，也负责国内 IGBT 生产线的技术支持。

经过近一年的筹备，丹尼克斯公司功率半导体研发中心对 IGBT 技术的研发有了新的突破，国内 8 英寸 IGBT 芯片产线也基本建成。于是，刘国友将研发中心的 20 多个核心工程师调回国内，将工程化能力落地在产线上，主要进行 8 英寸技术攻关，工艺试验，产品开发。他的队伍真正做到了学以致用。

2014 年 6 月，中车株洲所 IGBT 芯片成功投产。在英国丹尼克斯的大功率 IGBT 的基础上，中车株洲所在量产层面提升不少：晶圆尺寸从 6 英寸升到 8 英寸，电路结构和封装工艺也升级换代，做到了与当时的潜在主流方向同向。

随后，他们迈向了国产化替代阶段。这才是中车株洲所并购丹尼克斯的历史价值和产业意义。

“2010 年，我们株洲所 IGBT 出世之前，中国的高压 IGBT 市场由三家国外巨头垄断。赛米控、英飞凌和 ABB 坐拥半壁江山，国内产品占比不及 30%，掌握核心技术的，更是只有株洲所一家。”刘国友向我介绍说，“2011 年，株洲所 IGBT 进入轨交市场，但并没有立即打开局面，反而进入了一段比较‘安静’的时期，国产化替代，并没有想象中那么简单。”

“为什么？”

“轨交，是一个特别严苛的市场，即便身在轨交系统，央企也不会贸然采用我们株洲所的高压 IGBT。”刘国友详细地向我解释起来，“原因在于，轨交运行条件实在恶劣，因而对电气系统的核心元器件提出了三个要求：首先是自身运行环境电磁干扰很大，要求严格控制，也就要求高压 IGBT 符合极高的电磁兼容（EMC）标准；然后是穿越的运行空间跨度极大，尤其在中国，早发哈尔滨晚至广州是常态，穿越的环境温差达 30℃以上，此外还有地形等各类考验，在恶劣的条件下，要满足很高的可靠性；最后是使用时间要长，装在高铁上，不能说运行了一两年时间便失效，那会造成很大的灾难，因此，高压 IGBT 的失效率，也是一个重要的指标。”

“怎么办？”我迅即问道。

“在初期，我们株洲所并未对全球相关市场形成实质性威胁，但外国厂商依然严阵以待。实际上，甚至在宣布收购丹尼克斯的时候，外商便将供应中国市场的对应产品价格降了20%。到了2014年8英寸产线投产时，我们面临的价格战更加白热化。产品刚准备以低于市场价30%推出，外商竟联手降了70%。市场寡头垄断者联合起来，对后来者施以价格战大棒，以使其无利可图，最终退出市场。但是，价格战越打越凶，我们反而蚕食了更多的市场份额。正是在2014年至2016年间，株洲所在中国大功率半导体的市场占有率，从接近于0涨到60%，销售额每年增长两倍。凭借在核心元器件积累的价格优势，到2016年，株洲所在全球地铁牵引系统招标的中标率达到77%。”刘国友好像刚打了个大胜仗，笑得很灿烂。

“你觉得成功的原因是什么？”我问。

“我们在轨交高压IGBT市场的成功，源于四个因素。”刘国友说。

“哪四个因素？”

“一是下游整机应用牵引强劲，母公司中车是国内轨交设备的重要参与者，我们也不单单只造元器件，而是长期同时研发电气系统，如此，对于下游需求的掌控便精准迅速；二是在吸收了英方的技术能力后，我们具备了较强的再创新能力，也就能够对轨交密切贴身服务；三是我们在本地建立的8英寸产线，使我们掌握了从设计、制造到封装的全流程，工程化能力加持之下，能够扛住外商猛烈的价格战；四是高可靠要求的核心元器件市场，一般规律是，买方先对其进行2至3年的验证，产品被证明符合要求后下批量订单，复购率逐年提升，我们被验证可靠后，在其后的两三年快速上量，正好符合这一行业规律。”刘国友说。

在国内市场风生水起之时，中车株洲所将触角伸到了海外。2015年，中车株洲所的IGBT芯片打入马来西亚轻轨市场，2016年，打入印度机车市场，获得客户认可后再获新增订单。“只要国产化替代做到了自主创新，在市场上的竞争力持续积聚，便能攻入海外市场，延续其顽强的生命力。”刘国友说。

当中车株洲所终于取得实质性成果后，又不得不面临增长难题。2017年底，石济高铁开通运营，中国“四纵四横”高铁网全部建成通车，长达十年的高铁建造运动告一段落。要继续增长，中车株洲所就要在新的战场——车规级IGBT市场扎下根。

“这意味着IGBT技术官转民了。”刘国友说。

车规级IGBT，是新能源汽车的核“芯”之一，IGBT芯片与动力电池电芯并称为电动车的“双芯”，是影响电动车性能的核心器件之一。

株洲所为何能够切入呢?

刘国友介绍说：“之所以能够切入，是因为在这一产品的两个核心环节株洲所都有着自己独特的优势：第一个，设备工艺环节，是产品档次的根本性决定因素。在这一环节，株洲所之前已有建厂经验，到2020年，专门为车规级芯片建立的8英寸IGBT产线投产，工艺制程提升到主流的0.13微米，同时，株洲所引入了最新的烧结工艺技术，提升了产品的可靠性。第二个，系统应用环节，上游芯片厂与下游整机厂的磨合，决定了对产品理解是否到位、能否定义好芯片产品。在这一环节，中车株洲所兼具先天禀赋和后天布局。”

“先天禀赋？”

“也就是我们株洲所原来适应了难度最大的轨交市场，技术能力能够有效迁移到电动车市场，呈降维打击态势。具体来说，株洲所的高铁IGBT，要有丰富的传感器控制和软件仿真经验，要满足最严苛的电磁兼容（EMC）等级，要达到25年行驶30万公里的可靠使用要求。三者降几个规格，便是电动车市场IGBT的市场准入门槛。”

“后天布局呢？”

“也可以说是后天努力。我们延续了在轨交市场的策略，核心元器件和下游系统应用两手抓，积极与海外厂商展开技术合作，在IGBT

芯片的下游市场——电驱动广泛布局，以此熟悉应用环境，做对产品定义。先是在 2014 年，丹尼克斯公司进入一个由英国公司主导的汽车电驱动系统合作研发团体，开始研究混动系统。2019 年，我们又与德国电驱动厂商浩夫尔成立合资公司，在无锡共同研发。掌握了两大核心环节的优势，我们在市场拓展上采取了与整车厂合作绑定的策略。这年，我们还与东风合资成立智新半导体，双方一起建产线，IGBT 芯片下线后先用在东风自家的车上，逐步向其他车厂拓展。”

“现在发展如何？”我好奇地问道。

“目前这一市场策略比较保守，但对于广大的 A 级车及以上车型的车厂来说，这是最为稳妥的。在英飞凌掌握大半电动车 IGBT 市场供应的背景下，车厂要替换下来，首先要小批量验证其可靠性，保证良率足够高，失效率足够低，然后才能逐步上量。而突如其来的缺芯危机，加速了这一国产化替代过程。对于中国的电动车厂商，尤其是许多供应链谈判能力较弱的造车新势力，英飞凌不承诺交货周期，定价居高不下，车厂不得不在市场上从经销商那里四处扫货。”刘国友说，“趁势打进市场，凭借价格优势、可以保证的交付优势、高配合度的定制服务优势，获得车厂青睐，就势导入中高端电动车市场。”

“真是十年磨一剑啊！”我感慨道。

“在 IGBT 技术方面，我们走了一条并购到消化吸收，再到创新的路子，甚至可以说从零开始，到跟跑、并跑，再到现在的领跑，站到国际前沿。我们在短时间内实现了国内 IGBT 技术的自主控制，现在我们的高铁、地铁，还有大机车，技术 60% 都是自己的，实现了国产化。依托国内庞大的应用市场，我们进行定制化的技术创新与产品设计，加强供应链与产业生态建设，以此打造核心竞争力，形成产业特色与优势，引领技术发展与市场应用。”

采访完从株洲回长沙的路上，已是深夜。面对深沉的夜色，我思绪万千。

或许有些人会认为，国营工业人才外流严重，技术追赶力有不逮，出海研发和销售是一个神话。但中车株洲所在2008年的一个价值一亿元的英国并购案，却让这个公司奇迹般地走在了中国功率半导体行业的最前沿。相比于近年来动辄百亿的海外并购案，丹尼克斯半导体并购案显得微不足道，而在中车株洲所，刘国友等数十位中国工程师，在十几年的时间里，用他们的勤劳和智慧将其价值放大了几百倍。

他们树立了典范！

其一，建立了技术吸收引进的新模式：外方原型研发，中国工程化量产；其二，成功在轨交领域打破国外垄断，在大功率IGBT上实现国产化替代；其三，摸索出一条官用技术转民用市场的新路径，在轨交IGBT技术的基础上探索电动车市场，在最近的缺芯潮中趁势而起。

中国的国营工业，在芯片产业迎来巨大挑战的新时代，用行动和业绩证明了其工程化与再创新的巨大价值。而要做到这一点，最为关键之处，是让那些充满使命感的工程师和发明家，领导有技术能力的企业，沿着坚定的产业政策的引导，勇往直前。

夜色中，我似乎看到了由晶莹的汗水结成的美丽“琥珀”正闪闪发光。

它们温暖了我的心灵，也让我看到了灿烂的明天。

填补行业空白

一条条横卧在厂房内的“长龙”，正跃跃欲试，准备钻山打洞，向更深更远处掘进。

在位于长沙县的中国铁建重工集团（以下简称“铁建重工”）产业园内，我被眼前的庞然大物震撼着。有盾构机，也有隧道掘进机。它有着圆柱形的身躯，前面是一个红色的大圆盘，上面分布着几组巨大的旋转刀片，那是它开山辟路的利器。

“这款盾构机直径 12 米多，长 130 多米，重约 3000 吨，是目前国产最大直径的土压平衡盾构机。”铁建重工宣传部的胡清指着旁边的一款盾构机说，“它集传感、液压、信息技术、机电技术于一体，具有隧道开挖、衬砌、出渣等功能，形象点说，就像一条大蚯蚓，通过众多电子器械协作向前缓慢掘进。”

“不可思议呀！”我惊奇地感叹，“生产一台盾构机得花好几年吧？”

看我满脸惊奇，胡清脸上显露出自豪的表情：“这款盾构机的整体研发和制造周期是 8 个月，设计团队平均年龄也就 30 岁，都是一帮年轻人，虽然来自五湖四海，但心怀同一个梦想。”

这是铁建重工的大手笔。对于这家企业，我早就有所耳闻：创立于 2007 年，隶属于中国铁建股份有限公司，是集地下施工装备、轨道交通装备的研究、设计、制造、服务于一体的专业化大型企业；是国家认定的重点高新技术企业、国家级两化深度融合示范企业，2021 全球全断面隧道掘进机制造商 5 强排名第 1 位、全球工程机械制造商 50 强排名第 30 位、中国工程机械制造商排名第 5 位。

更令我惊讶的是，铁建重工聚焦差异化、定制化的高端装备研发制造，坚持只开发填补行业空白的产品，到目前为止，研制了超过 50 项全球、全国首台套装备；打造了掘进机、隧道装备、轨道系统三大成熟产业，并正在布局新型交通装备、高端农机装备、绿色建材装备、矿山装备、新兴工程材料等新产业。

铁建重工还致力于成为全球领先的地下工程装备和轨道交通装备

大规模定制化企业，为全球的客户定制更多大国重器、提供更优中国方案，让“中国创造”享誉全球！

我静静地伫立在那。原来惊艳我的不只是跟前的这些庞然大物，更有一股股青春的力量，心底的敬佩之情油然而生。

沿着青春的气息，我走进了龙斌的办公室。

1987 年 5 月出生于重庆万州的龙斌，现为铁建重工掘进机研究设计院技术员、掘进机研发运营中心总经理。

“不是我们有多么优秀，而是我们赶上了一个好时代。”个头不高，戴着黑框眼镜，内敛而秀气的龙斌非常谦逊。

“为什么？”我表示不解。

龙斌微笑着，带我走进掘进机的历史。

现实生活中，凿山开矿、修路通车，许多重要的工程都需要挖掘隧道。一百多年前，人们还没有大型的机械设备，只能通过手工和人力等非常简单的方式进行挖掘，不仅耗时耗力，还会遇到塌方、水淹等危险。19 世纪初，一位法国工程师从啃食甲板的小虫身上获得灵感，修建了一个 11.4 米长、6.8 米高的匣子，里面做了很多小隔间，工人就可以在隔间里挖掘前方的土。这就是盾构机最初的原型。经过一个多世纪的发展，盾构机技术已是日新月异，从纯手工开挖，到半机械化，再到全断面的刀盘设计，越来越安全，作业人员也越来越少，工人的劳动强度更是越来越低。

到了上个世纪 90 年代，中国的北京、上海、广州等大城市，开始大规模建设地铁，对盾构机的需求也急剧增加，德国、日本、美国的设备开始大规模涌入中国。后来，国内一些企业可以进行一些简单的制造，但主体还是依靠外国企业来中国建厂。长期以来，盾构机技术被国外垄断。当时国外每台盾构机售价都在 1.5 亿元左右。刀盘和零部件的更换，要价更是高得离谱，盾构机变成了外国企业的“印钞机”。

“必须自主研发制造属于我们自己的盾构机。”龙斌说，“虽然关键核心技术被卡了脖子，但必须突破，必须拿出‘黄沙百战穿金甲，不破楼兰终不还’的决心和意志进行突破，否则就是无限期地依赖，否则中国工业特别是先进制造业将无法发展。”

“哪年开始的？”

“2007 年。”龙斌说，“那时我们铁建重工刚刚成立，刘飞香受命担任董事长。他毕业于西南交大，学的工程机械专业，是地下工程建造技术与智能装备研发领域知名专家，他还参与过青藏铁路等国家重大工程建设，积累了丰富的地下工程施工技术经验。他的到来，是对铁建重工重大的加持。”

长期在工程领域耕耘，刘飞香深刻地意识到，进口设备价格昂贵、服务得不到保障，大型工程建设时常被卡住脖子、被扼住喉咙，国产高端地下装备自主创新已刻不容缓！

于是，刘飞香从零起步，自主创新，砥砺奋斗，瞄准高端地下工程装备自主化、国产化、产业化目标，立志做出中国自己的高端地下工程装备。

就在刘飞香决心自主研制工程装备时，面临了一道选择题：是做通用型的地上工程装备，还是专攻定制化的地下工程装备。一面，是当时国内通用型工程机械产业风生水起，发展形势喜人，且进入门槛低；另一面，是专业型地下工程装备自主产品寥寥无几，核心技术受制于人，且进入门槛高。

在抉择面前，萦绕在刘飞香心中“为中国制造赢得尊严”的情愫使他选择了后者，他决心补齐高端地下工程装备这块被誉为工程机械“皇冠上的明珠”的民族工业短板。

2008 年初冬，在长沙东郊的一片荒地上，刘飞香带领创业团队住着工棚、冒着严寒、顶着烈日、踏着泥浆，用 8 个月的惊人速度建设起一个以盾构设备研发制造为龙头的现代化工程机械制造基地。

基地从零起步，在“铁皮屋”里办公，冬冷夏热，边建设边研发；技术艰辛突围，没有钱购买国外图纸，自己摸索着画图纸。

做第一台设备时，一百多名研发人员，用大半年时间做了大量的设计方案，又进行了无数次的优化，还有很多的反复。

2010 年首台土压平衡盾构机“开路先锋 19 号”横空出世，国产化率达到 87%，这让原本均价在 1.5 亿元左右的“洋盾构”，在中国被迫降价 30%。在北京地铁工程应用中，“开路先锋 19 号”月进度达 600 多米，开了一个好头。

自 2010 年自主研制的国产首台 6 米直径复合式土压平衡盾构机下线以来，刘飞香不断巩固盾构机研制核心技术，不断提升产品技术创新能力，包括常压更换刀具、电液混合驱动、开挖仓机器人作业、刀具连续在线检测等在内的前沿性技术陆续取得研究成果并得到工程应用。

在刘飞香带领下，铁建重工依托城市地铁、城际铁路、高速铁路隧道工程，大胆自主创新，突破了盾构装备总体设计、大型机电液复杂系统集成、隧道复杂地质条件下的盾构装备适应性、盾构掘进姿态综合控制等核心技术，相继研制出土压平衡盾构机、泥水平衡盾构机等系列产品，推动国产盾构装备研制及产业化产生质的变化。

令人欣喜的是，2014 年，在科技部“863”课题支持下，国产首台岩石隧道掘进机（TBM）在铁建重工下线。这种名叫 TBM 的大家伙一直是中国隧道掘进装备自主化、国产化的薄弱领域。

设备要挑战长距离、大埋深、大涌水、易岩爆等世界级地质难题，只要有一项技术不过关，都有可能前功尽弃。刘飞香作为第一责任人，从设计图纸开始着手，反复审核机械部分图纸 3000 多张。那几年，他没少跑工地，因为，每一项设计都需要结合工程实际进行个性化、定制化研究。

国产首台TBM的首秀就迎来一场恶战：要在吉林省引松供水工程中，与当时世界排名第一的掘进机正面比拼。2017年8月，依靠过硬的技术和贴心的服务，铁建重工的TBM提前半年贯通隧道，而同场竞技的外国品牌足足迟了一年。

这次首秀，铁建重工完胜。这标志着中国隧道掘进机整体技术完成了从跟着跑、并着跑再到部分领着跑的蜕变。

在技术攻关的推动下，从十余年前国产掘进机在国内的市场占有率不足10%，发展到如今跃升至90%以上，在全球市场占据了三分之二以上的份额。以铁建重工为代表的企业，完成了技术从跟跑到部分领跑、市场份额从配角到主角的历史性转变，产品还出口到俄罗斯、土耳其等一带一路沿线国家。现在，中国的隧道掘进机正走向全球市场，为全球基础设施建设贡献“中国动力”“中国方案”。

“以前外国企业非常牛，总认为它们是绝对的权威，我们提出什么小的建议，它们不更新，也不改进。自从我们自主研发国产掘进机后，它们不得不进行更新和改进。”龙斌说，“掘进机的生产面向工程、面向客户，是定制化产品。同样的客户面对不同的工程设计需要不同的产品，同样的工程面对不同的客户，其产品的设计也有可能不一样。这样导致设备更新和改进进程过快。我们自主研发的掘进机更新和改进进程非常迅速，并且成本低、质量好，而外国企业的成本高、价格贵，质量与我们的不相上下。它们不太愿意更新和改进，便逐渐失去了中国市场。”

“是理念不同吧！”我说。

“有这方面的因素。老外做事严谨，愿意花二三十年来认证一个工程，认证之后再决定这个工程是上还是不上，如果觉得一个工程异常艰难，会决定不做，就连设备也不做了。我们是反着来做的，明知山有虎，偏向虎山行，集中大家的智慧，想法子攻克各种难题。”龙斌说，“虽然老外的严谨精神值得我们学习，但我们也不能走他们的路子，如果遇到一点困难就放弃，我们就不可能有创新，也不可能在短时间内实现超越。”

“你们已经生产了多少台掘进机？”我打听道。

“以 TBM 为例。大概到 2014 年的时候，我们 TBM 生产突然有了快速的增加，当年我们公司累计生产 120 台左右，加上全国其他厂家生产的，总共有 240 多台。而美国公司从上个世纪 70 年代末开始生产，到现在也就生产了 110 多台，德国也就八九十台。也就是说，我们用了不到十年的时间超过了国外所有厂家生产的数量。现在包括盾构机和 TBM 在内的中国制造的掘进机占了整个世界市场的 65%，而我们公司则占了半壁江山。”龙斌说，“当然还有一个原因，发达国家早在上个世纪 90 年代末至 21 世纪初，就基本上建完了轨道交通、公路铁路、矿山、水利等，它们的需求不大了，所以生产数量不多。”

“说说你自己的故事吧？”

“我只是赶上了一个好时代，真没什么可说的。”龙斌依然谦虚地说。

“那就讲讲自己的一些经历吧！”

龙斌再次打开了话匣子。他是 2009 年从西南交大机械专业毕业来到铁建重工的，一来，就到了一个好平台，赶上了好机遇。他们那批招了五六十人，在他们到来之前，集团真正搞过盾构机研发设计的人很少。虽然他大学学的机械专业，但最开始他对盾构机没什么概念，直到大学最后一年，成都正好在建地铁，老师就带着他们参观了一下，这是他第一次接触盾构机。当然，这与整个中国工业体系的发展密切相关。以前没有市场，自然这个专业也就开设较少，人们也知之甚少。

大概在 2000 年的时候，由于修地铁、打隧道等工程的需要，工程机械专业人才完全不能满足工业化发展的需求了，于是国家进行了扩招。集团五六千人，真正搞技术的并不多。如果没有国家的扩招，根本就不可能进行掘进机的研发。不要说中国，就是西方发达国家也找不到这方面的技术人员了。西方国家早在上个世纪 90 年代末这方面的建设就已经接近尾声了，工程已经寥寥无几，主要市场已经开始往中国转移了。到他参加工作的时候，扩招的第一代工程机械专业人才已经成长起来了。龙斌他们算是第二代，一入行，就遇到了好时机。

“我们集团派到国外的工程师普遍年轻，而国外的工程师大都四五十岁。一开始，老外对我们不屑一顾，认为我们年纪轻，没啥经验，但只要机器开始运转，老外就会被我们久经沙场、镇定自若的气质震撼。”龙斌说。

“年轻人好啊，有朝气有干劲。”我由衷赞叹道。

“没错，年轻人敢于创新，善于抓住机遇，这是优点。”龙斌说，“但年轻人也有缺点，容易犯错。但集团对创新这方面非常包容，允许在创新时失败，也允许大家犯错误。在创新的道路上，没有一位技术人员总是一帆风顺、一往无前的，跌跌撞撞、磕磕碰碰才是他们的正常生活。”

2012 年，经过国家“863 课题”专家组的评估，国产首台敞开式硬岩隧道掘进机自主研制正式立项。龙斌也参加了由刘飞香主持研发的这个项目，负责这个项目的具体研发设计。真正实现国产化、自主化，并不容易。龙斌和研发团队开始设计图纸，与液压、电气设计人员交流电液控制，协调机电液接口问题和布置问题；从参数配置、主机及后配套系统布置、刀盘刀具等多方面进行个性化、定制化设计。

“那段时间大家压力都比较大，主要是没有什么可参考的，也没有明确的结论和概念，在设计过程中需要不断探索怎么设计才是最合理的。一开始，有些同事觉得很简单，认为两三周就可能搞完，但实际上最开始的设想方案和最后拿出的方案完全不一样，最后大家紧张忙碌了三四个月。”龙斌说，“我们所负责的机械部分涉及的零件有一万多类，图纸有3000多张，每一张图纸都要认真看、来回改，改十来遍很正常，有时为了一张图纸会进行激烈讨论。设计完成，还要配合车间对设计不合理不科学的地方进行调整修改。大家每天早上8点准时上班，但下班基本都是深夜十一二点了，大多数时间会加班到凌晨。”

2014年12月，国产首台大直径TBM在长沙顺利下线，结束了我国作为TBM应用大国不能自主设计制造大直径TBM的历史，彻底打破了国外技术的长期垄断。

龙斌给我举了他们自主研发的TBM攻克工程难题的两个例子。

一个是TBM在新疆天山独头掘进创造世界最长纪录。该工程隧洞地处天山深处，地质极其复杂，围岩较差，地下水量丰富，给TBM施工带来极大困难。针对该工程蚀变岩、高地应力岩爆、大断层、突泥涌水、高地温等复杂地质情况，铁建重工国产首台大埋深、可变直径TBM创新性地设计了电液混合驱动脱困技术，通过电液混合同步耦合技术，可实现刀盘卡机脱困；钢瓦片拼装、超前钻探、高压推进脱困、高地温冷却等关键技术的研发并应用，使得TBM首次实现了半径150毫米变径扩挖。2021年3月14日，由龙斌他们设计的TBM设备，在2268米埋深复杂地质、无检修洞室条件下掘进17568米，为TBM独头掘进世界最长纪录。

一个是在四川夹金山创造的我国公路TBM掘进日进尺的新纪录。夹金山坐落在四川阿坝藏族羌族自治州，是红军长征途中翻越的第一座大雪山，最高海拔4100米。夹金山隧道开挖直径7.93米，隧道全长9.4公里，以四、五类板岩、砂岩为主，全程支立拱架，拱架间隔0.9米，施工难度非常大。“夹金山号”TBM 由铁建重工联合中铁十一局共同打造。在铁建重工现场技术人员和中铁十一局现场施工人员通力配合下，“夹金山号”于 2022 年 6 月底始发掘进以来，克服恶劣工况的阻碍和新冠疫情的影响，全力保障施工进度。9 月 18 日日进尺达 50 米，创造了我国公路 TBM 掘进日进尺的新纪录。

现在铁建重工研制的掘进机，不仅在国内“穿山打洞”，更成功出口到韩国、秘鲁、意大利等 20 多个国家和地区，非常受欢迎，不断刷新世界隧道工程地下掘进纪录：既能迎战高温——在中东某工程适应 60℃超高地面温度；还能克服极寒——在欧洲以日进尺 35 米的速度“掘”胜零下 30 摄氏度极寒环境。真正把外国人的“印钞机”变成了中国人的“争气机”！

才 35 岁的龙斌，便带领团队成功研制我国首台拥有自主知识产权的大直径全断面岩石隧道掘进机，填补国内空白；设计出岩石隧道掘进机双驱动系统，成功解决了困扰世界 50 多年的“卡机”难题。

钟晴只比龙斌小两个月，是铁建重工掘进机研究设计院土压所的一名技术员，也是一名久经沙场的前线指挥官。

圆脸，戴着眼镜，头发有些花白，一接触，便感受到他的温暖与阳光。

老家重庆荣昌，出身农村，虽然父母是普通农民，但他们有一个信念，只要孩子能读书，就算砸锅卖铁也要让孩子多读书。

钟晴不负父母所望，考上了大学。填报志愿时，他得到了已经大学毕业参加工作的一个邻居的帮助。

“我喜欢机械，选什么学校好？”他问。

“机械人才的缺口很大，以后不愁找工作。”邻居说，“你可以报重庆邮电大学，那里有机械设计专业。”

在重庆邮电大学学习的四年中，他参加了重庆市第一届大学生创新大赛，这是他的重要收获。当时他拉上同宿舍的两个同学，组建了一支队伍。做什么呢？他们来到消防队了解情况，问消防员使用哪些工具遇到过困难或是问题。消防员说，液压钳。他们拿着液压钳左看右看，最后突发奇想：能不能把它改造成多功能消防工具？一般钳子只有一个钳头，在一些场所不好用，如果给它加上不同的螺母，就可用上不同型号、不同形状的钳头，这样就能适应不同的场所，发挥不同的功能。经过不断的试验磨合，最终他们改造的这个产品得了一等奖。

2011 年大学毕业，钟晴毫不犹豫地选择了铁建重工。虽然远离家乡，但他觉得那里才是他施展才华、实现抱负的地方。

刚入职铁建重工，公司就组织他们参观盾构机。

“盾构机这么大这么长，有那么大那么长的车将它运到施工现场吗？”钟晴困惑地问道。

他的提问引起哄堂大笑。

后来，他才知道，盾构机下线后，需要拆解、运输。需要分两部分运输，像盾体、主驱动、刀盘中心块、拼装机、管片吊机、箱涵吊机、行走梁等超宽、超高、超重且无法分解的部件，或通过航运，或通过特种运输车辆运输，其他小的部件则通过陆运陆续运抵工程现场。

他被分到掘进机研究设计院拼装机所。因为理论知识和实践有差异，一开始他什么都不懂，就跟着工程师从工地的服务做起。最开始他面对的是第一代土压平衡盾构机，这款盾构机在设计上多少有人性化不够和不合理的地方，他在维修服务过程中都感受到了。为了改进机器，工程师会根据现场情况进行调整，以便优化其性能。钟晴看在眼里记在心中，对盾构机渐渐有了认识和理解，也能慢慢地能画设计图了。

铁建重工想生产直径 8 米以上的大型盾构机，而生产这款盾构机需要真空吸盘，才能保证其安全系数，而真空吸盘当时还是“卡脖子”的一个部件。

“小钟，去长株潭城际铁路施工现场看看，他们买了一个国外的大型盾构机。”所长说。

钟晴赶到施工现场，询问了相关专家，也摸清楚了其设计原理，但就是不知道真空吸盘密封条的压紧方式。从外表看不出来，又不能将真空吸盘拆开，凭脑袋又想不出来，他只有通过邮件咨询国外的生产厂商。可人家只谈原理，一谈到敏感的地方，对方就转移话题了。

“要不咬牙买一个算了？”有人向研究设计院领导建言。

“其实真空吸盘的成本非常低，但人家就是要卖到一百多万，卡我们的脖子，我们拿他们无可奈何。”领导态度很坚决，“长痛不如短痛，我们已经被逼到悬崖边了，一定要咬牙攻关。”

有一天，一家公司的技术员给钟晴打来电话说：“我们要换密封条了，赶紧过来。”钟晴放下手中的活儿，赶紧奔赴施工现场。他通过手摸，感觉压紧密封条的方式，并结合跟外国专家的交谈，找感觉。

正巧，不久国内一个厂家到公司来交流，想卖给钟晴他们“管片”。听到“管片”，他眼前一亮。这不正是密封条压紧材料吗？他问那个厂家代表，能不能按他们的要求做出密封条来。那个厂家代表说，完全没问题。经过多次试验与磨合，密封条压紧方式得以掌握，铁建重工终于自己能够生产合格的真空吸盘了，并且真空度保持在95%以上，又轻便又好用。

2015年，上海一家地铁公司向全球招标采购盾构机。这家公司以前用的盾构机以国外为主，认为国外的既好用，性价比还高。让人意外的是，抱着试试看的心态参加投标的铁建重工，竟然中标了。

钟晴受命担任这款盾构机的总设计师。那年冬天，上海遇到了20年不遇的寒冷天气。正常工作时，盾构机不会出现问题，但如果停下来，就会受寒冷天气影响。盾构机液压泵好比人体的心脏，将液压油驱动到盾构机的各个位置，来带动机器运转。盾构机停止工作时，液压泵里的液压油在寒冷条件下会变得十分黏稠，从而损坏盾构机的液压泵和循环系统。于是，他们每天晚上都会给盾构机放水，以减少对盾构机的损伤。他们始终站在客户角度考虑问题。客户提出的任何问题，他们都第一时间及时解决。一开始还有投诉，后来不仅没有投诉了，还有很多人表达对他们的敬佩之情。

“客户不仅给我们集团写了感谢信，还发了锦旗。”钟晴说，“客户对我们，从最开始的不信任到信任，再发展成了现在的长期合作伙伴关系。”

钟晴还向我介绍说，2008 年，我国研发制造出了第一台具有自主知识产权的复合式土压平衡盾构机——中国中铁 1 号，突破了国外核心技术封锁。经过十多年的探索和研发，中国盾构技术渐渐走在了世界前列。

他还讲到这样一个故事：1997 年，我国斥资 6 亿多元购买德国维尔特公司两台敞开式隧道掘进机，用于西康铁路秦岭隧道建设。16 年后的 2013 年，国内企业反过来收购了德国维尔特公司硬岩掘进机及竖井钻机的知识产权和品牌使用权。

全球首台煤矿斜井双模式掘进机、全球首台永磁电机驱动盾构机……如今，在盾构机领域，“中国制造”已成为响当当的品牌，不仅满足了 90% 的国内市场需求，同时大规模开拓国际市场，占据全球六成以上市场份额。铁建重工等地下工程装备企业，研制了多种类型产品，攻克了多项“卡脖子”技术，完成了技术从跟跑到部分领跑、市场分额从配角到主角的历史性转变。

“地下蛟龙”，名副其实的大国重器，它正向梦想掘进。

当然，要真正向梦想掘进，从制造大国走向制造强国，市场、人才、科研缺一不可。

第二篇

永不止步的梦想

推动制造业高质量发展，核心是向科技创新要发展动力。

科技创新是制造业的活力源泉。只有不断探索新技术、提升产品质量、加强自主研发，实现自主创新，制造业企业才能在市场竞争中获得优势，实现长期稳定的高质量发展。

但创新之路曲折艰辛！

中国制造业仍存在创新能力不足的问题。除了受基础薄弱这个客观条件制约之外，还与我国经济的整体市场化水平不高从而竞争不够充分，以及科技市场不够发达与规范有关。由于竞争不够充分，企业缺乏技术创新的原动力；由于科技市场不够发达不够规范，特别是知识产权和技术专利得不到有效保护，从而抑制了企业技术创新的积极性，也极大地妨碍了科研机构和高等院校科技成果的市场化转换，造成了科研资源的较大浪费。

也会遇到“卡脖子”的难题。“卡脖子”并非新现象，而是从古至今国家间竞争与博弈的常见手段。纵观工业革命以来世界强国的崛起历程，大都经历过被领先强国“卡脖子”的问题。在第二次世界大战以后的新世界秩序下，传统的闭关自守、自给自足难以实现创新突破，野蛮的战争手段也不再是解决“卡脖子”问题的首选路径。要有效破解“卡脖子”技术难题，必须把科技创新摆在核心位置，特别是要夯实基础科学研究。这不仅要有“举国体制”的保障，更要有科学家、企业家和工匠们的长期奋斗、敢于创新，以及足够的耐心、恒心和决心。

在采访中，科技人员为了解决“卡脖子”问题，全心投入、忘我攻关的精神给我留下了深刻的印象。

大飞机梦

“C919-101架机状态正常，准备完毕，是否放飞？请指示。”机长请示。

“同意放飞！”指挥中心回道。

启动，滑行，机头昂起……C919飞机平稳利落地飞入云天。

2017年5月5日下午2点，上海浦东国际机场，全世界的目光聚焦在一架白蓝绿三色涂装的大型飞机上。我国拥有自主知识产权、具备国际水准的干线飞机C919在机场跑道准备起飞。

经过1小时20分钟的飞行，C919大型客机顺利降落，首飞圆满成功，中华民族百年的“大飞机梦”取得历史性的突破。

中国工程院院士、粉末冶金专家、中南大学原校长黄伯云也受邀赴上海参加C919首飞仪式。当C919冲上云霄那一刻，他的内心既震撼，又激动。

他深知，大型客机的研发和生产制造，是一个国家航空水平的重要标志，C919承载着几代中国人的航空梦，经过各方科技人的艰辛努力，才有今天的一飞冲天。相比欧洲的空客和美国的波音，C919虽然只是处于起步阶段，但却迈出了航空强国的第一步。

飞机刹车系统是飞机着陆制动的重要子系统，对飞机安全起飞、安全着陆起着重要的作用。刹车系统性能的好坏直接影响到飞机及机载人员的飞行安全。黄伯云正是C919飞机刹车系统研发团队的首领，他将具有自主制备技术知识产权的高性能碳 / 碳航空制动材料运用在了刹车片上。

高性能碳 / 碳复合材料看似不起眼，但它耐高温，质量轻，能让飞机刹车片的质量从 2.8 吨减小到 0.8 吨。对于航空领域而言，无论是作为导弹推进器材料，还是作为高超声速的飞行器装置材料，高性能碳 / 碳复合材料的重要性都不言而喻。

成功的背后，是黄伯云三十年如一日的坚持。

1945 年 11 月，黄伯云出生于湖南南县，农村的土壤和环境赋予了他吃苦耐劳、迎难而上的优良品性。他的求学生涯伴随着新中国的建立、发展，而这段壮阔的历史培育了黄伯云爱国爱党爱家的心。求学的过程让黄伯云深刻感受到新中国建立之初科技发展的落后！

19 岁时，他考入中南大学前身之一的中南矿冶学院冶金系，并在毕业后留校任教。因特殊时期无法完成正常的科研工作，工作被迫中断了十年之久。直到十一届三中全会拨乱反正后，工作才陆续重新开展，他才得以重新回到科研岗位进行研究工作。

然而，中断了十年之久的工作并不是说说就能恢复的。黄伯云带领团队靠着紧张的科研经费进行探索，却依旧以失败告终。翻阅外国文献也以“没有访问权限”或“不允许访问”为结局。黄伯云团队此时几乎陷入了“报国无门”的“绝境”。

焦急的黄伯云终于与款款而来的机会不期而遇。

1978 年，国家恢复了研究生考试。求知若渴的黄伯云最初参加了国内研究生的招生考试，后来听说国家鼓励报考国外访问学者，他又改为报考国外访问学者。

出国，第一要务是学英语。他已经三十多岁，从头开始学英语，可以想象会有多困难。他每天跑到岳麓山上喊、背单词，背诵《英语900 句》。当时孩子才一岁多，他就一只手摇摇篮，一只手拿英文书学习。

这年，他参加全国首批公派留学人员统一考试，并以全校第一名的优异成绩考取留学资格，顺利成为冶金部出国访问学者。

但真正出国则到了1980年。

彼时，随着改革开放的进一步推进，中国与国际间的交流日益增加，国家积极鼓励高校教师出国访问交流，将外国先进的技术和观念引进国内的高校科研中，黄伯云就是乘着这阵“东风”，前往美国进行学习交流的。

他是“文化大革命”后中国到爱荷华州立大学较早的一批学生。他压力很大，既因紧张的学习，也因对国家的使命感。他们那批留学生，经历了层层选拔，当时在国内都称得上优秀，都希望学到真本领，能在各自领域有所建树。

因为他是作为访问学者出国的，所以能一直跟着导师做研究。经过几个月的努力，他在研究上有了很大的进展，甚至解决了导师遇到的一些难题。

“跟着我读研究生吧！”一天，这位导师跟黄伯云说。

黄伯云有些惊讶。他心里明白，自己只读过两年本科，没有经过严格的专业的学习，现在马上要进入美国研究生的学习阶段，是相当困难的。

“我对你进行全面的资助，你完全不要考虑经济上的问题。”导师看他有些犹豫，立即鼓励他说。

“这是我求之不得的好机会，当然愿意！太感谢老师了！”黄伯云赶紧回答。

导师开心地笑了。而黄伯云则把自己的担忧悄悄地藏在内心深处，琢磨着如何把学习搞好。语言上、学习上，都存在较大困难，特别是学习上。他是学材料学的，《金属学》《金属物理》等中文版教材都还带有油印的，但仍有很多科目没有中文版教材。缺中文版教材，英语水平又不是很高，他学习上遇到的困难更大。

位错理论是一门很难学的课，也是他读研究生时考的第一门课。考完后，他把答案一对，发现问题很大，估算只能打 50 多分，心里非常紧张。

当试卷发下来时，他一看只有 61 分。他以为 61 分算不及格，因为在美国评分实行 ABC 分档，一般来说，要拿到平均 B，也要 70 多分，61 分估计是一个 C。那就意味着，他要用别的课程分数来补上这门课，因为至少是 B+ 才能拿到奖学金。如果达不到这个平均成绩，他就拿不到奖学金，拿不到奖学金，就意味着他要被赶回国。

问题很严重，黄伯云压力巨大。

他认真看了一遍试卷，发现有些地方还是可以再加点分回来的。于是，他拿着试卷去找老师。位错理论课的老师是个德国人，他虽然要求严格，但对中国学生非常友好。

“老师，您看这道题，我认为是对的。”黄伯云说。

“你做得有道理，思路也还是对的，还应该加上 7 分才对。”老师看了试卷后，微笑着说，“学习就需要你这种认真严谨的精神。”

“老师，我的成绩在班上是个什么样子？”黄伯云还是有些担心，便弱弱地问老师。

“你是第一名。”老师竖起大拇指说。

黄伯云脸上露出笑容来，心也就放下来了。他的精神开始放松了，学习状态也越来越好，后面的课程也就越学越好了。

爱荷华州的冬天异常寒冷，最低温度达到零下 40 摄氏度左右。因为投入，黄伯云忘记了周末和节假日，一头扎在实验室里。

1980 年圣诞节，是黄伯云在美国过的第一个圣诞节。老师和同学早已离开实验楼，欢快地过圣诞节去了，唯独他在坚守。

深夜 11 点多，系主任来实验楼拿东西，看到大楼里还有一个地方亮着灯光，便过去看个究竟。看到黄伯云一个人在认真地做着实验，系主任惊讶地对他说：“圣诞节你还在这里做实验，太令人感动了！”系主任还对他说：“你今后有什么事，或者有什么困难就来找我。”

这是被黄伯云感动的第一个美国人。

但这位系主任不知道，在黄伯云心里没有圣诞节的概念，只有中国过年的概念。他不知道那天是圣诞节，就和往常一样去了实验室。

后来，这位系主任只要碰到黄伯云，就会关切地问道：“有什么需要我帮助的？”甚至还给他安排了一间办公室，这是只有学校教授才能享受的待遇。

在爱荷华州立大学学习期间，黄伯云从来就没有节假日，每天都学习到深夜。他时刻想到自己是一个中国人，要做得不好，做得比别人差，丢脸的不是自己一个人，而是中国人。他不只是代表自己，还代表着一个国家、一个民族。

快毕业做博士学位答辩的前一天，他工作到深夜两点多。他所在的是材料系，要到另一栋楼——计算中心大楼去取资料。

当时下起了大雨，他没带伞，没办法，只得找了一张旧报纸，顶在头上。刚跑出门大概 200 米，三辆警车警灯全部打开，警察跑下来就要抓他。他们把黄伯云当成偷计算机的小偷了。

黄伯云告诉警察自己是去取东西，并带着一个警察一起过去。当管理人员把黄伯云信箱里的东西给他后，警察不仅相信了他，还很受感动，并坚持要开警车送他回家。

这是被黄伯云感动的第二个美国人。

经过六年的努力，黄伯云顺利完成了硕士和博士学位学习，并被邀请到美国著名的“橡树岭国家实验室”和田纳西大学从事博士后研究工作。特别是“橡树岭国家实验室”，不仅成果丰硕，而且在美国极负盛名，是许多科研人员梦寐以求的地方。

黄伯云在田纳西大学两年的博士后研究工作完成后，便面临一个选择：回不回国？

当时他已经发表了十多篇有重大影响的学术论文，得到美、法、日等国科学家的高度评价，也收到了很多研究单位的邀请。留下来，美国有很好的研究条件，工资也高得多。

他还面临另一个难题：小孩在美国上学已经五年多了，中文基本上忘记了，回国以后读书怎么办？

他还是决定回国，回到中南工业大学（后并入中南大学）。他觉得，国家在那么困难的条件下送他们出去，是让他们去留学，希望他们学成归国，不是让他们“学留”，学完留下来，留在美国。

1988 年 9 月，黄伯云携妻带女回到中国，回到中南工业大学担任一名普通的教师。

归国后，他不是很顺利。他住在西苑，买东西要到左家垅，这个路程也不近。去的时候无所谓，但回来时却很麻烦，因为他要买锅、买扫把、买拖把，把这些东西带回家可是难事。在美国，他有两辆汽车，归国后由于条件有限他只有两辆自行车。他骑一辆上班，女儿骑一辆上学。买完东西后，自行车前面挂一个锅，后面挂一个拖把。

科研经费明显不足，但这并没有成为黄伯云科研路上的障碍。他把目标对准了航空领域中飞机制动系统材料方面的研究。当时，中国大量进口飞机，但维修时部分零件却配置不齐，国内没有生产技术，唯有“拆东墙，补西墙”，从其他飞机身上替换零件。同时，对于飞机而言重中之重的配件——刹车片，一直处于西方发达国家的技术垄断之中。

黄伯云决定带领团队投入碳 / 碳复合材料的研究。以前研究飞机刹车材料，是研究金属基的。而金属基是要被淘汰的，要变成新一代碳 / 碳复合材料，因为这种材料质量好、重量轻、寿命长，但风险也大。

国家已经投入了很多钱进行改善却没有成果。很多人都劝他们放弃，但他们毅然决定进行研究。

1994 年，黄伯云来到俄罗斯一个航天展区参观。展区里面，那幅“俄罗斯卫星上天和登陆月球”的巨幅图画让他深受震撼。他了解到，相关单位就是搞碳 / 碳复合材料研究的，而碳 / 碳复合材料是用来做发动机材料、提供动力系统的，是用来制造火箭发动机动力系统的。俄罗斯之旅，坚定了他对碳 / 碳复合材料的研究决心。

为了加速研发过程，1997 年他专程跑到美国，参观学习美国碳 / 碳复合材料的研究现状。这次美国之旅，对他既震撼很大，也是他受到的一次耻辱教育。工厂接待了他们，还一起吃了饭，但就是不让他们进到车间，只在外面不足 20 平方米的地方让他们看了一下样品。

“一定要做出中国自己的碳 / 碳刹车材料！”黄伯云暗下决心。

回国后，他们加紧了研究，同时也向国家申请经费。国家相关部门经过全面的调研、评估，认为中南工业大学非常有实力，能够完成这个大任务。

2000 年进行工业性试验时，他们满怀希望。试验的周期经历将近一个月，但试验结果却是没有达到标准要求。他们压力巨大，但在困难面前，他们没有气馁。

随后的两年多，经过了数百次乃至数千次的失败后，黄伯云终于带领他的科研团队研发出了属于中国自己的“碳 / 碳航空刹车片”，并获得了中国民航的许可证。他们并没有借鉴西方的研发途径，而是走了一条独特的道路——产品不仅效能好，成本还低。一时之间中国不仅成为继美、英、法之后第四个能自主研发“碳 / 碳航空刹车片”的国家，而且因为我国的技术效能更高，也成为各国学习的对象。

2004 年，黄伯云团队研发的高性能碳 / 碳航空制动材料的制备技术，获得了国家技术发明一等奖，结束了该奖项连续 6 年空缺的历史。依托碳/碳复合材料核心技术，他们研制的高性能飞机机轮及刹车系统，为我国C919，进口波音、空客等大飞机和先进战机提供了成套制动部件。

黄伯云还带领他的团队突破传统粉末冶金摩擦材料存在的“稳定性差”和“重载耐磨损性差”等技术难题，研制的高性能粉末冶金飞机刹车材料，性能优于国外同类产品，为苏-27、图-154等系列战机和运输机提供了关键部件，获得了我国第一个由国外颁发的民用航空器零部件制造人批准书，并批量出口国外。

2017年，黄伯云团队在国际上率先研制出一种耐3000℃烧蚀的新型复合材料……

一个院士和他的碳/碳航空刹车片，为翱翔蓝天的飞机筑起了一道生命的安全屏障。制造业的发展，既离不开大国工匠的奋斗，也离不开科学家的支持，只有让科学家精神和企业家精神结合在一起，才能真正推进制造业高质量发展。

让神话走进现实

夜观北斗，便晓东南。

自古以来，天上北斗七星就被赋予了司南功能，用以指方向、辨四季、定时刻。

而人间“北斗”，乃大国重器也。

2021年9月16日，首届北斗规模应用国际峰会在长沙开幕，主题为“北斗服务世界，应用赋能未来”。

这次峰会是北斗三号全球卫星导航系统正式开通以来，我国举办的首个以“北斗规模应用”为主题的重大国际性活动，对于推进北斗规模应用市场化产业化国际化深入发展、推动构建人类命运共同体意义重大。

峰会设置开幕式、主论坛，以及重点行业、重点企业、重点区域和创新融合等四个专题论坛，并设置了北斗规模应用成果展览，充分展示北斗规模应用的最新成果，全面搭建北斗发展政策发布平台、应用成果展示平台、创新实践交流平台。

在峰会主论坛上，政产学研用各界大咖齐聚，共商北斗产业规模发展新未来。

“交通运输行业是北斗最大的民用用户之一。人和物有目的地发生空间位移，点多、线长、面广、移动性强，这时，北斗系统提供的定位导航和通讯功能就能发挥极大作用。”中国交通通信信息中心主任徐鹏展直言。

“北斗应用在农村，同样有广阔天地。全国已累计建设了 9 个农业示范省、100 个数字农业试点项目，安排 30 万台农机安装北斗系统，拓展北斗在农业农村领域的应用。”农业农村部大数据发展中心主任韩旭说。

应急管理部国家自然灾害防治研究院总工程师申旭辉认为：“利用北斗技术，可以研发多灾种监测预警技术，构建全国多灾种监测预警云平台，还可研发基于‘北斗 +’和‘+ 北斗’的自然灾害监测预警和应急救援装备体系等。”

中国工程院院士刘经南则认为：“5G+ 北斗是智能时代不可或缺的基础设施，是赋能技术和行业的时空智能的基础设施。”

…………

峰会上，关于北斗应用的热烈的主题讨论、丰富的成果展览无一不启示人们，一个无限可能的北斗产业发展新未来正徐徐打开。

北斗看似离我们很远，其实其提供的服务就在我们身边。从共享单车的使用，到地质灾害的预警、无人驾驶汽车的定位等，都离不开北斗给我们提供的定位系统。

自2020年7月北斗三号全球卫星导航系统正式开通以来，北斗系统在全球一半以上国家和地区推广使用，系统持续稳定运行，能提供定位导航授时、全球短报文、国际搜救等7种服务，服务性能世界领先。

北斗系统发展稳健、性能领先，湖南功不可没。

湖南是我国北斗技术创新的核心策源地，也是北斗创新应用的示范区。省委、省政府高度重视北斗规模应用，积极布局北斗产业发展，从2016年开始就将包括北斗在内的航空航天产业链纳入全省工业新兴优势产业链进行重点建设。

湖南加快北斗领域创新链、产业链、人才链、政策链等的深度融合，成功打造了全国首个北斗开放实验室等国家级卫星导航技术创新平台，培育了中电软件园等北斗领域特色园区，孵化了一批“专精特新”北斗领域科技企业，初步形成覆盖上中下游的完整产业链。2020年，全省北斗产业规模超100亿元，增长25%以上。

其实，早在1994年我国正式启动北斗卫星导航系统建设时，北斗与湖南的这份“姻缘”便已结下。

就在北斗导航工程立项启动不久，一个不速之客——信号“快捕精跟”问题就冷不丁跳出来，严严实实地堵住了北斗一号的工程进展。能否实现对信号的“快捕精跟”，将成为决定北斗一号整体性能甚至左右整个工程进展的关键。

正当北斗工程建设受阻之际，刚刚完成一项重大国防科研任务的长沙某研究院电子技术系青年教员雍博士前往北京调研。当他得知我国北斗卫星导航定位工程启动的消息时，激动万分。

“北斗卫星导航定位工程启动了！”雍博士回到院里，把这一令人振奋的消息告诉其他几名在读博士研究生，大家抑不住热血沸腾。北斗导航工程，这是国家强盛、民族振兴之举，也是学科发展的大好机会，更是青年学子千载难逢的科研创新、建功立业的大平台啊！他们决心抓住这个机遇，融入工程，为国家信息化建设作出贡献。

不久，有关部门组织召开北斗工程建设“诸葛亮会”，正在攻读博士研究生的王博士应邀与会。在参观试验场时，工作人员兴高采烈地向专家们介绍多年艰苦探索取得的丰硕成果。王博士一边听着讲解，一边飞速转动大脑，思考着北斗工程的核心技术问题——信号“快捕精跟”。

“这一关键核心技术解决了吗？又是如何解决的？”王博士一直期待着讲解员介绍这项技术，可直到参观考察结束，讲解员对它仍只字未提。即将离开试验场时，王博士终于忍不住把讲解员拉到一边，悄声问道：“信号的‘快捕精跟’，你们是如何解决的？”

“这个……”讲解员脸上的茫然，让王博士眼前一亮：解决这个制约北斗工程的瓶颈，不正是跻身北斗导航系统建设行列最直接的通道吗？

王博士回来后，向郭教授汇报了自己的想法，得到了郭教授和单位领导的肯定与支持。他们立刻前往有关部门请战。自然，请战成功，他们成为北斗科研团队的增援力量。

在深入调研的基础上，该研究院北斗团队将新兴的计算机技术引入卫星信号处理领域，提出全数字信号处理技术这一崭新的技术路线。郭教授仔细审查了他们的技术论证报告，轻轻地点了点头：“从理论论证角度看，这一技术路线可行。”在仿真试验取得理想效果后，王博士、雍博士等几名年轻人，斗胆联名给“双星定位”理论开创者陈芳允写信，提出了崭新的技术路线方案。陈芳允在办公室读完信和论证报告后，脸上浮现淡淡的笑容，轻轻靠向椅背，紧皱的眉宇渐渐舒展开来。

他的眉眼已经很久没像这样舒展过了。

不久，有关部门组织“快捕精跟”立项论证会，八十高龄的陈芳允亲自主持立项仪式。

由于他们采用的是最新的技术路线，堪称世界首创，大家心里都有些没底。因此，立项表决时，只有少数几名专家表示支持，其他大部分专家都持保留态度。难以决断之时，陈芳允一锤定音：“我支持这个方案，我相信他们一定能够解决这个久拖不决的问题，实现‘快捕精跟’，为北斗工程扫清障碍！”

陈芳允拿起签字笔，郑重地在研制方案报告上写下了自己的名字。

王博士他们高高兴兴地回来了，踏踏实实地睡了几个好觉。自从瞄上北斗“快捕精跟”技术，他们就几乎没有睡过一个安稳觉。

可是，接下来他们遇到了一个大难题：科研经费的问题。“快捕精跟”技术设备使用方提出，研制原理样机的120万经费要风险同担。所谓“风险同担”，就是研制单位先拨60万，另外60万由该研究院垫付，待设备研制成功后，使用单位再支付。

他们向领导庄教授报告了这一情况。庄教授在高科技前沿阵地上坚守了十几年，完成或参与科研项目十几个，要求“风险同担”的项目他还是头一回遇到。不过，仔细想想，人家这样要求似乎也在情理之中。“快捕精跟”和全数字信号处理，是世界导航领域刚刚发现的奇峰，而该研究院的几名年轻人，一迈脚就直接上工程，能行吗？反过来一想，风险同担给人压力，也能催人奋进。

继续还是放弃？庄教授低头在办公室里踱了一阵，然后注视着几名年轻人，神情肃然地问：“你们是项目骨干，你们什么意见？”

“这——”几名年轻人你看看我，我看看你，然后都望着庄教授。他们用目光告诉他，他们不愿放弃，他们很想干。

是啊，如果为了四平八稳，不担风险，而与北斗工程失之交臂，别说年轻人不乐意，他庄教授也不会答应！

几天后，该研究院北斗团队正式拉开了“快捕精跟”关键技术攻坚的序幕。

7月的长沙，骄阳似火。但他们忘了寒暑，埋头在实验室里忙碌。闷得满头大汗，全身都湿透了，就跑到水龙头底下冲个凉水澡。在三伏天里，他们几乎每天要冲四五次澡。

把所有节假日都搭进去了，他们觉得科研进度依然太慢。每天加班到深夜，他们依然觉得工作进展还是不够快。为把往返食堂的时间省下来，他们把一箱箱方便面搬进实验室，肚子饿了就泡一包。但依靠方便面充饥，长此以往身体会扛不住，于是他们商定每周到校外改善一次伙食，给肠胃添些油水。可每次到饭店吃饭，他们都要等几十分钟才能吃上菜，又觉得这样太浪费时间。大家一商量，就把吃炒菜改为吃蒸菜。全是现成的，到了就吃，吃了就走，不耽误事。

做出工程样机后，紧张的测试接踵而至。这期间，他们扛着仪器设备来回奔波于石家庄、北京等地，不是在试验场上忙碌，就是在路上奔波。

终于有一天，显示器上的脉冲信号快乐地闪耀起来，不仅成功捕获了信号，而且达到了“快捕精跟”的性能指标。紧接着，他们又于1998年春节后，走进北斗一号系统联调大厅，打响了“快捕精跟”技术攻坚第二次战役——系统联调。和他们一块儿来到这里的，除了庞大的“快捕精跟”设备，还有行军床、军用被、洗漱用具、速冻饺子、方便面和一箱速溶咖啡。

从此，这里就成了他们全天候、全时段坚守的攻关阵地，几个人忙得像陀螺，整日在设备与测试台之间转来转去。饿了就泡包方便面，或煮上一锅速冻饺子；累得眼皮子都撑不开时，就泡上一杯浓咖啡提提神，直到实在坚持不住时，才打开行军床……他们几乎每天都要工作二十个小时左右。

1998年5月，他们终于迎来苦尽甘来的日子：测试得到的第一批“快捕精跟”数据，效果远远超出了大家的期望值。

“效果这么好，太令人兴奋了！”陈芳允听到报告后，忍不住拍手称赞。

北斗“快捕精跟”技术设备，先后获全军科技进步一等奖、国家科技进步二等奖。

北斗一号导航系统建设进入收官阶段时，“北斗终端小型化”项目依然没有完成。总师组明确要求：项目必须在一年内完成！确保终端各项性能指标只升不降的情况下，其体积要与国际通用终端相当！在很多人眼里，就当时中国的工艺、元器件水平，这“比登天还难”。截至投标日期，放标单位虽然收到了12份竞标书，但绝大部分标书都对性能指标或体积要求打了折扣。

刚刚攻克“快捕精跟”的北斗团队，又赫然出现在竞标行列里，而且是唯一敢拍着胸脯说“一年时间、指标不减、大小与GPS终端机相当”的团队。人们都用异样的目光瞪着几名年轻人，悄悄议论说：“他们是疯了吗？”

大家确实有足够理由认为他们“疯了”。原来的研制单位，在该领域是“大哥大”，集中了一批行业顶尖专家，研制设备在国内数一数二，他们连续攻关五六年，耗尽脑子、想尽办法，都没有实现“小型化”。你们几个毛头小伙，还想“一年时间搞出与GPS相当的终端机”？你们能跟人家GPS比吗？你们想一年走完别人几年走完的路，弄出和别人一样的终端机，这不是“疯人疯语”是什么？

对此，他们似乎一点也不气恼。他们也常说自己是“疯子”，以“狂人”自居，做事情都有一颗“熊心豹子胆”。他们常这样问自己：“别人做不成的事，我为什么也做不成？”别人说他们不行的时候，他们越是要证明自己行！他们最想干的是那些充满挑战的大事，他们最不齿的是那些只为了赚钱的小事！谁见过说自己是疯子的“疯子”？虽然从某种程度上说，科学是“狂人”的事业，但来不得半句“诳语”。他们之所以敢说那些“疯人疯语”，其实是有着足够底气的。

招标会一开始，他们的研制方案就被推到了风口浪尖，激起一片异议。

“北斗一号地球同步轨道卫星，位于距离地球36000公里的高空，要求终端机功率非常强大，手持机这么小，能达到功率要求吗？”

“整个导航系统的定位、导航、通信、指挥调度、监收功能、校时、地图功能、扩展功能等方方面面，都需要体现在终端机上，一个小小的手持机能容下吗？”

…………

面对一片质疑、一致反对，他们依然把胸脯拍得咚咚响：“标书上写的什么，我们保证做到什么！”

有人说：“你们拿什么保证？”

他们说：“我们已经掌握了终端机小型化关键技术！”

大家有所不知，在“快捕精跟”技术项目进入最后攻坚阶段后，他们并没有喘一口气，松弛一下紧绷了几年的神经，备上鞭炮和彩旗，去迎接成功的喜悦，而是用一只眼睛盯着项目的最后测试联调，另一只眼睛瞄上了这个北斗一号终端机。

看了他们展示的终端机基本电路、关键数据测试结果，大家沉默了。这时，招标主持人注视着眼前的年轻人：“你们保证与GPS终端一般大小？”

“我们保证！”

“你们保证性能指标只升不降？”

“我们保证！”

“你们保证应用模块一块不少？”

“我们保证！”

“你们保证一年时间一天不拖？”

“我们保证！”

主持人微微点了点头，征询左右专家评委们意见说：“那我们表决吧？”

开始一致反对的专家评委们，一致举手通过了他们的研制方案。他们毫无悬念地拿到了北斗一号手持机项目。

单位和领导为强化手持机项目攻关力量，特意从兄弟科研创新团队抽调了一批学术底蕴厚实、科研经验丰富的科研骨干，加强到北斗团队。强大的攻坚力量、密切的合作，确保了项目研制稳步快速推进。团队相继攻克设备小型化、模块化、集成一体化等关键技术，拿出了工程样机，只需前往北京完成现场测试，便可进行批量生产了。

哪知大功即将告成之时，那场令人谈虎色变的“非典”席卷而来，北京忽然成为“重疫区”，人们唯恐避之不及，纷纷向外地撤离疏散。是立刻前往北京现地测试，还是等非典疫情过去再进京？选择后者，安全稳妥。但谁知非典疫情何时了？须知北斗一号终端小型化项目最后期限只有一个月了。他们选择了前者，带上终端工程样机和有关资料，与北上抗击非典的医疗战士一起，迎着南下逃避疫情的滚滚人流，逆行到北京展开手持终端机性能测试工作。在他们心目中，承诺一年就是一年，哪怕是牺牲生命也必须兑现庄严的承诺！

此时的北京，学校休学、工厂停工、商店歇业，人们关门闭户躲避非典病毒。他们却迎着料峭的春寒、漫天飞扬的柳絮，每天在野外工作十几个小时。非典疫情肆虐一个月后终于消散了。他们也圆满完成测试工作，迎来了有关部门组织的专家验收。专家们经过阅读资料、参观现场演示、反复体验使用，认为该产品是一款功能强大的北斗一代地面应用终端。

技术指标，超过合同要求！

北斗二号首星发射惊心动魄，但对于充满磨难与坎坷的北斗导航系统建设来说，仅仅是个序曲。北斗二号首星进入轨道不久，太空突然跳出“魔王”，再次挡住了北斗的去路：卫星在某一区域遭遇大功率复杂电磁干扰，信号接收率大大降低，经多次故障归零，问题始终无法解决。虽然北斗卫星设计了抗干扰措施，但没想到干扰强度如此巨大，这个问题如果不能及时解决，天上的北斗导航卫星则形同虚设，即将组网的其余卫星发射计划将被无限期推迟。

该研究院北斗团队再次临危受命，担当攻关重任。欧博士代表团队前往北京受领任务，正准备汇报团队攻坚思路时，领导示意道：“方案就先别说了，你先回答几个问题。”

欧博士合上文件夹，应道：“是！”

“信号频率不能变，下颗卫星发射计划更不能变，卫星抗干扰指标不仅要提升，而且还要提升到完全把干扰压制住，你们能不能做到？”

“能！我们一定能！”

“这，可是要立军令状的。”

“我们立军令状！三个月，保证一天不延！”

团队领导班子决定，全中心其他所有项目都停下来，中心所有人员聚力攻克“太空魔王”，并对大家提了一个严苛的要求：“每个人的工作必须环环相扣，做到万无一失，绝不允许出现任何纰漏！”

“不允许出错，谁能保证？这有可能吗？”大家一下子炸了锅。

“不能保证，也得保证！”团队领导班子说，“这个任务一开始就是倒计时，一天的富余量都没有。出现差错就要反复，任务就无法按时完成！在非常任务面前，在非常时刻，我们必须采取非常举措，把‘不可能’变为‘可能’！”

大家一下子安静下来，然后默默离开会议室，开始背水一战。饿了，吃盒饭；困了，在沙发上躺一下，爬起来接着干。每个人都像打仗一样，严格按时间节点，无差错、高质量地推进任务进程。

团队以惊人的毅力、超凡的付出，兑现了自己的庄严承诺——规定时间三个月，他们只用了70天！

经测试，他们研制的抗干扰卫星载荷，性能指标比原来方案大幅提高！

在成果验收会上，大系统总师孙家栋院士向他们竖起大拇指：“你们临危受命，关键时刻敢于亮剑，又打了一个漂亮的攻坚战，不愧是‘李云龙式’的攻坚团队！”

成功研制出全数字快捕和信号接收系统，一举打破了国外在这一核心技术上的垄断与封锁，为北斗“破圈”突进打下坚实基础。这些故事，无不让人肃然起敬，而让我无比敬仰的，是我们湖南的这个团队。敢为天下先的湖湘基因，让他们拥有深入骨髓的求新信念，驱使其不断向着科学研究的前沿阵地、学术洼地、创新高地进军。

采访中我了解到，很多参与工程开创阶段的科研人员，早已白发苍苍，但他们在建设北斗系统过程中孕育出来的“自主创新、开放融合、万众一心、追求卓越”的新时代北斗精神，已成为“两弹一星”精神、载人航天精神的血脉赓续，不断激励着新时代北斗人继续前行。

2012年，北斗导航正式运行，向亚太地区提供服务。紧随其后的是，湖南于2013年12月16日正式启动湖南省北斗卫星导航应用示范工程……

此刻，我想到了2022年8月5日上午的一幕。

那天上午10时，中共湖南省委在长沙举行“中国这十年·湖南”主题新闻发布会。省主要领导介绍有关情况并答记者问。省领导在回答记者提问时，引用了四句诗词展现了湖南这十年先进制造业发展的成效。

“可上九天揽月”：湖南是北斗卫星导航原创技术策源地。

“坐地日行八万里”：湖南是国内轨道交通最大的研发生产和出口基地。

“乌蒙磅礴走泥丸”：湖南长沙号称工程机械之都，中联重科、三一重工、山河智能等工程机械企业的产品，“忙碌”于各类超级工程。

“可下五洋捉鳖”：湖南涌现出“海牛”深海钻机、“鲲龙2000”采矿车等一批世界领先成果。

神话正在变为现实！

中国科研创新的力量不仅深刻影响着中国的经济与社会发展，对世界的发展也多有影响。中国科研创新走出国门、影响世界与中国持续深入进行改革开放，加入世界贸易组织，融入全球市场大有关系。

世界贸易组织是一个以自由贸易为原则的国际组织，其前身是美国在“二战”后牵头组建的关税及贸易总协定组织。第二次世界大战结束后，美国极力推行由其主导的自由贸易国际经济新秩序，国民政府与美国签订的《中美友好通商航海条约》即其最初的成果之一。1947年，包括中国在内的23个国家签署了《关税及贸易总协定》，但1950年美国政府宣布不再寻求国会批准成立正式的自由贸易组织，故《关税及贸易总协定》一直以临时适用的形式存在下来。而随着中国政局的鼎革，在美国施压下，台湾当局也于1950年因非法盗用“中国”名义退出了关税及贸易总协定组织。1995年1月1日，世界贸易组织正式开始运作，并从1996年1月1日起取代了关税及贸易总协定组织。

改革开放后，中国重构工业化战略，世界市场变得异常重要。早在1986年7月10日，中国即向关税及贸易总协定组织递交了要求恢复缔约方地位的书面请求。2001 年，中国经过 15 年的艰苦谈判，从恢复“关贸总协定”缔约方地位，谈到重新加入世界贸易组织，在做出若干重大让步的承诺下，正式加入世界贸易组织。中国的加入，既是中国更全面地融入世界市场、在更深程度上参与经济全球化的机遇，同时也面临直接与世界强手竞争、在竞争中被打垮还是在竞争中提高自身的严峻挑战。后来的事实证明，中国产业、中国企业经受住了考验。

中国成为世界贸易的新玩家，中国制造开始席卷全球。

翻开这段历史，我惊喜地看到：自从加入世界贸易组织后，中国出口额占国内生产总值的比重逐年走高，直到 2008 年世界金融危机爆发后才有所改变。特别是中国先进制造业，也随之崭露头角，走向世界。在技术引进与自主创新的基础上，中国的核电装备制造能力进一步增强；一些企业开始涉足风电等新能源领域的装备制造；钢铁工业产能逐年上升，2006 年中国钢产量为 41787 万吨，排名世界第一，并带动了中国工程机械工业的发展，一批企业乘势崛起。国企、军工体系加快改革步伐，焕发出新的生机。

更有考验。尽管中国已经成为向全球市场大量供应工业制成品的世界工厂，但不得不承认的是，中国工业经济在世界体系的产业链分工结构中，却并不占据高端地位。我翻开了时任《中国工业报》总编辑杨青在 2005 年 9 月 8 日发表的一篇评论文章，她在文章中指出，在发达国家跨国公司的布局下，中国作为世界工厂面临诸多问题：“技术……很少有从合资及对方控股企业中，拿到核心技术的成功案例。而跨国公司在中国设立的研发中心，也是在其全球版图中的一个附属，以实用型开发为主。资金——一个世界 500 强控股 85% 的合资企业，某年在华营业额 30 多个亿，在地方上税 500 万元人民币；它控股一家国企 51% 股权一年余，却一分钱也没掏过。沿海某市走在招商引资的前列，三资企业占 GDP 的 90%，而仅剩 10% 的国企是地方税收

60% 的来源。”杨青道出了跨国资本利用自身比较优势和中国的政策缺陷，试图将中国工业锁定在低端轨道上的事实。

就在同一时间，中国出现了本国优秀企业纷纷被外资购入囊中的现象。外资并购中国优秀企业，具有消灭竞争对手与垄断中国市场等多重图谋。但是，由于中国工业化程度较低，一些行业基本就靠少量优秀企业在支撑，因此，外资的并购看似市场自由行为，实则损害了中国的国家工业化能力。

“中国 2004 年 GDP 居世界第六位，但世界 100 个名牌没有一个是来自中国的。从结果看，我国早年提出的‘以市场换技术’正走向反面，没有技术、专利、版权和品牌的中国只能是‘加工车间’。”2005 年时，有识之士呼吁中国不能迷失在世界工厂的美梦中。

“虽然在一些战略性产业领域，外国公司受到严格准入限制，但纵观中国商业系统，跨国公司在很大一部分行业中都得以迅速扩大投资、就业和销售，占据行业内关键地位。”英国学者彼得·诺兰一针见血地指出。

而当外资在中国市场上长驱直入时，国外一些具有战略意义的先进技术却仍对中国保持封锁。2007 年 7 月 13 日，英国《金融时报》发布了新闻《山崎的“中国梦”》，开头便写道：“对于山崎智久而言，这几乎是一个荣耀：日本政府监管机构不允许他的公司在中国制造最精密的机床，担心这些机床可能被中国用于生产核武器或其他高科技武器。日本当局的这种担忧，突显出山崎家族企业制造的金属切割设备的精度。当局的担忧与美国为首的国际努力相关，意在严格控制具有军事用途的机器设备的流向。”事实上，山崎家族的机床企业山崎马扎克，原本在宁夏银川办有一家合资企业，但后来将其独资化了。山崎马扎克是世界上技术最先进的机床企业之一，但在地缘政治的约束下，它不可能向中国提供一流的技术，也不可能在中国投资制造一流产品，中国作为世界工厂在世界体系中的实际地位，由此得到了很直观的体现。

出路在何方？

自主创新！

2003 年 10 月 15 日 9 时，中国自主研制的神舟五号载人飞船在酒泉卫星发射中心用长征二号 F 型运载火箭发射升空，将中国航天员杨利伟成功送上太空。10 月 16 日 6 时 23 分，经过绕地 14 圈飞行，杨利伟乘坐神舟五号飞船返回舱安全着陆。

“同‘两弹一星’的研制一样，载人航天工程也是靠自力更生起步，并在自主创新中发展的。广大科技工作者在继承现有成熟技术的基础上，既积极学习、消化、吸收国外先进技术，又大胆探索和创新，攻克了一项又一项系统级关键技术难题，突破了一大批具有自主知识产权的核心技术和生产性关键技术，不仅使我国在一些重要技术领域达到了世界先进水平，还锻炼和培养出了一大批能够站在世界科技前沿、勇于创新的高素质人才，为我国航天事业实现新的突破积蓄了强大发展后劲。实践告诉我们，对影响国家发展和安全战略全局的尖端科技，必须主要依靠自己的努力来取得突破，这样才能牢牢掌握推动经济社会发展和科技发展战略主动。”这年 11 月 7 日，时任中共中央总书记、国家主席胡锦涛在庆祝中国首次载人航天飞行圆满成功大会上的讲话，对自主创新内涵与意义进行了深刻诠释。

随着中国的工业化战略越来越强调自主创新，一大批中国工业企业，特别是先进制造业企业脱颖而出，在世界市场上与发达国家的企业巨头们同台竞争，推动着中国工业向世界体系的更高层级攀升。

创新开放的湖南面对新的机遇与挑战，敢于突破自我，变革更新。在这场工业变革的洪流中，湖南企业勇立潮头。

从改革开放初期引进第一家外资企业粤湘强丰有限公司为起点，

20 世纪 90 年代湖南实际吸收外商直接投资规模迅速扩大，2001 年中国加入世界贸易组织后，湖南工业开始迈出资源配置全球化、生产布局全球化、市场网络全球化的坚实步伐，湘企足迹遍及全球，湖南利用外资规模更是成倍增长。

湖南制造业从此进入了第一个蓬勃发展期。三一重工、中联重科、山河智能、铁建重工、星邦智能、五新隧装等工程机械企业率先站出来，形成了“走出去、走得稳、走得快”的良好格局，并产生了第一次裂变效应，带动上下游配套产业中的小巨人和隐形冠军们共同发育。

2010 年 4 月，中联重科携 CIFA 子品牌整体亮相德国宝马展，入驻展会核心展区，首次与国际顶尖品牌同台比拼。也是这一年，工程机械成为湖南首个千亿产业集群，首次超过江苏、广东，坐上全国工程机械行业头把交椅。

我来到长沙高新区，穿梭在工厂之间，想找到它们与中国加入世界贸易组织之间的某种内在联系。

“中国加入 WTO（世界贸易组织）后，最大的影响是什么？”我问湖南湘江新区（长沙高新区）党工委委员、管委会副主任郭力夫。

58 岁的郭力夫，湖南汉寿人，毕业于西北工业大学，常年在工业系统工作，既当过工厂技术员、副厂长、工程师，也当过县工业局局长、经开区党工委书记、管委会主任等职，对中国加入 WTO 后的变化，有着深刻的感受。

“加入 WTO，就等于加入了世界竞争。”郭力夫说，“加入 WTO 前，不少人曾怀疑，中国能不能经受得住这场开放以后国际大市场竞争的考验。21 年过去了，中国不仅按协议全部履行完加入世贸组织的承诺，而且开放的大门越开越大。”

“对长沙高新区有何影响和促进？”

“加入WTO，让我们明白，只有将长沙高新区打造成科技创新高地、先进制造业高地、改革开放的高地，长沙高新区在国内与国际上才有一席之地。”郭力夫说，“政策是改革开放，方法是科技创新，目的是打造成先进制造业高地。没有科技创新，就不可能有先进制造业高地，所以长沙高新区把科技创新摆在首位，也是我们三个高地中最核心的问题。所以我们提出，要创建世界有影响力的高科技园区。”

“怎样创建呢？”

“一是打造先进的有世界影响力的产业集群，二是打造有世界影响力的产业，三是打造生物芯片，四是促进功率半导体及集成电路发展。”郭力夫胸有成竹，侃侃而谈，“我们还有几张王牌，比如北斗。虽然北斗具有全国性，也具有世界性，但起源在我们这里，我们借此全面推动航空航天产业链发展，并成为国家8个北斗产业重点城市之一。”

湘江新区（长沙高新区）科技创新和产业促进局党组成员黄婷，在高新区工作了近20年，她对加入WTO后高新区的发展，也有着自己独到见解：“以前高新区是老三样，土地、招商、政策；后来变成了新三样，技术、人才、资本。科技创新是高新区的核心，更是它的生命。”

她还有一个深刻的感受，那就是科技创新的举国体制，或者说举国体制对科技创新的重要性。科技创新举国体制是依托于社会主义制度的优势——发挥政府集中决策和主导推动作用，面向国家重大科技创新任务需求，动员国家战略科技力量和稀缺资源向目标领域配置，并开展组织化协同攻关的一种制度安排；同时，也是中国实施重大科技和工程创新的重要组织方式。回顾中国70多年科技攻关历程，举国体制一直贯穿其中，并在不同发展阶段呈现出不同的形式，担当着不同的历史使命。特别是改革开放以来，我国在“863”计划、高速铁路、大飞机、超级计算、北斗卫星导航、国产航母、探月工程等重大科技创新中，举国体制不断融入市场、开放等时代元素，实现了新的发展。

…………

钻向大洋深处

“可上九天揽月，可下五洋捉鳖，谈笑凯歌还。”

1927年10月，毛泽东率秋收起义部队来到井冈山，创建了中国第一个农村革命根据地——井冈山革命根据地，并开辟了“以农村包围城市，武装夺取政权”这一具有中国特色的革命道路，中国革命从此星火燎原，从胜利走向胜利。

1965年，这位70多岁的老人故地重游，举目环视莽莽苍苍的井冈山，感慨万千，兴奋之情溢于言表，创作了《水调歌头·重上井冈山》。诗词的字里行间，洋溢着革命者的浪漫主义情怀，飞扬着中华儿女的凌云壮志。

伟人的愿望，在今天都变为现实：北斗卫星“可上九天揽月”，“海牛”深海钻机“可下五洋捉鳖”。

海洋是生命的摇篮、资源的宝库、交通的命脉、战略的要地，一个国家的兴衰与海洋事业密不可分。

湖南地处中部内陆，不临海，但敢为人先的湖南人深谙海洋的价值，更不甘于被大海抛弃，而是意气风发地走向深蓝。

南海，湛蓝浩瀚。

在海南陵水海域，全球首座十万吨级深水半潜式生产储油平台——“深海一号”，如同一个超大型“巨无霸”傲然矗立在蓝海之上。

这个庞然大物建成的背后，有着被誉为“深海神兽”的“海牛Ⅱ号”

的功劳——海底地质复杂，正是“海牛”钻入深海勘探出最佳建造位置，让这个“巨无霸”在海风海浪中稳如磐石。

2021年4月7日晚，这只“神兽”又悄然下潜，游至南海2000米的水下，钻机成功下钻231米，保压取到了天然气水合物（可燃冰），不仅填补了我国海底钻深大于100米、具保压取芯功能的深海海底钻机装备的空白，也刷新了世界深海海底钻机的钻深纪录。

这意味着我国也具备了海洋资源全覆盖的勘探能力！

这只叫“海牛Ⅱ号”的“神兽”，是一个钢质构造的俯视图是八边形的物体，高7.6米，“腰围”10米，重12.5吨，水下重量10吨，是目前我国水下重量最重的地质勘探科考设备。它有3条可收放的“大长腿”，让自己在地形复杂的海底也能保持直立的姿态。到了海底，它就如同泥鳅一样灵活。

由金刚石和硬质合金等材料制成的钻头，如同“神兽”的犄角，位于最前端。科研人员设计了3种不同类型的钻头，既可取硬岩岩芯，也可取海底沉积物，还可进行原位探测。而这种多功能钻头，是“海牛”团队的首创，目前国外无此项技术。

它的身体里还嵌着78根钻杆，每根3米长，像左轮手枪的子弹一样排列着。工作时，通过圆盘旋转，机械手取杆上膛，把钻杆一根根钻进岩层，取到样品后，再一根根缩回到身体里。

它身上有上百个传感器，如同人的“眼睛”，靠着它们传送的信息，就可让钻头根据地层性状情况，快速自动判断并自适应调整钻进模式与参数，大幅提高了钻探效率、取芯率和取芯质量。

还给安装上了“大脑”。以前操作“海牛”，一个命令一个按键，需要好几个人不眠不休地守着；现在智能化了，按一个按键执行一套指令，一个人就可轻松操作。在钻孔取芯的同时，它还能干“兼职”：原位探测岩石的电阻率、孔隙率，给孔内周边岩石拍照等。

它“出生”在毛泽东的家乡——湘潭，由湖南科技大学海洋矿产资源探采装备与安全技术国家地方联合工程实验室主任万步炎教授领衔研发。那里不靠海，去港口乘船出海做海试，在高速公路上要跑一天。

4月里，湖南科技大学校园内一派春意盎然。个子不高，头发花白，笑容灿烂，话不高声。一见面，万步炎就像邻家大哥一样，讲述起他和“海牛”的故事来。

“从洞庭湖畔说起吧！”万步炎的思绪一下回到了家乡。

1964年，万步炎出生于华容县三封寺镇，父母都是孤儿，门上挂着“光荣烈属”的牌子。外公彭明早年参加红军，担任过湘鄂西苏维埃政府七县巡视员，1932年在洪湖作战中牺牲，年仅31岁。他只听叔外公讲过，外公闹革命被抓去坐牢，家里卖了田，用箩筐装了钱去赎人。因外公是烈士，幼时，万步炎家里每年有300公斤救济粮；大了，万步炎才明白，外公干革命不是为他自己，而是为了一种信念。很多年以后，他终于与从未谋面的外公心灵相通：一腔热血报效国家的信念，坚不可摧。

小时候，因为一本《新华字典》，他爱上了读书；因为一本《十万个为什么》，他爱上了科学，天天琢磨天上飞的东西。为了让妈妈从“鸡屁股”里抠几毛钱去供销社买书，他在地上打滚哭闹。他为亲戚们科普飞机为什么不会掉下来，卫星、火箭怎么上的天。他动手能力特别强，用废电池和手电筒里的灯泡，接上电线，点亮家里每间房。他自己做开关，做幻灯片，做玩具。

1978年，刚满14岁正读高一的万步炎被老师拉去提前体验高考，没想到一举考中，成为恢复高考后第一批大学生。他填的志愿都是名校的航空航天和天文学专业，却被调剂到了中南矿冶学院地质系探矿工程专业，一下从“天上”掉到了“地下”。

1985年，年仅21岁的万步炎研究生毕业，被分配到长沙矿山研究院工作。最初，他从事的是陆地矿产的勘探开发。就在那年，研究院来了一位从国外留学归来的老专家，组建了海洋采矿研究室。

“步炎，有没有兴趣加入海洋采矿研究室？”老专家问。

“国家的需要就是我的研究方向，虽然我没有干过，但是我愿意试一下。”万步炎没有犹豫，第一个加入了海洋采矿研究室。当时正值我国深海矿产资源研究开发事业起步阶段，他了解到不属于任何国家管辖的广袤的公海大洋，是一个尚待人类开发的巨大资源宝库，国际上奉行的是丛林规则，谁先勘探到谁就有优先开发权。西方大国早我国几十年就已经在全球四大洋大规模开展“蓝色跑马圈地”运动，许多优质海洋资源都已经划归这些国家了，而占世界人口五分之一的中国人却什么都没有干，也什么都没得到。

万步炎雄心勃勃地“下了海”，却没看到一朵“浪花”。前 5 年的时间，他在甘肃白银小铁山矿为尾矿管道输送提供技术支持，同时做些海洋采矿的理论研究。直到 1990 年，在六部委联合推动下，国务院在国家长远发展项目中设立大洋专项，成立中国大洋矿产资源研究开发协会（简称“大洋协会”），万步炎所在的团队才正式领到做海洋采矿系统研究的任务。

大海在召唤。

1992 年 3 月，正是樱花盛开的时节，有着扎实外语功底的万步炎受邀前往日本开展海洋技术合作研究。在日本，他深深感受到我国海洋技术落后于人，深海资源开发技术几乎是空白，更深深体会到西方对我国的技术封锁、西方和日本科学家在我们面前的傲慢。

一年后，因他超强的自学能力和动手能力，日方用百倍于国内的高薪挽留：你是中国人中的佼佼者，中国的条件比日本差远了，留下来吧！

“为什么比人家差？凭什么比人家差？”他在心里一遍遍问自己。

是的，中国海洋采矿技术几乎空白，但日方的技术封锁和对中国人无处不在的歧视深深刺痛了他。万步炎拒绝了，并暗暗发誓：中国落后于人的地方就是我努力的方向。

回国后，万步炎废寝忘食，埋头苦干，带领课题组建起了国内第一个可开展扬矿管道循环运行实验的可变倾角扬矿实验装置，参与建设了国内第一套深海扬矿软管输送试验系统、第一套缩小比例深海采矿湖试系统……他心朝大海，期待春暖花开。

1998 年，万步炎第一次登上远洋科考船，协助开展深海土工力学测试设备海试。整整一周，他躺在床上动弹不得，吃什么吐什么，黄疸水都吐了出来，吐得昏天黑地。一周后，他对自己说："要干活，不能这样一直躺着啊。"支撑着爬起来，站一会儿，坐一会儿，摇晃着来到甲板上来回走，逼着自己吃东西，最后才慢慢适应。

但比晕船更难受的是，他看到船上小到塑料取样管，大到绞车，都是"洋品牌"。

更令人沮丧的在后头。一种叫"富钴结壳"的重要深海矿物资源，长在海山上，往年用自制的海底拖网拖过去，只能凭运气采到一点表层样品，并且还无法确定确切的采样地点。那次，大洋协会花重金从俄罗斯租了一台海底钻机，试验钻探整整一个航次，颗粒无收。

海底钻机相当于天文学家的天文望远镜，有三个作用：深海资源勘探、工程地质勘探、深海科学钻探。它是一个工具，却直接关系着人类对海洋的探索能走多远。

20 世纪 60 年代，深海钻探采用钻探船，钻机放船上，用一根超千米长的钻杆穿过海水，抵海底地层下钻，成本惊人。上万吨体量的船，在风浪洋流中靠分布在船周边的多个强劲螺旋桨推动进行动力定位，耗费大量能源，钻探质量却不高。

1986 年，美国人发明了海底钻机。可新问题又来了：10 余吨的设备放海底，看不见摸不着，如何放下去收回来？如何供电、通信、自动化操作、在极端环境下操作？坏了如何停机修理？如何保证海底钻机所需的高度可靠性、自动化，以及抗海底恶劣环境的能力？超高的要求使这项技术发展非常缓慢。直到 2021 年，除中国外，只有德国人在海底下钻了 130 多米。

西方不卖海底钻机，租的又不中用，怎么办？大洋协会被逼无奈，1999 年面向全国招标，做自己的海底钻机！见过海底钻机、学过陆地钻探、做过海洋采矿系统研究的万步炎和他的团队如愿中标。

没有任何可借鉴参考的技术资料，没有深海锂电池技术，没有深海控制与视频图像传输技术，没有深海液压技术，没有深海电机与变电技术，没有深海传感器技术……没有，都没有，他们几乎白手起家，一切需从零开始。

万步炎心里憋着一口气，自学机械设计、电子技术和自动控制。自己画图自己生产，图纸画了几千张，五六人的团队经常干到凌晨一两点，整机到部件完全自主创新，终于在 2001 年做出了中国自己的海底钻机。

当万步炎把 4.5 吨的样机运到太平洋上海试时，却下不了海。原来“大洋一号”船是从俄罗斯买的，说明书说其收放架可承载 5 吨的重量，谁知到了船上一测，只能承载 2.5 吨。

无奈，重新运回来减重，一样设备都不能少，要减去两吨。一点一点地减，这一减又花了两年时间。2003 年夏天，我国首台深海浅层岩芯取样钻机终于海试成功，在海底下钻 0.7 米，打下第一个“中国孔”，取回了矿石样本。

别小看这 0.7 米，这是中国海底钻机挺进深海的第一步。第二年，这台钻机即投入大规模大洋资源勘探，每年要在大洋底部钻 100 多个“中国孔”。

自主研制的第一台海底钻机就比俄罗斯的技术先进，万步炎信心大增。2003 年，他获得科技部“863 计划”的资助，又开始向新的目标发起冲锋。

第一台钻机放下去，只能钻一个孔取一次芯（芯即取样管里装着的矿物样本）。2005 年，万步炎团队成功研制世界首台“一次下水多次取芯”的富钴结壳专用钻机，从海底传回的图像也由黑白升级成彩色。2007 年，万步炎由此获得国家科技进步二等奖，与党和国家领导人在人民大会堂合了影。

用锂电池供电，取 3 次芯就没电了。2008 年，国内首台采用光纤通信和 3300 伏高压供电的海底钻机问世。同年，国家开始勘探新的矿种，它们在海底地层中埋得更深，一根钻杆不够用了，万步炎又研制出钻杆海底快速自动接卸技术。

科考船海上工作一天，光油费就得 20 多万元。时间就是金钱，万步炎不断缩短卸杆接杆时间，到 2015 年，“海牛”每接一根钻杆的时间缩短至 2 分 40 多秒，而国外同类钻机得花 5 至 10 分钟。

更快，还要更深。

2007 年 5 米，2010 年 20 米。国际公认 50 米是难以跨越的难关。2015 年 6 月，万步炎亮出了能在海底深钻 60 米的“海牛 I 号”，且采用全自动绳索取芯技术，破解传统取芯方式越往深钻效率越低的问题。2021 年，具备海底 231 米全程保压取芯功能的“海牛 Ⅱ 号”钻机诞生，它能保证可燃冰从高压海底取上来不会失压分解气化。而此前，我国深海可燃冰钻探长期依赖租用国外设备。

上海交通大学研制的水下机器人叫“海马”，万步炎给心爱的钻机取名“海牛”。他很满意这个名字：“牛和马都是给国家干活的，需求少，贡献大。”他希望自己的钻机像牛一样有韧劲，不断向海底深钻。

桀骜的大海，喜怒无常，一次次向万步炎发出战书。

万众瞩目的“海牛Ⅱ号”差点就葬身海底。2021 年 3 月，万步炎团队赶在科技部验收前进行海试。出发前，为保证万无一失，他还专门花了 20 万元给绞车做了一次全面检查和保养。

30 米水深浅海试验顺利完成。

1000 米水深深海试验也顺利完成海底作业，但就在开始从海底回收钻机时，突然发出巨大的声响，是 7 年前从丹麦进口的配套收放绞车坏了事。绞车负责排缆的丝杠从轴承座中脱出，减速箱箱体破裂，盖子成了碎片。此时钻机悬吊在 1000 米水下，离海底约 6 米，收不回，放不下。更惊险的是，根据天气预报，48 小时后，强台风就要经过这片海域，船必须离开躲避。

只有 48 小时！如果不能回收钻机，就只能砍断脐带缆，把价值几千万的钻机丢弃在海底。如果这样，等待万步炎的，不是破世界纪录的成功，而是一次重大设备安全和财产损失事故，团队几年的血汗将化为乌有。

坏消息如巨浪砸来，让人站不稳脚跟。他们紧急向丹麦厂家求助，答复是已经过了保修期，没遇过这种情况，爱莫能助；联系国内代理商上船修复，称无能为力。时间已过去了 9 小时，全船人都认为钻机没救了。

难道只能砍断缆绳，把钻机丢弃在海底？

万步炎是见过大风大浪的，这么多年科研一线的摸爬滚打，让他产生了一个坚定的信念：没有解决不了的技术问题，一定能把钻机救回来！

“我们自己修！”万步炎镇定自若，甚至有一种迎接挑战的兴奋。

第一晚，他们尝试各种办法修复损坏的部件，失败。万步炎感觉必须改变思路，不是修复，而是要另外构建一个液压系统替代原有电动系统损坏的部件。他马上做出设计，充分利用所带备件，没有就从现有系统上拆卸一切可用零件，花了近 30 个小时，终于把临时系统搭建并安装好。万步炎亲自操作和指挥，将悬在深海中 46 小时的钻机救上了船。此时，离台风来袭只有两小时了。

奇迹！不可思议！所有人都不敢相信。

风在吼，浪在叫，船已经在摇晃，两天只睡了 5 小时的万步炎终于松了口气。

科学探索的脚步永不停歇！

海试归来，万步炎面向我国海底工程建设的需求，朝海底原位探测又发起新一轮攻关。

2022 年 8 月，他率队奔赴南海，在某海域 120 米水深处成功完成基于海底钻机的海底原位探测试验，开创了我国基于海底钻机的海底原位探测技术突破深海百米的新开端。

2023 年，“海牛Ⅲ号”作为国家重点研发计划项目正式启动，万步炎和他的团队成员向着更深、更广阔的海底挺进……

阳光轻抚着灰色的“海牛楼”，静静看着它，仿佛能听见南海的涛声。

2010 年，万步炎从长沙矿山研究院调到湖南科技大学。除了想在高校心无旁骛地做科研，他更看中了高校的人才库——可组建一支机械设计、钻探工艺、电路设计、软件编程等专门人才齐备的团队，也为海洋地质勘探培养后备人才，将海洋梦融入教育中。“海牛”所有关键技术全由“海牛”团队自主研发，目前已取得 150 余项国家专利、16 项国际发明专利。近 5 年来，“海牛”团队共培养了 8 名博士、42 名硕士。现在，“海牛”团队中“80 后”“90 后”占大半，个个身怀绝技，能打硬仗。由于为我国海底钻机事业培育了这么多急需的专业人才，2021 年万步炎获得全国“最美教师”的荣誉；因为三十多年如一日扎根海洋资源勘探技术研究，带领团队全力突破关键核心技术难题，为我国海洋矿产勘探技术和装备研发作出了开创性贡献，2023年他被中宣部授予“时代楷模”称号。

在万步炎和他团队成员的心里，只有更深更强！他们把目标瞄准了深度超过万米的马里亚纳海沟——一个至今还没有人类进行海底钻探作业的地方。

“看我这满头白发，其实我知道这是大海给我的馈赠，每次出海我头上的白发要增加5%，但即使这样，我仍乐此不疲，因为大海是我们的事业。”万步炎笑着说。

透过他头上的白发，我看到的是星辰大海。

“零高度”飞行

初夏时节，山水洲城草木葱茏，鲜花簇放。

2016年5月6日，是一个必将载入我国轨道交通发展史册的日子。

这天，红白相间的3列编组磁悬浮列车静静地停靠在长沙磁浮快线高铁站，车厢在阳光照射下发出柔和的光泽。轨道的另一端，是长沙黄花机场。这条长18.55千米的长沙磁浮快线，将高铁站与机场两个现代化交通枢纽紧密衔接起来。

“发车！”上午10时，随着控制中心工作人员一声令下，磁悬浮列车载着首批乘客，在不知不觉中“浮起”，悄无声息地向前驶出，以100千米的时速，向黄花机场疾驰，全程运行仅仅18分钟。

历史长河寂寥无声。车上的363名乘客或许意识不到，这一趟普通的出行，开启了中国磁浮交通的新纪元，成为我国现代交通史上的里程碑。中国从此成为世界上第二个拥有完全自主知识产权的中低速磁浮交通商业运营线的国家，长沙磁浮快线也成为世界上最长的中低速磁浮交通线。

这一天，距长沙磁浮快线破土动工不到两年时间。

两年，弹指一挥间！

两年，湖南干成了一件举世瞩目的大工程！

这是中华儿女用智慧与汗水创造的又一个“中国速度”。

磁悬浮列车是20世纪70年代兴起的新技术。它巧妙地利用电磁力抵消地球引力，通过自动控制手段使车体与轨道之间保持约1厘米的间隙，使列车悬浮在轨道上运行。与普通轮轨列车相比，磁悬浮列车具有噪声低、振动小、能耗小、无污染、转弯半径小、爬坡能力强、易于实施等特点，有着“零高度飞行器”的美誉，学术界认为它是21世纪的交通工具。德国、日本已相继研制出磁悬浮列车试验样车和工程样车，并修建了磁悬浮列车试验线。

当国产磁悬浮列车驰骋华夏大地，人们享受着这一绿色交通工具带来的舒适便捷时，或许想象不到，国产磁浮交通的梦想，曾经是那样遥远。

为了这个梦想，常教授和他的团队艰难跋涉、拼搏奋斗，为此，他几乎耗费了大半辈子的精力。技术突破之难，成果孵化时间之长，参与协作的单位和人员之多，推广应用经历的挫折坎坷……这是他当初没有预料到的。

1935年出生的常教授，对科研有着执着追求。早期，他就与同事一道研制成功了“用于陀螺精度测试的角度数字编码系统”，撰写了10万字的“大型运载火箭动力学与姿态控制”讲义。这些成果在当时产生了较大反响，特别是那份手工刻写、油印的讲义，一时“洛阳纸贵”，供不应求。

党的十一届三中全会后，科学技术作为第一生产力，首先冲破严冬的束缚，迎来久违的春天。神州大地上，处处传来科技新苗破土、拔节的声音。

常教授更加专注于自动控制领域学科的发展与科学研究。在探索与创新中，他发现机器人技术在国际上备受青睐且发展迅速。于是，他决定开展机器人技术研究，根据国外技术发展趋势和我国现有条件，他提出从研制电动型两足步行机器人入手，推进我国机器人技术发展与进步。经过近两年的努力，由常教授领衔的课题组，研制成功我国第一代两足步行机器人，并立即在国内外引起广泛关注。

瞄准国际前沿，勇立科技潮头，始终是常教授的创新追求。

20 世纪 70 年代末，他从一则科技简讯中看到，德国和日本正在开展磁悬浮列车研制。不用轮子，利用电磁力抵消地球引力，列车悬浮在轨道上行驶。

他被这一匪夷所思的创新设计吸引住了。

对新技术有着灵敏嗅觉的常教授，立刻产生了一种创新的冲动：我国人口众多、交通问题突出，应该研制自己的磁悬浮列车，跟上世界科技发展步伐。

“列车是一个笨重的‘铁疙瘩’，靠电磁力怎么能‘悬浮’起来行驶呢？”

“磁悬浮列车就是一个交通大玩具！”

“磁悬浮列车电磁污染严重，距磁浮轨道 300 米内不能住人。”

…………

当时，德国和日本经过几十年的研究，仍处于探索和试验阶段，更没有建成任何一条用于商业运营的磁浮交通线，加之磁悬浮列车突破了人们对陆地交通工具的认知，难免遭人质疑和反对。

常教授“一意孤行”，把主要研究方向锁定在磁悬浮列车上。他清楚，要改变一些专家对磁悬浮列车研制的态度，要让人信服，必须让事实去说话；他更清楚，磁悬浮列车研制是一项复杂的系统工程，要在短期内拿出成果，绝非易事。

那时的中国，科技落后，经济更落后，这注定了中国磁悬浮列车的起步之旅将非常艰难。科研经费短缺，而实验用的电子元器件当时却很昂贵。他们只能“偷梁换柱”，以教学实验名义，到研究院教学器材库领取一些晶体管、运算放大器、电阻电容等电子元器件。但磁悬浮最主要的原件——铁芯材料，研究院仓库里却没有。

常教授只得带着大家到学校废品库里找到一台报废的变压器，抬进实验室，用钢锯、铁锤锯开砸掉坚硬的铁包壳，取出铁芯用于研制磁悬浮列车。

材料具备了，可做成磁悬浮试验装置后，铁块却悬不起来，大家使尽浑身解数改进调试，都无济于事。

“我们现在干的事情，将来可能是一桩大事业。”每次试验失败，常教授都这样勉励大家。

经过几个月“试验—失败—再试验”的循环往复，铁块终于奇迹般地悬浮起来了。领导和兄弟单位闻讯，纷纷前来参观，充分肯定了他们的技术路线。

“这玄玄乎乎的东西，将来能变成列车吗？”但也有人看了后摇头。

不管别人点头还是摇头，常教授只顾埋头朝前走。

两年后，他带领大家研制完成 10 千克重的三点悬浮磁悬浮车原理模型。

1985 年春天，国际科技博览会在日本筑波举行，常教授作为中国参观团成员前往日本，观摩这一世界科技界的盛会。

博览会展出的现代科技产品，千姿百态，争奇斗艳，而它们大部分来自美国和日本等发达国家，发展中国家展台，科技类展品十分稀少。

那天，正当常教授举目搜寻中国展品时，一辆新颖别致的列车，一下子跳入他的眼帘。

“磁悬浮列车！”常教授心里一亮，快步向它走去。

一位服务小姐微笑着迎上来：“先生，您想体验一下吗？”

常教授说：“当然。”

服务小姐说：“请您购票。”

常教授顺着她手指的方向看去，只见那里已有许多人在排队。走过去一看，售票窗口旁赫然写着“票价500日元”。他心里不禁“咯噔”了一下。这次出国，国家给的费用相当少，但他毫不迟疑地把手伸进口袋，掏出身上仅带的500日元，递进了售票窗口。

列车轻轻浮起来，徐徐向前滑行，感觉真好啊！平稳，无声，仿佛置身于“嫦娥奔月”的梦境，飘飘欲仙，不知不觉便跑完了300米轨道，到站了。

他还不想离去，一会儿摸摸这，一会儿看看那。下车后，又俯下身子仔细察看车底和轨道。

“不行，我还要上去看看。”他心里这么想着，再次来到登车口。

那名服务小姐伸手拦住他：“先生，您的票呢？”

他这才意识到没买票，而且自己已身无分文，于是连忙向别人道歉。

这次日本之旅，更加坚定了常教授要研制国产磁悬浮列车的信心。

回国后，他立刻把国外磁悬浮列车研究情况和自己的设想，向国防科工委领导汇报。听取汇报的著名科学家钱学森特意坐到他身旁，关切地询问一些关键性问题。

“不久的将来，我一定要结束中国没有磁悬浮列车的历史。”常教授自信地承诺。

钱学森听了，向他许诺："你们研制出磁悬浮列车后，我一定去坐。"

4 年经历 4 个回合激战！

1989 年，常教授又率领团队把中国磁悬浮列车技术向前推进了一大步：我国第一台小型磁悬浮试验样车问世。它重约 80 千克，在 10 米长的轨道上平稳运行，具有悬浮、导向、牵引与制动等全部功能，验证了磁悬浮列车原理的可行性，更是引起了国家有关部门的高度关注。

虽然相对于正常标准的列车，它还显得那般弱小，但它依然给我们这个人口最多、经济增长最快，在两条脆弱的轨道上缓慢行驶了太久的大国，给一票难求、一车难求的国人带来了莫大的希望。

常教授为中国磁悬浮列车研究制定了"由简到繁"的攻关路线，并首先瞄准了磁悬浮列车基本单元——单转向架。

他们的创新计划，引起了国家科委的高度重视。1991 年国家科委委托铁道部科技司组织立项论证，1992 年"磁悬浮列车"正式列入国家"八五"科技攻关计划。

有了国家科委的支持，常教授带领团队向前奋进的信心更足、步伐更坚定。

研制工作一开始，第一只"拦路虎"——大功率斩波器，便跳了出来。过去，创新团队里只有一人搞过相关研究，其他人都没有接触过这方面的技术，毫无经验可言。

"磁悬浮列车我们都敢干，这点小难关，我们还不敢闯？"常教授说。

虽然走了不少弯路，吃了不少苦头，但最终他们还是研制出了大功率斩波器。

单转向架悬浮重量，比试验样车重近百倍，试验装置将有八九吨重，二楼实验室装不下，也承受不起，别的房子又没有。

怎么办？

常教授拿着卷尺来到办公大楼楼梯口，前后左右量了量，把脚一跺："咱们的试验装置就安这里！"

那是个炎热的夏天，无遮无挡的楼梯口，气温超过40摄氏度，他们每天光着膀子做试验，身上裹满臭汗污垢。

艰苦奋战几个月后，他们初步解决了单个电磁铁的悬浮控制问题。研制工作正式转入单转向架研制。

他们首先花了一年多时间，认真研究国外大型磁悬浮列车技术，弄清了大型磁悬浮列车转向架与汽车、常规火车转向架的区别，掌握了它的特性，在此基础上，形成了大型磁悬浮列车的转向架机械解耦概念。这是指导后续研究的一块重要理论基石，也是中国磁悬浮列车发展史上的一次重大突破。

根据这一概念，他们经过模型制作、结构图纸设计、加工制作等一系列艰苦工作，完成了单转向架磁悬浮列车系统。

车子有好几吨重，如何把它抬到两米多高的轨道上呢？

自己买不起吊车，那就租吧。可租金也要上万元，这可是他们捉襟见肘的项目经费无论如何也支付不起的。

"我就不信，一泡尿能憋死一群大活人。"常教授往机器旁一站，"咱们扛也要把它扛上去！"于是，几十名科研人员如群蚁搬骨头，用肩扛，用手抬，加上木杠撬，愣是把几吨重的单转向架磁悬浮列车，搬到了两米多高的铁轨上。

哪知一试车，问题又来了：它像一只热锅上的大蚂蚁，在铁轨上乱蹦乱跳。调试改进几个月，依然没让它稳定下来。

关键时刻，常教授亲自点将："李博士，你负责解决稳定悬浮控制问题。"

李博士不负众望，和同伴们一起，连续奋战几个月，找到了问题的症结，降服了样车触电就跳的怪脾气，让它变得温驯安静起来。

1995年5月11日，磁悬浮列车进行第一次载人试车。

“启动！”随着常教授一声令下，数吨重的列车从轨道上轻轻浮起。

“开车！”操作人员按下运行电钮，列车开始平稳向前行驶……中国第一台载人单转向架磁悬浮列车诞生了！

虽然它还显得有些粗糙，轨道也只有10米长，但它毕竟悬浮起来了，平稳地向前移动了，并搭载了30个人，这已经是令人振奋的重大突破。

当年，该项目获得部委级科技进步一等奖，其新闻报道也被选为“1995年中国十大科技新闻”之一。

此后几年，常教授率领团队又相继突破掌握了悬浮导向控制、悬浮传感器、定位测速、转向架、车轨耦合共振、系统总体设计与集成等一系列磁悬浮列车核心关键技术，为国产磁悬浮交通发展奠定了坚实的技术基础。

常教授知道，让磁悬浮列车开出实验室，绝不是研制一辆汽车开出工厂那么简单，与其相关的设计制造、综合集成、试验线建设、运行测试、线路规划等一系列问题，仅仅依靠研究院的技术力量无法解决，更无法让成果走向应用。正当磁悬浮列车工程化，在“有了资金技术才能成熟、技术成熟才能获得资金”的怪圈僵局里艰难徘徊时，北京控股磁悬浮技术发展有限公司和北京市科委，为振兴国家磁悬浮列车技术，毅然出资支持他们，开辟了国内企业支持新型轨道交通技术发展的新模式，为国家磁悬浮列车技术发展作出了巨大贡献。

常教授终于可以心无旁骛地带领团队开展技术攻关了。

研制工程化样车首先要解决整车稳定悬浮控制的问题。由四五个单转向架组成的磁悬浮列车整车，需要加速减速，需要拐弯爬坡，车厢里的乘客分布也不均衡，它就像四五个壮汉抬着一大桶水，既要在山间小道上奔跑，还要桶里的水不晃荡。

为突破这一核心关键技术，常教授带领大家从建立车辆系统动力学模型入手，运用先进控制理论，优化轨道和车辆结构，创造性地设计出一种新的悬浮控制算法，巧妙地在每节列车下面设计了20个悬浮点，它相当于20个轮子，平稳地托举着列车，使其始终与轨道保持1厘米悬浮间隙。

经测试，列车的动态调节与有效承载两项技术指标，均达到世界领先水平。

2001年，我国第一条磁悬浮列车试验线在长沙某研究院内建成，工程试验样车同时下线。

随着列车徐徐启动，加速行驶，磁悬浮列车技术国际难题——“车轨共振”如期出现了：列车在行驶时经常晃动，带动轨道一起振动，有时还发出咚咚的响声。

面对这一难题，最先研制磁悬浮列车的德国，采取加固和改造轨道的方法解决，可收效甚微。美国刚建好的线路因这一问题无法运行，不得不返回实验室重新研究。我国引进德国高速磁悬浮交通技术建造的上海浦东机场磁悬浮交通线，采取加大水泥梁单位长度质量、加固改造轨道的方法来解决，不仅系统造价高了很多，也未能从根本上解决问题。

“我们绝不能重蹈别人的覆辙，要另辟蹊径，找到自己的解决办法。”常教授下定决心解决问题。

解决的办法在哪里？大家都绞尽脑汁思考。

一天，研制团队的成员周博士鼻炎犯了，医生给他开了一剂“猛药”。鼻炎虽然治好了，却给他的身体带来不少副作用。他由此联想到“车轨共振”：用强有力的措施抑制振动，这剂“猛药”虽可“杀菌”，减轻“病情”，但却伤了“元气”，还不能铲除“病根”。

能不能打破常规，来个彻底的“外科手术”？

负责这一关键技术攻关的李教授，充分肯定了周博士的这一思路。为了找到“车轨共振”的“病根”，他们把铺平的轨道拆松，集中团队几十个人，推着列车在200多米长的轨道上来回跑，一次一次测试、记录、分析。

外国同行探索数十年没有解决的难题，他们显然不可能在一朝一夕解决。但磁悬浮列车工程进程，绝不能因此耽搁。于是，李教授肩上又多了一副担子：全面改进工程样车。

肩负双重重担的李教授，投入紧张的攻关中。

那些日子，他带着课题组每天8点登车，傍晚下车，在200多米长的轨道上来来回回地开，反反复复测试各种数据，晚饭后，又来到实验室，分析研究测试数据，一直工作到深夜。他的一名博士研究生，在博士论文致辞中动情地写道：“深夜里，李老师办公室不眠的灯光是我不断前进的动力。”那些日子，他不知外边的世界发生了什么，只看见车窗外的草丛、树叶，绿了又黄，黄了又绿，然后又黄……

当草丛、树叶三度泛绿时，他终于找到了“车轨共振”的症结。

他们大胆破除国际惯性思维，采用改进磁浮控制算法的方法，“开刀”切除“病根”，然后运用振动抑制算法，对其慢慢“调理”，把曲线上那些“增生”的高峰渐渐削平。振动慢慢消失了，悬浮的“元气”没受到任何伤害，列车行进时的稳定悬浮水平，处于世界领先。

与此同时，改进型磁悬浮工程样车也于2005年顺利下线。样车研制完成，大大推进了磁悬浮列车技术应用的进程。

工程样车实现了由模拟电路悬浮系统向数字化悬浮系统的飞跃。列车所有调试和修理，坐在电脑前便可完成，再也不用钻到车底下进行人工操作。此外，它还可以实现模拟电路望尘莫及的复杂控制算法。

列车部件加工告别了手工作坊模式，实现了型材化，具备了批量生产能力。

创新团队的忘我奋斗，迅速推进了磁悬浮列车应用进程。

2008 年，一条 15 千米长的试验示范线，在北京控股磁悬浮技术发展有限公司唐山试验基地建成。

2009 年，实用型中低速磁悬浮列车问世。它在示范线上累计运行 6 万千米，不仅行驶平稳，节能性强，而且采用了吸力型电磁悬浮、低频（小于 100 赫兹）悬浮牵引供电制式、新材料电磁防护等一系列创新技术，把电磁辐射减小到最低程度，车厢磁场与一般家电产生的磁场相当，甚至更低，对身体没有任何伤害。车内基本无噪声，车外噪声也很小，距列车 10 米之外，噪声只有 64 分贝，比平常说话的声音还要低。专家鉴定结论指出："完全称得上是一种电磁环境友好、安全可靠、绿色环保的城市轨道交通系统。"

2011 年 2 月，北京市委、市政府决策：采用长沙某研究院自主创新掌握的中低速磁悬浮列车核心关键技术，在北京门头沟石门营至石景山区苹果园间，建设一条 10.2 千米长的中低速磁悬浮列车运营示范线。

…………

87 岁高龄的常教授是我国最早一批研究磁悬浮技术的专家，被誉为"中国磁悬浮之父"。他依然身板硬朗，声音洪亮，一说起磁悬浮列车就手舞足蹈起来。是的，磁悬浮事业早已融入他的生命之中，变成了一种坚不可摧的力量！

采访中，常教授一再强调：磁悬浮列车能有今天的成就，不是某个人或某几个人的成就，而是所有"磁浮人"共同努力奋斗的结果。

老人还不断嘱咐：磁悬浮列车要真正落地，党和政府的支持与扶持至关重要。2000 年，如果不是与北京磁浮联姻，如果不是航空、铁路、汽车等相关领域的科研院所和企业的大力支持，中国的磁悬浮列车就不会有今天的发展速度。

我想到了长沙磁浮快线的建设。2014 年，湖南启动建设长沙高铁南站与黄花机场 18.55 千米的长沙磁浮快线工程，构建国家中部空铁一体化综合交通枢纽，促进磁浮交通技术产业化发展。工程正式启动后，3 个月完成工程拆迁、11 个月完成轨道铺设、16 个月第一辆磁悬浮列车上线、17 个月开始运行测试、20 个月试运行、不到两年正式开通运营……速度之快，令人惊讶。但如果不是湖南省委、省政府，长沙市委、市政府的科学决策和精心部署，不是全体建设者的拼搏奉献，多年的梦想也难以变成现实。

还必须注意到，轨道交通产业的发展，离不开先进的制造技术和装备；轨道交通行业的迅速发展，同样给制造业带来了新的机遇。

中国精度

你知道 1 纳米是多长吗？

是一根头发丝直径的 8 万分之一。

还有比纳米更小的单位吗？

有！专家将其称为亚纳米。

纳米、亚纳米，就是长沙某研究院精密工程创新团队创造的“中国精度”。

环顾世界，举世无双。

2014 年年底，他们自主研制的新一代超精密光学零件加工设备通过国家有关部门组织的工艺考核。结果表明，该套设备加工精度实现亚纳米级重大突破，其典型试验件的光学零件面形精度 RMS（均方根）

值达到0.361纳米，标志着我国超精密光学零件加工技术跨入世界领先行列。

超精密加工技术是先进装备制造的关键性瓶颈技术，纳米精度被誉为超精密光学加工“皇冠上的明珠”。

20世纪60年代，诺贝尔奖得主海因里希·罗勒说：“150年前，微米成为新的精度标准，最早学会并使用微米技术的国家都在工业发展中占据了巨大的优势；同样，未来的技术将属于那些以纳米作为精度标准、并首先学习和使用它的国家。”

罗勒的这席话，标志着世界进入了纳米精度攻关时代。

美国率先投入巨资研究超精密加工技术，并迅速将成果转入应用，成为世界超精密加工研究和应用“龙头老大”。

美国在1948年发起，并联合英国、法国、联邦德国（西德）、意大利、丹麦、挪威、荷兰、比利时、卢森堡、葡萄牙、西班牙、加拿大、希腊、土耳其、日本、澳大利亚，于1949年成立了Coordinating Committee for Multilateral Export Controls（简称“巴统”）。这个总部设在巴黎的组织机构，其宗旨是执行对社会主义国家的禁运政策。禁运物资包括军事武器装备、尖端技术产品和战略产品。其中超精密加工设备，是巴统组织重点禁运产品之一。

巴统成立的第二年，便把中国列入了禁运范围，而且其禁运品比头号社会主义国家苏联和东欧国家还多了500多种。巴统组织的成员国，若违犯了禁运政策，其他各国将共同采取措施，联合对其进行严厉惩罚。

冷战时期，苏联为与美国争夺海上霸权，不断发展壮大海军力量。苏联的潜艇尤其是核潜艇，每每出海行动，便很快被美国海军发现，且难以摆脱其跟踪，令苏联当局伤透了脑筋。

可是到了 20 世纪 80 年代初，苏联潜艇部队突然从美军的眼皮底下消失了，美军再也难以从茫茫大海中寻觅到它们的踪迹。

为什么？

美国情报局通过分析认定，这是苏联从日本引进了超精密加工技术，提升了核潜艇发动机和螺旋桨的加工精度，大大降低了潜艇噪声，从而在美军的探测中“销声匿迹”了。美国当局立刻要求巴统组织国家，共同严厉制裁向苏联出口该设备的日本东芝公司，该公司董事长被迫下台。作为日本“巨无霸”企业的东芝公司，从此元气大伤，险些一蹶不振。这就是 20 世纪 80 年代初轰动世界的“东芝事件”。

遗憾的是，由于历史原因，中国的超精密加工研究直到 20 世纪 80 年代才刚刚起步，至少比别人落后了 20 年，而这时亟待腾飞的国家经济和国防建设迫切需要超精密加工技术。

1981 年，长沙某研究院成立了超精密加工实验室，在国内率先开展超精密加工和测量技术研究。

“咱们要像越王勾践那样，卧薪尝胆十年，让中国超精密加工技术赶上世界先进水平。”课题组成立仪式上，学科带头人说。

他们在深入研究了国外大量资料的基础上，决定把计算机、自动控制等新兴技术引入超精密加工领域，开拓了“超精密加工误差在线检测、误差分离和补偿技术”这一崭新的专业技术方向。从 20 世纪 80 年代初到 90 年代初，超精密加工创新团队开展了航天部重大工艺研究项目“精密机床与精度控制”“超精密车削加工综合控制系统”，国家自然科学基金重大项目“超精密圆柱度在线检测与误差补偿技术”等重要项目研究，获得国家科技进步二等奖、国家发明三等奖、部委级科技进步一等奖等数十项奖项。这一块块金光灿灿的奖牌是构筑中国超精密加工技术大厦的“奠基石”和创新团队继续“长征”的“标向牌”。

由于我国光学零件加工技术落后，无法进行大口径、高精度、复杂面形的光学零件加工，到20世纪90年代，我国光学零件加工仍处于“手工＋机械抛光”的传统工艺水平阶段。这严重制约了相关领域的技术进步，许多关键领域的技术突破也常常受困于此，而西方国家则对我国进行严密技术封锁。

面对这一窘境，该研究院从事精密加工技术研究的李教授焦急万分。

1946年出生的李教授是长沙人，1968年从中南矿冶学院本科毕业后被分配到工厂工作，1978年国家恢复研究生考试后考入浙江大学攻读硕士学位，1981年研究生毕业后他毫不犹豫地来到该研究院，加入到超精密加工创新团队。

1988年，李教授受国家派遣，前往美国哥伦比亚大学留学访问。一年半的留学生涯结束时，他带上平时省吃俭用余下来的2000美元，到商店买了一台梦寐以求的当时最先进的“286”电脑，然后又到书店买了专业书。在美国，专业技术书籍非常昂贵，买了几本，便已囊中羞涩，还有十几本爱不释手的书，只好回到学校图书馆复印其重要的章节。回到祖国，老同志相继退休，超精密加工创新团队“领头羊”的重任，历史性地落在他肩上。

怎样才能追赶西方发达国家在超精密加工领域的创新步伐呢？

如果跟在别人后面亦步亦趋，那只能永远仰人鼻息。

该怎么办？

必须依靠自主创新，实现跨越式发展。

李教授运用自己掌握的学科前沿信息和厚重的技术积累，带领大家沿着超精密加工精度在线测量及误差补偿这一技术方向，深入进行基础研究。

他们首先研究了“圆”的加工。“圆”是最容易画的几何图形，但是机械加工出几乎没有误差的圆，却是“最难”的。从最难做起，虽然困难最大，风险最高，但它是一条赶超世界的“捷径”。

超越，容不得四平八稳，亦步亦趋，它需要胆略，需要速度，需要心无旁骛、埋头赶路的冲劲。凭着这种拼劲，他们终于加工完成了第一个“圆”，它是误差为0.2微米的机床上加工出的误差度仅有0.01—0.03微米的圆，相当于一根头发丝直径的三千分之一。

他们用数年时间走完了国外精密工程领域几十年走过的路，研制了国内第一台超精密压电陶瓷微量加工装置、第一台超精密气动孔径和轴径测量装置、第一台高精度车削尺寸精密控制系统。

然后，他们探索的目光开始投向“光学制造”这一难度更大的超精密加工领域，在更高层次上寻求新突破。

300年前的牛顿时代，人们制造光学望远镜时就开始采用“简单机械+人工”的“经典加工”方法，即第一代光学加工技术。20世纪70年代，人们把计算机技术引入光学加工领域，出现了以“数控小工具研抛技术机械+人工”为特征的第二代光学加工技术。数控技术的使用，有效提高了加工精度，但其研磨工具还是硬质盘，不仅精度有限，而且用这种方式制造的光学零件，机械压力会在光学亚表层造成损伤，严重影响高性能光学系统性能和长期稳定性。对此，世界各国科学家长期艰苦探索，一直在寻找科学的新方法。

“硬损伤”似乎成了超精密加工的“死结”。

瓶颈，意味着难以突破，也意味着这是超越的机遇。

李教授和新一代团队带头人戴教授带领创新团队迎难而上，果断提出超精密加工方向，由“机械零部件加工”向“光学制造”迈进的战略转变，开启了中国纳米精度技术时代。

针对“硬损伤”这一世界难题，李教授一头扎进烟波浩瀚的信息海洋里，展开了拉网式调研，筛选出几种新原理光学加工技术，对其共有特征进行抽象升华，创造性地提出了第三代光学加工技术——基于可控柔体制造。

这一加工方法，把抛光模式从传统的“不可控的硬工具盘”，转变为“以柔克刚”式的“软工具盘”，研抛工具的柔韧度可根据需要通过计算机调控。

什么材料最适合做可控柔体的“磨盘”呢？

带着这个问题，李教授于2000年暑假应邀到香港科技大学访问。

20世纪80年代苏联科学家提出的用磁流变加工光学零件的想法，引起了他的关注。他了解到，苏联解体后，美国罗切斯特大学光学中心引进了这些科学家，继续研发磁流变加工设备，直到90年代末，美国才推出商品化的设备。

这一新技术让李教授精神为之一振，研究的“胃口”为之大开。

回到长沙后，他立刻跟踪研究国际磁流变加工技术。但他对这项研究觉得有些意难平：磁流变加工技术毕竟是别人干过的东西，有“跟跑”的感觉。

于是，他带领团队同时展开了对另一种别人尚未触及的新加工技术——离子束加工技术的研究。

“对磁流变技术、离子束技术，虽然我们没‘吃过猪肉’，也没‘见过猪跑’，但一定要造出世界一流的加工系统，而且还要用我们自己开发的工艺、自己研制的机床加工出世界水平的光学零件。”李教授鼓励团队成员。

于是，团队对磁流变、离子束抛光装备与工艺开展了技术攻关。那些日子里，“基于可控柔体制造”研究，成为创新团队成员生活的全部内容。

2003年年初，李教授外出参加学术会议，和中国科学院光电技术研究所杨力研究员同住一个房间。当时，杨力在大型光学零件高精度、高效率、无损伤制造方面，也遇到了困难，迫切需要新型加工技术支撑。会议期间，每晚两人都谈到深夜，甚至彻夜长谈。这种深层次的交流，碰出了很多火花。他们共同拟定了大型光学零件可控柔体制造技术发展规划。会议结束后，两人还难分难舍，又一道前往成都光电技术研究所参观学习。最终，他们的努力得到了专家的认可，以李教授为首席专家的国家“973”重大基础研究项目，在2004年获得批准。长沙某研究院和成都光电所携手合作，开始了可控柔体制造这一新技术的全面系统研究。

连续奔波劳累的李教授，一回来便病倒了，住进了医院。护士刚在他右手臂上插上输液的针头，他左手就从包里掏出手机，把一名博士研究生叫到病床前，一边输液，一边和学生研讨如何深化研究可控柔体制造技术，布置攻关课题。

时不我待、锲而不舍的求索，赢得了丰厚的馈赠：他们在经费十分紧张的情况下，完成了磁流变、离子束两种新制造方法的机理、制造模型和规律、测量原理与理论、评价与论证方法、微观和宏观表征等理论研究，并把实验平台做成了国内先进、国际一流的工程样机，实现了理想的实验结果。更可喜的是，通过攻关，培养和锻炼了一支科研骨干队伍，项目组具备了在相关领域展开攻关的强大实力。

李教授、戴教授带领的创新团队，以厚重的技术积累、顽强的攻关作风，饮誉国内学术界。他们肩负着开发民族纳米精度技术的“使命”，踏上了求索的征程。一路披星戴月、劈波斩浪、披荆斩棘、百折不挠、奋勇前行，仅用一年半时间，便研制完成中国第一台具有自主知识产权的纳米精度磁流变和离子束抛光装备。

这种关键设备的问世，标志着中国具有超精密光学制造成套装备的研制能力，突破了大型光学零件高效、高精度、无损伤制造的技术瓶颈，意味着我国光学自动化加工装备进入到纳米精度的世界先进水平，为推动我国现代光学制造技术的跨越式发展和高端光学产业的升级换代奠定了基础。

“能否将光学零件面形精度的峰谷控制在5纳米以内？”当团队圆满完成高精度光学零件制造装备与工艺任务时，有关部门又向他们提出了一个更高的标准。

5纳米以内意味着什么？

哪怕一个细节就会导致整个面形崩溃，只能一层分子一层分子地进行去除加工。

作为一种“磨洋工”式的细活，高精度光学零件的加工周期一般都是以月作为计算单位，大型光学零件更是以年为计算单位。两周的加工时间，必须进行精密的规划，才有可能进行高精度光学修形方面的尝试。

他们首先对研究任务、时间节点进行了合理规划，随后不分日夜地刻苦钻研，心无旁骛进行攻关。

一次，大家在去食堂吃午饭的路上还在讨论相关技术问题，到了食堂，围坐之后又开始了激烈争论。经过半个小时的讨论，终于形成大家都比较认可的方案。为了验证方案的可行性，大家径直回到实验室做起了实验。直到实验结果证明方案可行后，大家才松了一口气。这时，大家才想起还没有吃饭。

2010年12月12日，“冲高”进入关键时刻。

晚上11点，样件送到科技大楼进行检测。

第二天深夜两点，他们期待的电话铃声终于响起。

“峰谷值突破5纳米。”检测人员激动地向李教授汇报。

5纳米，已经接近了光刻物镜制造的极限。这证明了他们研制的装备和工艺方法具有重复性、稳定性和快速性。

攻关无止境。紧接着，他们又在“极大规模集成电路制造装备与成套工艺”国家科技重大专项二期项目和国家自然科学基金重大项目支持下，研制成功新一代离子束抛光机床与数控光顺抛光机床，其最小可控材料去除量达到 0.1 纳米。这一自主创新成果为国家科技重大专项提供了有力技术保障和装备支撑，直接促进相关领域关键技术取得突破。

对于创新团队来说，纳米精度，没有最精，只有更精。

从“混血”到“纯中国产”

正是五月花开时节，南方大地风光旖旎，绿树成荫，鸟语花香。位于株洲市石峰区时代路的中车株洲电力机车研究所研究院（以下简称“株洲所研究院”），一幢浅灰色外墙的办公楼掩映在郁郁葱葱的树木中，静静地伫立在那里，乍一看，极其普通。

一个戴着眼镜而又有点腼腆的中年男子在林荫道的另一头，微笑着向我招手。他叫荣智林，是株洲所研究院的党委书记、全国五一劳动奖章获得者，更是“和谐号”和“复兴号”研发的见证者与参与者。

“最开始，我国的高铁起步较晚，要在白纸上绘蓝图，必须虚心向国外学习，虽然当时有些憋屈，但必须敞开胸怀，承认现实，接受现实。于是，我们参加了引进国外高速动车组这个过程，也就有了我们常说的和谐号产品。”荣智林说，“而后来的复兴号则完全是按照打造中国标准动车组开发的，全部技术都是自主研发。现在中国高铁实现了从追赶到并跑、领跑，成为服务国家战略、服务经济社会发展、服务人民美好生活需要的国之重器。”

在芬芳的茶香中，我和荣智林开始了“和谐号”和“复兴号”的探源之旅。

上个世纪70年代初，荣智林出生于湖南东安。高中毕业后，他选择了上海铁道学院（现同济大学）电气工程系电力牵引和传动控制专业。那年金秋，他背上行李，人生第一次坐上火车，奔赴国际化大都市上海学习。

让他感到无比亲切的是，他所读的电气工程系里面好几个教授都是从株洲所过来的，他们在六十年代从上海交通大学毕业后，被分配到株洲所工作，由于大都为江浙人，之后八九十年代又调回上海学校任教。

当时电气工程系主任乌正康也是从株洲所过去的，他经常说到株洲，说到株洲所。从此，株洲所开始渐渐走进荣智林的内心。

共和国十岁那年，为解决铁路运输这一制约新中国社会经济建设的“瓶颈”，国家决定大力发展电气化铁路。1959年，铁道部株洲电力机车研究所诞生。从此，带着时代的责任和重托，株洲所踏上了漫漫征程。

系主任讲的一个故事至今深深印在荣智林心中。上个世纪70年代，随着新车型、新技术、新部件研制工作的进一步开展，科技人员需要接触国外文献资料，提高外语水平成了当务之急。为此，株洲所开办了科研人员外语学习班。当时所里没有人懂日语，就计划开展日语培训，所领导亲自到湖南大学请日语教研室主任到所里给科技人员上课。首期日语培训班如期开班，一下子就有80多人报名参加，学员除情报室人员外，还有所领导、科研科室人员，其中有好几对是夫妻。由于人数太多，教室搬到了所里的大礼堂。

系主任一边回忆，一边给学生们讲着当时的学习场景。学习每周一次，一次3小时。一块大木板刷上黑油漆，就成了教学黑板。每周株洲所安排车子接送湖南大学的老师来上课。老师的教学工具是一支粉笔、一本教材加上一些油印资料。学员都是零基础。每隔一段时间进行考试，都会公布成绩，成绩优秀者登上大榜单，大家也觉得光荣。经过半年多的学习，到年底第一期培训结束时，就有 20 多人能借助词典阅读和翻译日文资料。由于第一期培训收到了很好的效果，日语培训班随后又办了好几期。

“这种崇尚科学、学习知识、钻研技术的优良传统成为株洲所‘所风’一直延续。”系主任说。

听了系主任的介绍，荣智林对株洲所充满向往。

虽然偏僻，但这里幽静，氛围好。有宁静的办公楼，有图书馆，有绿草地。办公楼里，院子里，科研人员进进出出，很多人手里都拿着文件或是书籍，见了互相打着招呼，非常客气，也非常融洽。每年株洲所涌现出很多科研成果，在行业里影响力很大。

株洲所成了荣智林心中向往的殿堂。

1994 年大学即将毕业时，看到很多同学都想留在上海附近就业，系主任动员他们说：“同学们，不要只想着留在大城市，株洲是个搞科研很好的地方，是个干扎实事，可以干一番事业的地方。株洲所有良好的学术氛围，基础很好，是国内最好的研究所之一，实验条件也是一流的。特别是株洲所有敢于突破自我、自我革命的精神。”1984 年株洲所在全国科研院所中率先“自断皇粮”，实行科技体制改革。系主任虽然离开了株洲所，但一说起那个曾经工作和战斗过的地方，就情绪激昂，甚至热泪盈眶。

1994 年 8 月 1 日，荣智林和同年十来个大学毕业生一起，来到了株洲所报到工作。虽然当时这里很偏僻，旁边是农房，四处是土路，雨天一身泥、晴天一身灰，出行很不方便，但这并不能阻止他们学习和前进的步伐。

半年后，因为所里开设了 IGBT（绝缘栅双极型晶体管）课题，需要培养年轻的科研人员，他被选送到了课题组。课题组在一栋三层高的小楼里，二楼是办公室，一楼是实验室。在一楼做实验的时候，碰到什么问题，就上楼讨论，讨论完后，再下楼做实验。因为方便，所以效率也高。特别是课题组组长忻力，是全国劳模，科研态度严谨，但又不乏温暖。他培养了众多年轻人，现在许多人都成为各条战线的骨干，大家至今都对他的教诲念念不忘。

进入21世纪，不断进行基础积累的株洲所终于迎来了机会。此时，中国城市开始进入地铁时代。荣智林参加研发了中国地铁领域的第一辆车，但还不是载客车，而是地铁工程维护车。虽然还只是修建地铁时运载设备、做检修的车，但却是第一次把自己的成果用在轨道交通的牵引系统上。

之后，他们参加研制了中国首台自主动力分散型交流传动动车组。当时没有什么资料，完全靠自己钻研技术。大家都只有一个目标：早点把自主交流传动技术用起来。研制过程中，荣智林他们有过争吵，有过辩论，有过欢笑，也有过泪水。最后，他们摸索研制出来了产品并很快装车应用，这列被称之为“中原之星”的列车后来担当郑州与武昌之间的城际特快列车。

虽然他们研制成功了，也拉开了IGBT交流传动牵引系统应用的序幕，但由于经验不足，应用中也存在一些不足。比如密封性不好，灰尘容易进入设备内部，既影响电气可靠性，也产生更大的噪音；可维护性不好，研制时，没有设置远程故障诊断，检修维护不方便。最后由于各种原因没有实现大批量生产应用。

那时候，交流传动牵引系统还没有批量应用，但辅助电源产品需求比较迫切。他参与了研制机车空调电源，后面也批量生产推广应用了几千台。后面几年，株洲所迎来了交流传动高速列车和大功率机车牵引系统大发展的机遇。“当时所里始终坚持‘两条腿走路’，一条是搞引进，消化吸收，一条就是坚持自主创新。”荣智林说。

是啊，一个人口最多、发展速度最快的大国，在2002年时全国火车平均时速只能跑50多公里。全国铁路日装车需求量最高达到30万辆，铁路只能提供10万辆左右。中国铁路的发展处于亟须突破之时。无论铁路人付出怎样巨大的辛劳与牺牲，赔上多少委屈的笑脸，但是只要“一票难求、一车难求”的现象不能从根本上加以扭转，中国经济社会发展就会因此受限。

历史已经到了这样的时刻：站在新世纪的大幕前，望中华大地风起云涌，千帆竞发，百舸争流，积重难行的中国铁路究竟向何处去？铁路人必须做出选择，必须向人民、向时代提交自己的答卷了。

提速，提速，再提速！

这是人民的呼唤，也是时代的呼唤。

一场需要深谋远虑、大智大勇的大国博弈开始了。

专家们多次到德国、法国、日本等国家，或留学、或考察访问、或参加相关学术会议。他们坐在他国的高速列车上，风一样的速度让他们眼界大开，激动不已——火车原来可以跑得这样快呀。

海纳百川，博采众长。走“引进消化吸收再创新”的技术道路，成了中国科研人员的共识。

“2006年左右，我曾先后两次赴日本学习交流，日本的高铁发展历史最久，也很发达。我们向他们虚心学习，学了一些生产试验技术，但关键核心技术他们不转让，还得靠自主研发。”

荣智林说，一开始跟着人家学，慢慢地就实施自主创新，由于有很好的技术基础，因此进步很快，新研发的列车还跑出了世人瞩目的新速度。

2010年全新的14动2拖编组的CRH380AL列车冲高速试验的场景，他还历历在目。

CRH380AL 列车刚落成没多久，铁道部计划在京沪线枣庄到蚌埠先导段开展冲高速试验。那时车刚出来，很多试验还没有完成。为了尽快完成前期试验，按时进行冲高速试验，各方非常重视。中车青岛四方机车车辆公司作为主机厂，牵头组织各厂家技术、试验及服务人员近百人到了现场。

当时正值初冬季节，天气有些寒冷，列车在南京试验完部分项目，由于试验条件限制和试验计划的排定，列车当晚要拉到徐州整备。所有人员坐几台大巴，经过五六个小时的颠簸，深夜一点才到达目的地。那时试验条件还不完善，动车作业是临时调用工务大修段的停车场，连地沟设施都没有。即使舟车劳顿，但一到那里，大家也顾不了休息，直接赶往现场开会，讨论问题、寻求解决方案。会议直到凌晨五点才结束。

株洲所负责的牵引系统碰到的问题比较棘手：一是车网匹配问题，在特定车网条件下会触发牵引过流保护问题；二是在先导段既有供电、线路及车辆条件下，如何优化系统控制做到高速试验最优。

形势逼人！荣智林他们打破先例，列车到哪，就试验到哪，只要发现问题随时在线路停车进行软件修改测试。他们组织了两批人，一批人在家里试验台位进行验证，另一批人在现场带着仪器、设备边试验边修改软件。一天天跑下来，问题逐渐明晰，但解决起来依然麻烦。于是，他们晚上在家里连夜搭台子试验，第二天再在车上试验，工作到凌晨两三点，甚至通宵达旦的电话会议是常有的事。

接下来的就是反复地进行高速试验。在车上做高速试验感觉到的是风驰电掣，特别是在尾车试验，高速过站时感觉车辆与站台擦肩飞驰而过。

12 月 3 日，铁道部、上海铁路局、南车集团、主机厂及各主要参研参试单位领导和技术骨干参加了冲高速试验。列车从枣庄出发一路加速南下，如离弦之箭。大屏幕显示屏不断刷新列车速度。

“350、450、480、485.8、485.9……”

荣智林他们急促地数着、盼望着。

最后定格在486.1千米/小时！

大家欢呼雀跃！有的鼓掌喝彩，有的互相拥抱。大家纷纷合影留念，留下这难忘的历史一刻！

“随后就进入到复兴号时代了吗？”我问。

“还没有。”荣智林说，“比如CRH380AM列车。”

“何为CRH380AM列车？”我不太懂。

“这是由中车青岛四方机车车辆公司设计制造，在CRH380AL的基础上进行升级改造的一款车型，车头设计灵感来自于古代兵器青铜剑，霸气的外形，犹如一柄宝剑划破长空。”荣智林解释说。

“比CRH380AL列车高一个级别？”我问。

“可以这么说吧。”荣智林说，“CRH380AM列车为后来的复兴号顺利推进奠定了坚实基础。株洲所深度参与。”

CRH380AL设计完成后，主机厂技术团队和株洲所共同研讨未来高速列车的开发。牵引系统采用哪种方案？用3300V还是6500V的IGBT？三电平还是两电平？双方围绕这个主题研讨了很久，最后决定都采用后者。在CRH380AM的研制过程中，他们从牵引、辅助、网络全面构建了一个新的平台，采用了6500V的IGBT两电平电路，轴功率600kW等级，主辅一体设计并实现辅助并联，采用TCN+以太网的高速列车网络控制架构。还在这个车上解决了很多技术难题。其中他们在网测谐波抑制方面达到了一个新的水平。为了达到最佳控制，项目组奋力攻关，从方案制订到现场验证，经常是夜以继日，加班加点。为了收集现场数据，项目组千方百计辗转一百多公里在变电所地面侧进行数据采集分析，七次在沪昆线试验。特别是最后一次，他们和主机厂到主管部门那里立下了军令状。最后，大家不负众望，试验结果达到优秀，数据指标领先。

“复兴号的研制是2012年开始的。”荣智林说，“这年，由中国铁路总公司主导，中车所属企业设计制造。开展中国标准动车组设计研制工作，意味着我们开始向复兴号时代进发了。”

“复兴号与和谐号有什么不同？”我问，“只是速度更快了吗？”

“你说得没错，速度有了大幅度提升，外观、内部空间等方面也有了很大不同。和谐号一般都是在300公里每小时，而复兴号则是在350公里每小时。相对于和谐号来说，复兴号的内部更宽敞。”荣智林微笑着说，“但最主要的是技术平台的区别，复兴号完全是按中国标准设计，全部的技术都是自主研发。”

启动中国标准动车组研制，对于株洲所参与高铁研制来说也是一次重大机遇。

“你们如何参与研制的呢？”

荣智林娓娓道来。

首要的就是制订整车和各系统技术条件。由于要实现行业引领，顶层指标设计起点很高，加上又有和谐号CRH1-CRH5型电力动车组以及和谐号CRH380A型电力动车组、和谐号CRH380B型电力动车组及和谐号CRH380D型电力动车组的应用经验，技术条件在功能上、性能上都用最先进的指标作为输入，所以复兴号功能全、性能高。项目在一开始就定位要实现互联互通，这样一来，大部件接口统型就存在技术路线选择问题，如整车动拖比，以及牵引、辅助、网络系统等。

怎么办？

刚开始，株洲所平台方案采用6M2T编组，电机轴功率400kW等级，主辅一体。而国内另外一个平台则推荐4M4T，轴功率600kW，主辅分离方案。孰优孰劣？他们认真分析和讨论，觉得各有各的优势。最终，综合各种因素，总体组最后决策采用4M4T方案。刚开始得到这个结果，荣智林他们有些失落，因为各系统都要全新设计开发，从试验验证到批产，难题多且时间紧迫。

“我们要坚信，靠大家的努力拼搏一定能完成任务！”关键时刻，所领导不断地给大家鼓劲加油。

“网络系统方案分歧不大，但在网关技术上出现了一点分歧。起初其他网络研制单位提出优先采用UIC网关，所里从互联互通、自主可控等多角度来考虑，推荐采用自主网关，最后我们的提议得到各方的一致认可。”荣智林说。

“难点，或者说挑战是什么？”

“困扰较大的问题是轻量化、噪声和EMC几个方面。”荣智林说，“轻量化方面，我们的方案是集成最优化方案，这方面就有优势，主机厂从降低整车功率和能耗出发，希望进一步减重，我们也从安装、结构、材料入手，经过反复计算评估，最后实现了轻量化目标，功率密度也达到当时最高值。高速列车噪声问题也是一个复杂的多学科问题。经过反复测量分析，找到了解决方案，噪声指标达到了优秀水平。EMC这一块也是比较棘手的问题，在项目开始就联动主机厂共同策划设计工艺实施方案。后来整车到环形道试验，总共经历了近一个月，大大小小的会议超过十多次，项目组和主机厂人员还有高校老师一起，围绕个别频段辐射超标问题展开一系列讨论分析会，最后通过理论、仿真分析、反复试验，找到了解决方案，EMC问题顺利解决。后来复兴号整车测试完成后，整车和系统的各方面指标均很优异，整车的安全性、舒适性、能耗指标达到优秀，产品功率、密度、噪声、谐波达到了最佳，目前复兴号批产后可靠性指标也达到预期目标。”

2017年6月26日11时05分，具有完全知识产权的两列中国标准动车组复兴号在京沪高铁两端的北京南站和上海虹桥站双向发车成功！

此刻，我满脑子都是复兴号风驰电掣的身影。

“从和谐号到复兴号，跨越的不只是速度，而更大的不同是复兴号标准动车组的‘标准’，意味着今后所有高铁列车都能连挂运营，互联互通。只要是相同速度等级的车，不管是哪个工厂出品，不管是哪个平台出品，都能连挂运营，不同速度等级的车也能相互救援。”荣智林说，“复兴号标准动车组的诞生，意味着高铁从最早的‘混血’发展到由内而外都是‘纯中国产’的主导地位。同时标志中国高铁成功地拥有走向世界的核心科技。拥有工程建造、列车控制、牵引供电、运营管理、风险防控、系统集成等技术的中国高铁已达到世界先进水平，中国成为公认的世界铁路大国、高铁强国。从昔日的‘解放’型蒸汽机车到后面的‘东风’型内燃机车、‘韶山’型电力机车，从‘和谐号’动车组到今天创造中国速度的‘复兴号’中国标准动车组，串串足迹记录着中国铁路的发展，更见证着国力的强盛和民族的复兴。”

“向您致敬！”我由衷地表达着自己的敬意。

“我只是见证者、参与者之一，团队太多的人为此付出了心血。这是一代又一代人的奋斗。”荣智林说，“特别是我们株洲所，助力打造了中国高铁这张金字名片。我个人看来，株洲所之所以能取得良好业绩，主要得益于四点：一是多年来株洲所坚持走自主创新之路，有着几十年几代人的技术积累，潜心耕耘、厚积薄发；二是在发展高铁上，国家是举国之力，株洲所也是举全所之力，各级领导非常重视，亲力亲为参与并推动高铁各项工作，技术、制造、售后、试验、市场协同工作配合默契，形成了一股强大力量；三是市场需求和用户牵引加速技术向工程化、产业化发展，促进我们高效实现技术应用推广；四是坚持开放创新，积极与外部展开广泛合作，实现共赢。这些经验也激励着我们各项事业朝着未来更高远的目标奋勇迈进！”

从“混血”到“纯中国产”，又何曾不是一代又一代中国人的梦想与追求？

一束光芒照亮了我的脑海。

1954年10月25日深夜，北京中南海丰泽园菊香书屋。毛泽东一边抽着烟，一边翻看着需要批阅的文件。忽然，他的眼神定格在一封嘉勉信上。

早在8月他就知道了，家乡的三三一厂（株洲航空发动机厂）成功研制出了我国第一台航空发动机，全厂的职工还专门向他发来电报，报告了这个振奋人心的消息。

看着已经拟好的嘉勉信，毛泽东的脸上露出了笑容。他知道，这意味着中华民族结束了不能独立制造飞机的历史。他还深知，在一穷二白的基础上发展工业，特别是重工业，很不容易。如果没有工人们的努力，是不可能成功的。这是可喜可贺的大好事。

随后，他挥笔在嘉勉信上签上“毛泽东”三个字。嘉勉信中说：“这在建立我国的飞机制造业和增强国防力量上都是一个良好的开端，希望你们继续努力，进一步掌握技术和提高质量。”

几天后，接到来信的三三一厂一片沸腾，奔走相告。

是啊，从战乱连绵的伤痛和任人宰割的屈辱中走出的新中国，一穷二白、满目疮痍，年轻的共和国有一种急迫的追赶意识，渴望更早、更快地融入世界第三次工业革命中来，但这条路注定荆棘密布。

为了尽快建成工业化国家，年轻的共和国以坚决的国家意志，推动了大规模工业化的展开。

在历史的洪流中，湖南工业也开启了新纪元。军事接管、恢复生产、新建国营厂矿、组织公私合营，获得新生的湖湘儿女在党的领导下，以空前的热情投入工业建设的大潮中。1953年，湖南国营工业企业就达到了734个，公私合营工业企业达到118个，私营工业企业达到 2121 个，工业总产值较 1949 年增长 1.57 倍。比如粤汉铁路株洲总机厂，就成为中国人民解放军在湖南接管进驻的第一个官办企业。谁也不曾料到，一个领先全球轨道交通装备的产业集群，正是从这里孕育而成。

“从一九五三年起，我们就要进入大规模经济建设了，准备以二十年时间完成中国的工业化。完成工业化当然不只是重工业和国防工业，一切必要的轻工业都应建设起来。为了完成国家工业化，必须发展农业，并逐步完成农业社会化。但是首先重要并能带动轻工业和农业向前发展的是建设重工业和国防工业。”1951 年 12 月，毛泽东在中央政治局讨论部署“一五计划”编制工作时指出。

1952 年底中共中央制定了社会主义过渡时期的总路线和总任务：是要在一个相当长的时期内，逐步实现国家的社会主义工业化，并逐步实现国家对农业、手工业和对资本主义工商业的社会主义改造。1954 年召开的第一届全国人民代表大会第一次明确提出，要实现工业、农业、交通运输业和国防的四个现代化。

根据中央下达的国家“一五”计划方针和任务，湖南省有关方面从 1951 年冬就着手准备，深入调查研究，广泛听取各方面的意见，多次修改，历时 3 年，拟定了《湖南省发展国民经济第一个五年计划纲要（草案）》，并于 1955 年 12 月经湖南省第一届人民代表大会第三次会议讨论通过。

“一五”期间，湖南全省完成了株洲硬质合金厂、三三一厂、株洲电厂、株洲洗煤厂、湘潭电机厂、桃林铅锌矿和瑶岗仙钨矿七项国家重点工程，新建了衡阳冶金机修厂、湖南日用化工厂等 434 个大中型骨干企业，新扩建了建湘瓷厂、湖南农药厂等 86 家重点企业。这些重点工程建设，有力推动了湖南省工业经济的发展。

此时，有一个无法绕开的群体——苏联专家。

新中国成立初期，苏联援建中国156个重点工程项目，实际施工150项，涵盖航天、电子、兵器、船舶、冶金、化学、机械加工、能源、轻工、医药等众多工业范围，借助外援，中国逐步建立了独立的民族工业体系。在苏联援建的156个重点工程项目中，国家安排了7个项目在湖南，就是上面提到的“七项国家重点工程”。

在株洲，留下了不少中苏两国人员深情厚谊的故事。

追寻当年苏联专家的足迹，我来到位于株洲市火车站附近，一家代号为六〇一的工厂——株洲硬质合金厂。硬质合金，被誉为“工业的牙齿”，各式各样的挖掘机、切削刀具、钻头等都离不开硬质合金。为了填补这项空白，1954年，建设者们从祖国四面八方会聚到株洲，在这片长满野草的土地上开始创业。

与此同时，国家计委委托苏联铝镁设计院莫斯科分院，对株洲硬质合金厂进行编制设计。从1955年3月破土动工，到1957年基本建成，盖起了厂房、宿舍、单身楼、食堂、专家招待所、医务所、托儿所等。

从1953年到1960年的7年多时间里，先后有54名苏联专家来到株洲硬质合金厂，参与厂址选择、基建施工、设备安装、试车生产以及稳定生产，他们帮助株洲硬质合金厂从零开始，解决设计、施工、生产中遇到的各项技术问题。

在老工人们的心目中，苏联专家并未走远，故事仿佛发生在昨天。

他们说，苏联专家们都居住在厂招待所，因此厂招待所又被称为“苏联专家楼”。专家楼是苏联人设计的，三层楼高的砖木混凝土混合结构，有着典型的苏式风格，左右对称，平面呈V形，屋顶设有通风口，冬暖夏凉。由于苏联有着漫长的寒冬，因此墙体设计的厚度达到了40多厘米。为了让苏联专家们能更安心地工作，工厂特意从长沙请来了厨师，各种西点、饮料、时鲜水果等也常常出现在苏联专家们的餐桌上；专家楼还开辟了舞蹈室，楼外还开挖了一个游泳池。苏联专家们在这里工作得十分愉快，与工人们相处得十分和谐。

建设期间，有一位苏联专家给他们留下了很深的印象，这个人就是土建专家瓦甘诺夫。当时厂区就是一个大工地，条件十分艰苦，但瓦甘诺夫毫不在意，每天都要到工地巡查，几乎整天都在工地上，发现问题及时指导纠正。7月的株洲十分炎热，他每天跟工人一样钻基坑、爬脚手架、登房顶、爬烟囱，和工人们摸爬滚打在一块。他在现场具体指导，解决了许多施工难题，传授了很多宝贵的施工经验，既加快了施工进度，又节约了不少成本。一次，他在巡查一处工地时，发现厂房基础偏离原设计1厘米，当即要求敲掉重砌，态度严肃，不容分辩。他对施工人员反复强调："盖厂房是百年大计，容不得丝毫的马虎，要严格按照设计规定施工。"

在株洲硬质合金厂相关史料和文献中，我也看到了苏联专家留下的友谊和真情。

1958年2月来到株洲硬质合金厂的贝斯特洛娃是苏联国家合金实验室主任，有很深的专业造诣，同其他苏联专家一样，她总是手把手地教工人掌握操作技术，直到工人熟练掌握为止。

"我们来中国，不仅要帮助你们学会技术，还要培养工艺骨干，形成产业优势，用你们中国人的话来说，要让你们知其然还要知其所以然。"贝斯特洛娃身材高挑，皮肤洁白，工人们都亲切地称她为"美女专家"。

管道专家利凡诺夫参加过卫国战争，他除负责全厂上下水道的安装外，还兼任设计和基建专家组的党组书记。利凡诺夫为人厚道，要求严格，他常对施工人员说："同志们，千万别小看上下水道哦，它和人一样，宣泄不畅，是会闹毛病的。"

专家组组长谢苗诺维科，是苏联硬质合金方面的高级专家，曾荣获列宁勋章和斯大林奖金。他从1957年4月至1960年3月，在株洲硬质合金厂工作了3年整。他经常对身边的人说："我能亲自参加和帮助中国兄弟建设社会主义，是我一生中最大的荣幸。"当结束支援任务回国与大家告别时，他深情地说："我永远不会忘记株洲和硬质合金厂的同志们。"

…………

苏联专家为新中国的工业建设做出了重要贡献，同时，他们也给成立不久的新中国扎扎实实上了一课，让年轻的新中国认识到：依靠外国的技术，仍将被动挨打，只有自立自强，攻克技术难关，建设自主创新的中国工业体系，中华民族才能真正强大起来，不受屈辱，不怕挑衅。

时光回到1960年，这年7月16日，苏联政府突然单方撕毁600个合同，并通知中国政府，他们将在7月28日到9月1日撤走全部在华专家1390人。苏联专家撤离中国时带走了全部设计图纸、计划和有关资料，并停止供应中国建设急需的重要设备，大量减少成套设备及各种设备中关键部件的供应。苏联政府的行为，使中国经济建设和国防建设的若干重大设计项目和科研项目被迫中断，一些正在施工的建设项目被迫停工，给中国社会主义建设事业造成了巨大的损失。

中国未来的路如何走？中国如何强大起来？

一切只能靠自己，自力更生，彻底发挥中华儿女的聪明才智，闯出一条康庄大道。

已经是1960年深秋了。

"我们的基本情况就是一穷二白。所谓穷就是生活水平低。为什么生活水平低呢？因为生产力水平低。什么是生产力呢？除人力以外就是机器。工业、农业都要机械化，工业、农业要同时发展。"在北京中南海丰泽园菊香书屋，毛泽东对来访的老朋友、美国作家埃德加·斯诺说。

毛泽东对机器、机械化和工业的透彻认识，和中国近代史上被列强的坚船利炮打开国门、“落后就要挨打”的惨痛教训是分不开的。

如果说“一五计划”建设主要依靠苏联技术援助，那么，从1964年至1980年长达16年的三线建设，投资2052亿元，不论在规模上还是技术水平上，都使我国的装备制造业上了一个大台阶，工业布局也进一步均衡。

当时，新中国既面临美国的挑衅，又面临苏联的压制，亟须发展关乎国计民生的工业，而重中之重是发展国防工业。

中共中央当机立断，提出三线建设，把中国960万平方公里的土地，预设为三条战线：沿海地区为“一线”，此为前线；中部地区为“二线”；云南、贵州、四川三省的全部以及湘西、豫西地区的西北为“三线”，此为后方战略基地，俗称“大三线”。各省份靠近内地的腹地，称之为“小三线”。决定在三线纵深地区建立一个工农结合的、为国防和农业服务的、比较完整的战略后方工业基地，重点是建设西南后方，预计10年到15年内完成。

湖南位于祖国东南腹地，长江中游，是连接东部沿海与西部内陆的桥梁，战略地位相当重要。湘西更是建设后方战略基地的“天然良港”，境内沟壑纵横，溪河密布，峰峦起伏，洞穴连绵，武陵山脉由东北向西南斜贯全境，西部与云贵高原相连，北部与鄂西山地交境，东南以雪峰山为屏障，平均海拔800米至1200米，是国防工矿企业进山进洞的理想之地。军事上进可攻，退可守，湘西被列入三线建设的重点地区，自在情理之中。

时任中共湖南省委第一书记的张平化，是身经百战的老将军，深知兵贵神速。1964年8月，省委成立国防工业领导小组，张平化亲任组长，负责全省国防工业建设。第二年元月，省人大常委会通过《湖南国民经济计划纲要》，把三线建设作为重中之重。2月，成立省国防战略领导小组，由省委、省人委和省军区的主要领导组成，张平化任组长，统筹协调三线地区的建设规划、动员和组织等工作。1965年伊始，大批建设队伍和物资浩浩荡荡开进湘西地区，拉开了三线建设的大幕。

1966年2月20日，三线建设的第二个年头，毛泽东回到湖南。一下火车，便接见张平化等省委领导。那天，毛泽东兴致很高，长谈不已。他谆谆告诫湖南的党政领导，要搞农业机械化，三线建设要注意发展钢铁生产。“经过一年来的实践，看来，三线地区的钢铁工业建设，也是有条件加快的。”毛泽东对他们说。

1969年4月，党的九大召开。6月28日，毛泽东又风尘仆仆来到湖南，在长沙接见省委相关领导，听取湖南工作汇报，批示说：党的九大以后要抓革命，促生产。这次，毛泽东提出了更高的要求，希望湖南10年建成工业省。10月，毛泽东又作出国际形势有可能恶化的判断。依据对战争可能爆发的紧迫性认识，一度因“文化大革命”的影响而进展缓慢的三线建设，作为压倒一切的中心任务，再次提上了议事日程。

后来，毛泽东又多次回湖南，听取关于三线建设情况的汇报。

湖南的三线建设，轰轰烈烈，建设规模之大，在湖南历史上前所未有。湘西土家族苗族自治州地区、怀化地区、邵阳地区、娄底地区和常德、益阳两地区的大部分县市及零陵地区的部分县市，总面积达10余万平方公里的三线地区，深山沟里射进了现代工业的第一缕阳光。20世纪60年代末，怀化城还是一个被称作榆树湾的小镇，面积不足1平方公里，城镇人口不到4000人。到70年代末期，怀化城区人口已达7.8万人，城区面积10余平方公里，被誉为“火车拖来的怀化城”。

经过10多年的建设，长期封闭、落后的湘西有了较大的改变，总体经济实力和生产水平有了显著提高。一是在湘西地区建成了一大批现代化工业企业，二是促进了湘西地区能源工业的长足发展，三是带来了湘西地区交通事业的根本性变化，四是推动了全省生产力布局的明显变化。

为了深入了解湖南三线建设，我查阅了大量关于三线建设的史料，特别是研究史料和回忆性的文献资料。湖南省委党史研究院副院长王文珍撰写的《六七十年代的湖南三线建设》让我陷入沉思：虽然三线建设留下了深刻的历史教训，但其所取得的显著成果以及留下的宝贵精神财富，更是一道抹不去的国家记忆。

没错，三线建设是在准备打仗的浓厚氛围下开展的一次大规模基本建设。从一开始，它就受到战备因素的制约，并贯穿始终，加上当时我国正处在“文化大革命”时期，因为认识、条件、环境等诸多原因，也难免留下一些脱离实际、违背科学、效益低下的教训和思考。但三线建设为中西部的崛起发展积累了丰厚的工业遗产，没有三线建设在中部、西南留下的工业基础和人才传承，东部沿海的制造业根本没法顺利实现如今的向内陆地区转移。三线建设更是在湖南建立了一个重要的军事工业战略基地，成为我国国防建设和国民经济建设中一支重要力量。随着我国改革开放和现代化建设的推进，经过调整改造和改革，这股力量依然发挥着重要作用。

三线建设虽然离我们远去，但同样给我们留下了宝贵的精神财富：听党指挥、国家至上的奉献精神；万众一心、改天换地的协作精神；只争朝夕、艰苦奋斗的创业精神。这一切，对于我们建设制造强国，探索中国式现代化道路都是重要的精神力量。

我正行走在火热的建设现场：湖南正传承弘扬“三线精神”，全面贯彻落实“三高四新”战略，着力打造国家重要先进制造业、具有核心竞争力的科技创新、内陆地区改革开放的高地，再创新时期工业建设的辉煌。

千里共同途

“申，你在公司干得好好的，为什么要辞职呢？”申政的上司觉得不可思议，“是工资不够高吗？我们可以马上给你加薪。”

“不是。”申政摇着头说。

“那是什么原因？”申政上司问。

“我想回中国工作。”申政说。

这段谈话发生在2015年7月的一天，美国硅谷的西部数据公司。西部数据是全球知名的硬盘公司，申政来这里工作已两年了，担任主管工程师，并深得上司和同事们的信任和喜爱。

“我帮你联系一下苹果公司的朋友，他们需要派工程师到中国工作。”申政的上司非常热情，但他并没有明白申政内心的真实想法。

申政推脱道：“真的不需要了。”

热情的上司还是执意给朋友打了电话，不久后，苹果公司的相关负责人还真找到申政，告诉他，苹果公司不仅可以派他到中国工作，还可以按在美国硅谷的薪酬标准发工资。

“谢谢你们的好意，我想回到我的家乡工作。”申政说。

“是想家了吗？”苹果公司的相关负责人问。

申政笑着点头说：“是想家了。”

“申，祝你好运！”苹果公司的人最终表示理解。

这一切的最终原因，是申政心中浓郁的赤子心、报国情。“我在美国学的是机械，在西部数据专门研究硬盘的振动处理，虽然研究不算深，但至少学懂了套路。去苹果公司，唯一的好处是赚钱多，但自己所掌握的技术对国家帮助不大。”申政想。他想回湖南株洲，到中车株洲电机有限公司（以下简称“中车株电”）工作，因为这家公司能打造高铁核心动力装备，是祖国目前最重要也是最需要人才的制造高地。他还了解到，中车株电是中国中车旗下牵引电机、变压器专业化研制企业，是我国轨道交通、风力发电零部件装备领军企业，在机车、动车、城轨地铁牵引电机和牵引变压器、风力发电机、高效电机、特种变压器等方面均有建树。

两个月后，申政义无反顾地回到了祖国，来到中车株电。

“出国可以学到先进理念和技术，但我的心在祖国，学成之后必然服务祖国。”申政告诉我说。

35 岁的申政，来自湖南祁阳，阳光而帅气。7 年过去了，申政也从中车株电一名主任工程师成长为中车株电研究院副院长兼轨道交通事业部副总经理，甚至获得全国青年岗位能手、中国中车十大杰出青年、湖南省科技创新领军人才、湖南省青年科技工作者协会副会长等众多荣誉。

2008 年，21 岁的申政已于上海交通大学机械设计专业本科毕业，并读了一年研究生。他是个典型的理工男，数理化可以，语文和英语不太行，特别是对英语兴趣不大。他原本以为考个英语六级就不用再考英语了，没有对英语学习作出规划。一天，有个同学对他说：“你知道吗，学校与美国密歇根大学有个合作，如果通过托福考试，可以转到密歇根大学读研。”申政有些不屑地说：“我对英语不感兴趣，没有这方面的打算。”同学又说：“你不是喜欢机械专业吗？听说密歇根大学机械工程专业非常牛，世界有名。”喜爱机械的申政心动了，并开始悄然行动起来。他强化英语训练，特别是听力的练习。虽然他不太喜欢英语，但毕竟是学霸，经过一段时间的强化训练后，英语水平大幅度提高，最终顺利通过托福考试，顺利迈进密歇根大学的校门。

研究生毕业后，申政可以回国读博，也可以留在美国读博。为了学到更多的机械知识，他决定在美国申请读博。于是，他来到宾夕法尼亚州立大学读博士，还是学工程机械专业。虽然他不喜欢英语，但他喜欢老外独立思考的方式，喜欢老外简单直接的思维。课堂上，学生可以随时提各种问题，甚至质疑老师的观点，但师生之间没有任何的尴尬，依然谈笑风生，其乐融融。这对申政的启示很大。在国内，学生都很尊重老师，即便有时心里质疑老师的观点也不会直接表达，顶多委婉地问一问。而老师与学生间平等地交流，确实有助于学生的成长。尤其是工程机械专业，其研究和试验讲究科学性，来不得半点虚假。老师接受质疑，能更好地促进教学相长。他希望，团队成员间也可以如此。

回国后，申政最开始去的是中车株电牵引电机研发部，这是公司最核心的研发部门，不论是技术还是市场占有率，都在全国领先。部门重要，履历不错，领导也很看好他，让他做主任工程师，主要从事电动机的设计以及振动和噪声的研究。这对他来说是一项全新的挑战。在学校学的是一堆技术原理与方法，在西部数据虽然研究过硬盘的振动处理，但属于精密电机系统。而现在摆在他跟前的，是个大家伙——高铁的发电机，素有“动力心脏”之称。于是他要么趴在机头上研究琢磨，要么向同事们请教。渐渐地，他与电机开始融合起来。

当时公司正研制中国首列“复兴号”动力集中型动车组牵引电机。不久后，领导找到申政，将攻克偏心轴承设计这一关键难题交给了他。这一特殊设计源自国外，引进十余年，虽被广泛应用在多条干线的主力机车上，但并未能完全消化其原理，始终无法实现再创新。上级要求项目组 4 个月内“吃透”原理并完成改型设计，时间紧，任务重。

面对艰巨任务毫不退缩，申政敢想、敢拼、敢干。他每天与项目组其他成员一起进行计算、试验、分析、对比，每一个技术细节都反复思考。稍有灵感，便立刻在电脑前细心进行编程计算。他日思夜想的都是眼前的任务。有时刚睡觉，想起一个问题来，立即爬起来做记录；有时从梦里醒来，发现梦里还是在研究偏心轴承。

看着申政的研究迟迟没有动静，各种说法也随之而来。有人说，博士就是老学究，就是书呆子，虽然有一些理论基础，但解决实际问题的能力不行。面对质疑，申政总是微笑面对。他说："感谢大家的帮助与鞭策，我确实只学了些理论，缺乏解决实际问题的能力，不熟悉产品，也不熟悉业务，还需要大家多多帮助与指导。"

那段时间，申政无畏失败，反复试验，一点一点建立数据模型，一步一步攻克技术难点。终于，他在无数次的计算、分析、比对中发现了奥秘，成功指导关键设计，保障了包括"复兴号"在内的全部三个型号动力集中型动车组的成功研发。

申政不仅在中车株电站稳了脚跟，还赢得了领导和同事的赞叹与信任。只要公司需要，他总会扛起急难险重的任务。公司照搬欧洲货运机车牵引电机设计了牵引电机，但当货运机车开到西北时，才发现水土不服。申政被派到一线解决问题。他认真查看并分析后得出结论，这是中国消化吸收国外先进技术、摸索前进时必须交的学费。同款设计的货运机车牵引电机，在欧洲不需高速，也不需重载，且路况平稳，而到了中国，特别是到了穿越大西北的兰新铁路，要经过风沙区，要面对强沙尘暴的侵袭。于是，申政他们对牵引电机进行了在恶劣条件下的适应性改良，解决了水土不服的问题。

轨道交通设备是中车株电的传统产业，但他们也涉足风电行业，开发了风力发电机，并成为国内规模最大的风力发电机制造企业之一。他们生产的风力发电机不仅在国内销售，也向欧洲进军。但在向海外进军时，他们遇到了阻碍——噪声太大，不符合欧洲标准。申政临危受命，担任噪声控制工作组组长。申政知道，虽然他从未涉足风力发电机，但原理是相通的。风力发电机的噪声一般分为两部分：一是空气动力学噪声，发电机涡轮机叶片旋转时切割空气会发出类似嗡嗡的声音；一是机械噪声和结构噪声，与机械有关。风力发电机通过涡轮叶片旋转驱动齿轮机械旋转，从而产生电力。然而，互相咬合的过程中，齿轮会产生巨大的振动和巨大的噪声，这是不可避免的。机械噪声是噪声过大的主要因素。他决定降低机械噪声和结构噪声的分贝。经过不断调试，最终降低了近 10 分贝，达到了欧洲标准，风力发电机迈出了国门。

2018 年下半年，申政成功竞聘公司研究院副院长。来到这里适逢其时。一年前，党的十九大报告指出，加强应用基础研究，拓展实施国家重大科技项目，突出关键共性技术、前沿引领技术、现代工程技术、颠覆性技术创新，为建设科技强国、质量强国、航天强国、网络强国、交通强国、数字中国、智慧社会提供有力支撑。公司将所有的博士集中到了研究院，研究院成员最低也是硕士学历，公司希望把应用基础研究抓起来，能够集中力量办大事。

公司抓应用基础研究，其实是一种长远考虑，也是战略考虑，但有些人看不了这么远。申政原来在牵引电机研发部研发的牵引电机和变压器，这些成果人家看得见摸得着，认为他有成果，有功劳。但到研究院抓应用基础研究后，因为没有研制出产品，也没有直接产生经济效益，便受到一些质疑："没有必要养一帮人在这里搞研究。"好在公司领导态度坚定，认为这关乎公司和产业的未来与前途。

面对公司领导的信任以及外部的压力，申政总是告诫自己，要淡定，不能浮躁，一定要沉下心来搞研究。他们既在专业书籍里找营养，也到高校请教老师。与高校老师联系时，他们装傻装小白，试探老师的真实水平。有的老师不一定是专家，但能唬人，你要跟他合作，他立马就答应，其实并无真才实学。反之，有些老师才高八斗，却异常低调。一次，申政遇到一个高校老师，虽然他在业内知名度不高，也只是一个讲师，但他的论文却让申政眼前一亮。与这个老师进一步交流后，申政发现他为人低调，甚至沉默寡言，但理论基础扎实，有思想，见解独到。最终，他们在机械的疲劳寿命方面有了共鸣，并碰撞出机械结构疲劳寿命设计，解决了产品的某些缺陷。

拉林铁路是西藏自治区境内一条连接拉萨市与林芝市的国铁Ⅰ级单线电气化铁路，也是川藏铁路的重要组成部分。这条铁路于2014年12月19日开工建设，2021年4月1日开始静态验收，2021年6月25日开通运营。

拉林线位属雪域高原地区，受高海拔影响，空气稀薄、气压低，空气密度只有平原地区的60%左右，牵引电机在运行中会产生大量的热能，导致温升过高问题，就和人产生“高原反应”一样。

申政他们对“高原绿巨人”——内电双源动力集中型动车组上的牵引电机进行了特殊设计。设计之初，为了解决这个问题，申政他们不分日夜地攻关，时时刻刻都在思考如何解决问题。经常吃饭时、睡觉前还在群里相互研究讨论，经常是有了“灵感”就立马行动，查文献、梳理思路、做验证、发到群里共享交流、找技术前辈讨论技术可行性等。最后，他们结合运行环境因素，利用流体技术的仿真方法和优化设计理论，分析了强迫通风冷却风机在海平面及高原地区的动力性能对应关系，得出增大冷却风机轴功率的解决方案，成功解决了拉林线牵引电机温升过高的问题，保障了国家重大项目的顺利完成。

当内电双源动力集中型动车组首次驶上“世界屋脊”西藏时，申政和他的小伙伴们欢呼雀跃，感慨他们终于为这个“高原绿巨人”解决了“发烧”这个高原反应。

申政一直向我强调应用基础研究的重要性。他说：“基础试验研究就像是列车上的每一个螺丝钉，是保障安全的基础。”应用基础研究也是他的强项。公司建设了全球最先进的噪声振动实验室，能有这样研究条件的企业不多。申政表示他更要好好珍惜，让其发挥最大功效。

申政甚至受命组建了一支由电磁振动噪声、流体传热、机械等多学科融合的青年科研团队，啃下了很多“硬骨头”，其中包括解决了国际上都头疼的“噪声”问题。为了响应“一带一路”倡议，中车集团一直致力于拓展国际市场，而国际上对“噪声”的标准要求格外严格。面对难题，申政立足扎实的专业技术能力，反复对电磁噪声、气动噪声及机械噪声进行系统分析，通过不断优化频谱测试结果，消除了一个又一个阻碍，取得了巨大的成果。该成果运用于 DM20 荷兰调车机车牵引电机上，实现了全速度范围的噪声比 IEC（国际电工委员会）标准低了 20 分贝，比国外同平台牵引电机低 7 分贝，获得了高度认可。目前产品主要应用于荷兰、德国及奥地利三国之间的调车作业及干线货运业务，为中国制造“走出去”奠定了基础。

说到这儿，申政脸上露出了灿烂的笑容。

他感慨地说：“先进制造业是名副其实的‘星辰大海’，发展前景好、产业链也在不断成熟，正面临一个前所未有的发展机遇。其实当初选择回国，就是为了奔赴智能制造的‘星辰大海’，那是我的梦想。”

年轻的申政也有自己的忧虑。

“我们自主创新的产品还有盲点和痛点，我们还需要大量的人才，特别是科技人才。”申政想了想后说，“只有彻底解决了这两个问题，才能真正打造出一个受人尊敬的国际化企业。”

在申政身上，我看到了中华民族不倒的脊梁，也看到了中华民族生生不息的力量。

这不由得让我想到“千里共同途”的故事。

1971 年，乒乓外交打破了中美之间长达 20 余年的僵局，当美国刚发布公告，解除美国公民赴中国旅行的禁令时，一位思乡的游子就迫不及待地踏上了归途。他就是已经誉满天下、功成名就的大物理学家杨振宁，他也成为美国对华解禁后申请归国的华裔科学家之第一人。

回国后，杨振宁交给接待人员一份希望会见的人员名单，列在第一位的，就是他的老同学——邓稼先。因为他心中一直盘旋着一个疑问：1964 年中国原子弹研制成功，举国欢腾，但美国学界一直传言这其中有美国物理学家的帮忙。他希望好友邓稼先能亲口打破这个传言。

慎重起见，邓稼先在请示了周恩来总理后，次日托人转交给杨振宁一封信，十分确定地告诉他，原子弹的成功完全是中国人自主研发。据说，拆完信以后杨振宁控制不住自己的情绪，大哭一场，然后跑到洗手间，整理了情绪以后才出来。

这是杨振宁灵魂深处的一个震荡。

早在 1945 年出国前，父亲杨武之就曾叮嘱他：“每饭勿忘亲爱永，有生应感国恩宏。”在美国，读完博士并正在从事基础物理研究的杨振宁为了继续当时的研究工作，没有像邓稼先等人那样在 1950 年就乘船回国，但等他想回的时候，已经回不了了。

这一等就是 20 余年。然而，在没能回国的岁月里，杨振宁在美国为华人赢得了巨大的荣誉。1956 年，他和李政道提出的“宇称不守恒”定律震惊了世界，并凭此成就在 1957 年斩获诺贝尔物理学奖。而回国后的邓稼先，参与了我国核研究工作，因为研究核武器要绝对保密，他也为祖国隐姓埋名几十年。

此后，尽管不断受到盘查和其他压力，杨振宁仍然坚持每年回国一两次。他主张重视基础理论的发展，十分关心新中国的科研力量。1980 年，杨振宁在纽约成立了“与中国教育交流委员会”，委员会资助了数百名中国学者去美国学习深造，这些人日后都成为新中国现代化建设的骨干力量。

2003 年，杨振宁回国定居清华大学。他始终关心中国重大科学工程及科技决策，以一片赤子之心进行谏言和批评，继续用他的科学精神和学术人格，在中国科学界起着显著的引领作用。

从中华少年，到爱国游子，到归根老人，岁月须臾而过。

2021 年 9 月，杨振宁老先生百岁华诞。在致辞中，他再次提起早已因为核辐射的伤害而离世的邓稼先早年给他写过的一封信："但愿人长久，千里共同途。"

学成归国的科技人才，他们都有着心系祖国发展的赤子之心。他们成为祖国科研攻坚的重要力量。他们默默地攻克一项又一项难关，也许鬓角已有白发，也许皱纹渐渐显现，但是，青春无悔，只为了能够早一天实现科研梦想。

采访过程中，我还十分强烈地感受到，"卡脖子"关键核心技术攻关人才是战略人才的核心组成部分，是引领科技自主创新和产业自主可控的关键要素，也是当前人才队伍建设面临的最急迫的现实短板。只有营造良好的人才成长的企业环境，培养和造就更多的科研人才和创新人才，促进企业技术革新，才能真正打造面向全球的创新型企业。

第三篇

自我革命的勇气

我国制造业企业，有公有制企业，也有非公有制企业，不论“公有”还是“非公有”，要生存、发展和壮大，必须经受住市场竞争的考验。特别是国有企业，要生存和发展，必须适应市场化、国际化新形势，只有通过全方位自我革命、全面市场化改革、全力解决历史遗留问题，才能成为制造业企业高质量发展的排头兵。在深化国有企业改革过程中，必须全面了解和探究改革中存在的问题，制定完善措施，方能实现转型升级。

制造业转型升级是我国制造业高质量发展的必由之路。

在新的经济转型过程中，许多行业都将不可避免地面临产业升级的问题，这是机遇也是挑战。但升级之路不可能一帆风顺，总会有一些沟沟坎坎需要跨越，特别是在改变旧有的生产、运营模式的过程中。

新兴产业的出现，为制造业带来了新的机遇。如新能源汽车、人工智能、物联网等领域的新技术和新产品成为推动制造业转型升级的新动力，为制造业带来了新的经济增长点。但面向未来，我国制造业转型升级之路依然坎坷，无论是从宏观角度还是从微观角度来看，都面临诸多困难和痛点。如我国制造业仍处于一种大而不强的局面；产业集群分散，成本集约化不足；技术投入不足，竞争优势不明显。

如何破解难题？如何实现从制造大国向制造强国的跨越？

必须意志如铁、决心如磐地进行自我革命。只有这样，才能破解难题，实现技术转型升级、模式转型升级、管理转型升级。

力挽狂澜

初冬的岳麓山，枫叶红胜火，游客涌如潮。

而坐落于麓山北麓的湖南省委党校却闹中取静，一批又一批干部在这里学习、思考、求索。

2018 年 11 月 23 日，星期五晚。晚饭后散步回到厅干班宿舍的周健君正一边看书，一边认真地做着笔记。1968 年出生的周健君是个典型的理工男，1993 年从华中科技大学硕士研究生毕业后，不论是在专业技术岗位，还是在管理岗位，甚至到了领导岗位，学习和思考一直是他的不二法门。学习和思考让他从繁杂的日常事务中跳出来，冷静地思考企业长远的、重大的战略发展问题。

电话铃响了，是省国资委主任打来的。

“健君吧！在省委党校学习吧！情况如何？”省国资委主任关切地问道。

“感谢主任关心呀！已经学了一段时间了，挺有收获的。”周健君微笑着说。

“赶紧回湘潭，明天我和省委组织部的相关负责人到你们公司来。”省国资委主任话锋一转，“你必须把这个担子挑起来。”

“我，我——”周健君敏感地意识到了情况的“严重”，一向儒雅而干练的他也变得嘴笨起来。

“明天湘潭见！”省国资委主任的话非常果断，没有丝毫拖泥带水，“党校上学的问题，省委组织部会跟党校协商好，你不用操心。”

周健君深知，公司正面临着前所未有的危机，他面对的将是一场没有硝烟的战争。他赶紧向党校老师请假，说明情况，迅速收拾行李，在夜色中驰往湘潭。望着车窗外的茫茫夜色，他心情沉重，浮想联翩。

那时周健君还是湘电集团有限公司常务副总经理。湘电集团是我国电工行业的大型骨干企业、国务院确立的国家重大技术装备国产化研制基地、国家高技术产业基地和国家创新型企业，业务涉及国防、电力、能源、矿山、交通、化工、轻工、水利，以及大型国防装备、电工成套装备、大型水泵和兆瓦级风力发电装备的开发应用等，并逐步形成了“电机 + 电控 + 电磁能”核心业务群，被誉为“我国民族工业的脊梁”。由于其主导产品研发一直走在行业前列，主持和参与制定或修订国家行业标准 200 余项，为我国重大技术装备国产化事业作出了突出贡献，还享有“我国电工产品的摇篮”之美誉。

湘电集团有着悠久的历史，湘电人都以此为荣。

湘电集团前身是中央电工器材厂。

“爱国志坚决，邦危迫国门。解放同欢悦，互勉乐新生。”这是电工专家恽震在民族危难的特殊时期写的一首诗。恽震是江苏常州人，毕业于上海交通大学电机工程系，曾在美国威斯康星大学和美国的电机制造厂、电站建设公司学习和工作。后毅然离开美国，回到祖国的怀抱，在学校当过老师，在工厂当过工程师，再后来在国民政府建设委员会任技正，并兼全国电气事业指导委员会主任委员。1936 年起，恽震受聘为资源委员会专门委员，负责筹建中央电工器材厂。这年 8 月，恽震带领一群测绘人员，开始选择建厂地址。1937 年 3 月，中央电工器材厂在湘潭下摄司正式动工兴建，恽震带领全体员工边拆迁，边建设，到 1939 年四个厂陆续开工。

恽震一生惜才如命。自中央电工器材厂筹建之日起，他就持续不断地从著名大学招聘学业成绩前三名的毕业生，从品牌企业物色领军者，从海外学子中遴选优秀人才，请专家推荐得意门生，使中央电工器材厂云集了一大批青年才俊。他拟定“忠、信、敏、确”四个字为厂训，号召“忠于事业而信于人群，敏于设计而确于质量”。

作为我国著名的电力电工专家、中央电工器材厂筹备委员会主任委员，从选址下摄司、动工兴建厂房、设备搬迁昆明、与美国西屋公司和史密斯公司开展技术合作到培训人员，恽震殚精竭虑，呕心沥血。建厂初期，一批留学归来的知识分子齐聚湘潭下摄司，他们雄心勃勃，欲兴建一座全国规模最大的电工器材厂，生产中国自己的动力发电设备、汽轮或水轮发电机、变压器、电动机、电表、各种开关以及工业用电气控制设备。

1948 年元旦，国民政府资源委员会中央电工器材厂湘潭工程处举行开工剪彩典礼。4 月 1 日，在建一号厂房时，他们特地立了一块奠基碑，并由总经理恽震亲自题词：“千里之行，始于跬步。电工大城，斯为序幕。伟业肇基，国强民富。勉哉同仁，重责是负。”7 月 1 日，中央电工器材厂改组，成立中央电工器材厂有限公司。同一天，湘潭工程处宣告结束，正式成立“国民政府资源委员会中央电工器材厂有限公司湘潭电机厂”。

新中国成立后，湘潭电机厂由人民政府接管，1953 年更名为第一机械工业部湘潭电机厂。“一五”期间被列入国家 156 项重点建设项目，经过几十年的发展，已经成为我国电工行业的骨干企业，国家重大技术装备的生产、研制基地，国防装备定点生产厂家。从 20 世纪 60 年代起，先后为北京、天津、平壤、德黑兰等城市提供地铁配套电机电控设备 1000 多套；20 世纪 80 年代跻身于全国 500 家大工业企业行列；90 年代列入 520 户国家重点企业。

1997 年 3 月，按照建立现代企业制度要求，湘潭电机厂改制为湘潭电机集团有限公司，由湖南省人民政府授权行使国有资产投资主体职能。1999 年底，企业集中主业部分的优良资产，联合北京地铁总公司等六家企业共同发起设立了“湘潭电机股份有限公司”，并于2002年7月成功上市，“湘电股份”7500万A股在上海证券交易所成功发行，成为湖南省首家在核准制下通过的上市公司、湘潭市第一家上市公司。2006年11月，完成首次再融资工作，共募集资金33120万元。2007年公司正式更名为湘电集团有限公司。

周健君其实是湘钢子弟，他父亲是1958年湘潭钢铁公司成立时从长沙望城招工过来的。周健君生于湘钢长于湘钢，对湘钢有着深厚的感情。上大学时，他却阴差阳错地读了电机专业。毕业分配时，父亲非常希望他回湘钢工作，但专业就像一条不可逾越的鸿沟，把他挡在了湘钢之外。

于是，他来到了湘电并扎根于湘电，当过湘潭电机厂技术中心技术员、计算机室主任，湘潭电机厂微特电机公司副总经理，中美合资博力风能有限公司中方总经理，湘潭电机集团有限公司企业管理部部长助理，湘潭电机股份有限公司副总经理，湘电风能有限公司董事、总经理，湘电集团有限公司常务副总经理等。

周健君见证了中国制造业的快速发展。改革开放45年来，我国制造业增长高于国家整体经济发展水平，在规模发展的同时，产业结构也在快速升级，主要表现在劳动和资源密集型产品的比例持续下降，资本和技术密集型产品的比例不断上升。中国工业化进程令世人瞩目，中国制造登上了历史舞台，成为全世界关注的焦点。不过，正如其他工业化国家所经历的发展历程一样，中国制造业目前也面临着比较优势减弱、生产过剩和转型升级乏力等困境以及全球新工业革命浪潮的全新挑战。

近年来，湘电集团的发展遇到了一些困难。困境的形成，有外部因素，也有内部因素，如战略定位不准、经营管理不善等。战略定位不准主要表现在，不是紧紧围绕大中型交直流电机、风力发电系统等主业来做文章，而是偏离主业盲目投资。看到房地产挣钱，就跟着人家做房地产；看到人家境外投资挣钱，就跟风到境外投资。自己擅长的事没做，不擅长的事做了，结果欠下一屁股债。这些钱都是从银行贷的款，由于不断利滚利，一时无力偿还，深陷严重信誉危机。经营管理不善主要表现在，没有形成良好的用人机制，不是从业务出发用人，也不注重凭业绩用人，导致干部和技术人员普遍浮躁，没心思沉下去经营管理和研发产品。在一个部门或在一个领域，没有可以干到三年以上的。有时一纸调令，主要管理者或主要研发人员被调走，刚刚步入良性循环的业务很快就陷入停滞。

周健君知道，在任何条件下，都必须有创新的思维，只有这样才能平稳前行，才能不断超越。想到这些，他感到肩上的担子无比沉重。

第二天早上 9 点半，省国资委领导、省委组织部相关负责人准时来到了湘电集团办公楼的贵宾室。

“主任，我真不敢接，湘电是一个有 80 多年悠久历史的老企业，能不能换其他人呀。”周健君恳切地请求道。

“正因为湘电有 80 多年的历史，正因为湘电现在到了生死存亡的时候，才希望你力挽狂澜。”省国资委主任满脸严肃地说，“你在湘电工作多年，从经验和情感上来说，你都必须站出来，难道你愿意看着湘电这样倒下吗？”

周健君低头默不作声。

“组织上决定让你回来主持工作，担任党委书记、董事长，不是拍脑袋的结果，而是经过慎重考虑的。你办事干脆利索，讲原则，讲理性，讲效率，敢于讲真话，看准的事会义无反顾地去做。我们相信你能胜任这个岗位。”省国资委主任接着说，“我告诉你，省里很看重湘电，很关注湘电的发展，湘电有着 80 多年的悠久历史了，不能在我们手里垮掉。回来主持工作，你不要再讲价钱了。有一点你放心，省里也不会让你孤军奋战，会尽最大努力帮助你们，支持你们。”

“感谢组织信任与关怀，我听从组织安排。”周健君站了起来，话语里带着几分悲壮，“请领导放心，我将与湘电共存亡。”

临危受命的周健君该如何力挽狂澜？

首先是谋篇布局，清目标，明方向。上任伊始，周健君就和领导班子成员一道，研究制定了“三年主业倍增、效益递增”的总体发展思路，提出了聚焦“电磁能 + 电机 + 电控”核心产业，打造“制造 + 服务 + 成套”业务模式的发展策略，明确了规模和效益目标：到“十四五”末期实现市值 1000 亿元、营业收入 100 亿元、利润 10 亿元。

他知道，信心比黄金更重要。上任之初，他先后 5 次分别组织离退休领导干部、生产经营单位负责人、车间主任、营销人员和技术人员召开专题座谈会，听取和收集各方面的意见、建议。在此基础上，他结合主导产品发展方向，效益递增节点目标，精心部署生产经营工作，召开动员大会、下达责任状、亲自抓协调，推动工作落实落地。通过工作例会、党员集中学习训练和职工系统教育，为党员和干部职工作《乘胜奋进　打好振兴发展攻坚战》主题辅导报告，从形势任务和工作举措，一条条、一项项分析，谈透问题，讲清任务，聚齐人心，彻底改变了一些职工对企业持观望态度的行为，明确了再出发的价值和目标方向。

周健君本科毕业后，一直扎根于湘电，又攻读了工商管理硕士学位，悟透了现代企业管理的要诀，参透了国企改革的精神。他深知，穷则思变，每至穷途末路，改变是唯一的出路。于是他坚持“上下结合、内外兼修、标本兼治、协调推进”的思路，推进改革改制任务有序落地。针对企业现状，他坚持“猛药”与“调理”双管齐下，带领班子制定了《湘电改革改制方案》，确立了深化改革重点任务。他坚持上下结合、内外兼修，不等靠要，果断处置亏损子企业股权，及时止住了“出血点”，发行可交债和上市公司定向增发，减轻了资金压力。在公司内部，他从营销机制、技术创新机制和三项制度改革等方面，建立了改革责任清单和任务清单，每项任务都由党委班子或高管负责，督导检查，协调解决难点任务。

2019年第一季度湘电效益略见起色，来了个开门红。可屋漏偏逢连夜雨，集团一个偏离主业的板块陷入一个诈骗案，亏了5个亿，几乎要把上市公司的资金链拖垮。证监会连夜组织稽查组进驻湘电，对湘电进行稽查。周健君急得彻夜难眠，这件事也惊动了分管的省领导。

“湘电到底有多少个‘雷’？”省领导问。

“没有了，只有这个。”说这话时，周健君多少有点心虚。

从当时的情形来看，周健君知道，纵然自己有三头六臂，也挽救不了湘电。最后一根“救命稻草”就是国有资本的支持。

这年8月中旬的一天下午，省委专门召开以“湘电改革脱困”为主题的会议。这也是决定湘电命运的一次会议。

“我到湖南工作后，好多央企都想收购湘电，但我们没有同意。为什么？这是一个老企业，被誉为‘我国民族工业的脊梁’，是我国电工行业的大型骨干企业。”省委领导说，“这两年，湘电股份生产经营下滑，各类矛盾集中爆发，陷入发展困境。但我相信，困难是暂时的，这也只是湘电80多年风雨历程中的一个小插曲、小波折。”

省国资委主要领导汇报了湘电改革脱困的方案：湘电股份立足自身发展情况，通过剥离湘电风能、长沙水泵厂等亏损资产，停止亏损业务，及时堵住失血点，全面停止贸易业务，加强内控管理，消除运营风险点。同时，湘电股份将战略重心回调至电机、电控优势主业，凭借国际领先的船舶综合电力和特种发射技术，在军工装备制造领域进一步巩固公司的盈利点。

“兴湘集团买湘电集团1.1亿股，帮湘电集团还债，既能解燃眉之急，也能维持银行信誉。”省国资委领导建议道。

兴湘集团为湖南省省属唯一国有资本运营平台，其控股股东及实际控制人为湖南省国资委，致力于服务湖南国企改革发展、转型升级和湖南省属国有资本布局结构调整。通过国有产权划转和托管等方式，兴湘集团重组整合了多家企业，接收了湖南省国资委划转的22户省属监管企业部分国有股权，有效壮大了企业运营能力。

“我原则上同意这个方案！”省委领导表态说，“虽然这个改革方案有一定的风险，但我们希望通过这个方案能将湘电的主业救活，并且用三年时间实现扭亏。”

“这个会从下午3点一直开到晚上7点半，省委领导对改革方案进行了充分的讨论，谈得很投入，也很细致。不仅讨论我们的改革方案，也谈到了工业报国的初心使命，以及如何在打造国家重要先进制造业高地中彰显国企担当。”周健君告诉我说，“虽然这是市场经济行为，但倾注了情感和情怀。可以说，这个会给了压力，但更给了我希望和力量。”

此时，周健君对“上下结合、内外兼修、标本兼治、协调推进”的改革思路有了更深的理解。

“内外兼修，外部省里已经给了我们最大的支持，如果省里不拉我们一把，我们就掉到悬崖下去了。但不要以为有省里的大力支持，就可以万事大吉、高枕无忧了。外部因素救得了一时，救不了一世，今后湘电依然是风雨兼程，如果自己不修炼好内功，不强身健体，还会陷入困境。”周健君在集团一个干部大会上语重心长地说道。

随后，湘电的改革拉开序幕。

首先从干部开刀。集团跟每个干部签订责任状，原则上三年不动，干得好与坏决定未来的命运，如果干得不好，中途直接免职。

其次是“瘦身”。一是“瘦”业务。与电磁能、电机、电控三大核心产业无关的，全部退出来，把资源和能量释放出来。二是“瘦”队伍。当时整个湘电集团有八千多人，下决心再减两千多，降低人员成本。怎么“瘦”？实行全员岗位竞聘，能者上、庸者下。三是“瘦”资产。将那些闲置的、利用率不高的资产，全部盘活，用于还债。

再次是提升市场形象。一些业务板块生产经营下滑，已经被客户打入了“黑名单”。“必须通过改善服务，解决历史遗留问题。”周健君想。他冲锋在前，从财务、技术、营销等专业线抽调优秀党员组建“攻关团队”，逐一化解风险挑战。他带领技术线的党员骨干整改历史遗留问题，亲临运维一线改善服务质量，解决售后问题，最终获得了客户认同。原本将湘电列入“黑名单”的客户，再次敞开了合作的大门。面对投资者的质疑，他带队与监管机构和投资者沟通，宣传湘电改革思路和成效，最终打消了各方的质疑。面对资金断链的风险，他带队奔赴各银行沟通对接，协调不压贷不断贷，力争降低利息，最终保证了资金链安全。

接下来进行营销体系改革。以前营销体系不健全，跟现代企业有些脱节。他带头落实“三大三新”（大行业、大客户、大协同，新市场、新客户、新产品）的营销战略，每月深入市场前沿掌握客户需求、改进服务质量，树立外部良好形象。

“效果明显吗？”我问。

“明显！”周健君说，“以2021年为例。公司全年实现主业订货57.85亿元，同比增长15%，国内首套矿用浮选机高效永磁直驱系统、首台兆瓦级飞轮储能装置等重大新产品成功进入新市场；公司‘电机、电控、电磁能’发展潜力得到了资本市场的认可，上市公司新一轮定增提上日程，为推动企业高质量发展奠定了坚实基础。”

作为先进制造业企业，周健君对企业核心竞争力的焦虑无时不在。未来究竟何去何从，一切都落脚在技术创新上。技术创新一直是湘电的传统，更是其生命力旺盛的基因。2019 年，他们组建长沙湘电研究院等一级研发机构作为公司新技术、新产品开发及推广运用平台，以高效智能装备全电化为研发方向，以永磁直驱技术为切入点，着力提升公司电传动系统成套技术水平。

他们的创新，开出了最绚丽的花朵。2021 年，摇床直线电机系统、高效工业永磁直驱电传动系统等一批新产品实现市场化推广应用，特种车辆电机及控制器实现了量产；公司研制生产的世界首台“120t 级纯电动交流传动矿用电动轮自卸车”成功下线，国内首台 1MW 飞轮储能装置成功实现并网应用。公司“先进矿山装备标准创新中心”获评省级创新平台，“特种车辆永磁电驱动系统关键技术及应用项目”获得省科技进步一等奖，“轻量化低脉动直驱式永磁电机关键技术及应用”获得中国电力科学技术进步一等奖。

“我们原来定的三年目标，两年就实现了，不仅集团实现了扭亏，上市公司也实现了扭亏，所有的板块全部扭亏。”周健君的脸上终于露出笑容，“包括省国资委投资的资金也全部收回成本。”

但前路漫漫，任重道远。

周健君说，他当了三年“丐帮帮主”，到处借钱，现在终于走出了困境，没有“生命”危险了。但湘电依然处于攻坚期。一是省里对他们寄予希望，希望他们实现 10 个亿的年利润。二是他们债务负担依然沉重，前三年还掉了 40 个亿，但还有 80 个亿等着他们去还。怎么还？还是要利用好资本市场这个平台。面向未来，“十四五”开局良好。他们所想的，要做的，概括起来就是四句话：聚集三电主业，抢抓三大机遇，打造三新模式，实现三个倍增。

“难吗？”我笑着问。

“长风破浪会有时，直挂云帆济沧海！”周健君带着自信的微笑说，“商场如战场，这是一个没有硝烟的战场，这里不可能风平浪静，这里总是机遇与挑战并存，我们只有奋勇搏击、迎难而上。”

周健君，如一位指挥千军万马的将军威风凛凛。

国企改革，是一个从上世纪开始就不断在谈、不断在深入，同时又不断出现新问题需要解决的话题。竞争是激发活力的良药，国企改革要强化的是国企的危机意识和竞争意识。推进国企改革，需要有“胆”，要有不畏各种压力的胆魄，敢于碰硬、勇于担当；推进国企改革，需要有“识”，需要把握世界经济发展的大势，需要判断产业发展的形势，需要掌握企业发展的规律；推动国企改革，更需要有勇于创新、善于用人的智慧。

对于国有企业而言，改革只有“进行时”，没有“完成时”。

变革或死亡

“企业经营如同大海航船，在不同的自然条件下应有不同的行驶方式。风平浪静的时候，如何在千帆竞发的形势下一路领先？恶浪滔天的时候，如何在雨打风吹中独善其身？市场经济如浩瀚海洋，既能载起庞大的航船，也能轻易将其掀翻。在任何条件下，都必须有创新的思维，变革的思维，才能平稳前行，才能不断超越。”湖南博长控股集团有限公司（以下简称“湖南博长”）、冷水江钢铁有限责任公司（以下简称“冷钢”）党委书记、董事长陈代富对我说。

虽然已是古稀之年，但他精神焕发，笑容可人，满面春风。虽然身材瘦高，甚至有些单薄，但步伐沉稳而有力。

“祝贺！祝贺！”我微笑着说，“我关注到，前几天中国企业联合会在北京发布了‘2022 中国企业 500 强’和‘2022 中国制造企业 500 强’榜单。湖南博长第 16 次进入了‘中国企业 500 强’，排 360 位，连续18次进入了‘中国制造企业500强’，列174位。不容易啊！”

“2021年，我们所需主要原燃料，铁矿石、焦炭等价格一直高位运行，电力供给严重不足，碳达峰、碳中和政策强力实施，安全环保要求愈加严厉，钢材价格更是跌宕起伏，新冠肺炎疫情全方位影响，致使钢铁行业步步维艰。”陈代富说。

“怎么办？”我听着有些着急。

“面临复杂多变、难以捉摸的经济形势和钢铁行业的严酷竞争，我们坚定信心，主动把握，多观察，勤思考，积极应对；全体员工以确保企业生产经营稳健运行为宗旨，以争创经济效益为中心，竭尽全力提高生产效率，千方百计保持经营绩效，认认真真抓好安全环保，冥思苦想投入技术攻关，扎扎实实降低生产成本，保证了企业逆势前行，顺势发展。”陈代富笑着说。

他的话语尽显从容、淡定。

我觉得，与一起上榜的三一集团、蓝思科技等湘企相比，湖南博长显得过于低调。少有人知道，它曾被列入破产企业名单，后逆袭，连续16次进入中国企业500强。

湖南博长旗下拥有包括冷水江钢铁有限责任公司在内的7家子公司，业务涵盖了冶金、电力等多个领域。冷钢是湖南博长当之无愧的主体生产企业，主要从事钢、铁冶炼，钢材轧制加工等，系湖南省三大钢铁生产基地之一。

我感兴趣的是它的传奇——一个曾负债8亿多元、濒临破产的钢厂不仅被救了回来，还成为一家16次进入中国企业500强、18次进入中国制造企业500强的民营企业。

陈代富带我走进那段峥嵘岁月。

随着改革的春风吹遍神州大地，汹涌而来的市场经济大潮令一些国有企业手足无措。僵化且滞后的管理模式，无法适应中国的新发展节奏，必然面临破釜沉舟式的改革。

其实在计划经济还未完全落幕的时候，市场经济已在民间悄然开展，孕育出一股勃然生机，呈现出一片繁荣景象。到20世纪90年代中后期，中国已摆脱短缺经济，市场经济的春风和现代企业经营自主权的扩大，掀起了一轮新的投资扩能高潮。然而，由于长期受计划经济思想的束缚，国企对市场增长空间预期普遍过于乐观，盲目投资、重复建设和资源的严重错配，导致一些国有企业大面积亏损。痛则思变，国企经营者们发现，除了勇敢地走向市场外别无他路。

冷钢是1958年创建的老牌国有企业。在计划经济年代，曾是全国56家地方钢铁骨干企业之一，也是“中南地区最大的铸造生铁生产基地”。钢铁行业本身属于制造业，同时，它又为其他制造业提供基础原材料，是制造强国的重要支撑，也是制造业参与国际产业竞争、增强产业链短板的重要领域。

在计划经济向市场经济迈进的过程中，冷钢职工“等、靠、要”的陈旧观念依然根深蒂固，企业经营管理粗放，产品种类单一。危机四伏中，冷钢人渴望变通、渴求生存，继续生存下去的愿望迫使他们要倾力一搏。

1999年5月，苦心筹备了8年的20万吨炼钢工程投产了。然而，刚投产的炼钢工程，并没有给冷钢带来多少利润。相反，亏损不断扩大，债务越滚越多，生产难以为继。1999年冷钢的负债率高达124%，当年亏损1.2亿元，欠发职工工资6个半月。账上无资金，料场无原料，仓库无产品，摇摇欲坠的企业最终被原国家经贸委列入了破产名单。那个时候，职工放假的放假，下岗的下岗，只得自谋生路。

时代在呼唤改革先锋，冷钢也在呼唤有经验、有智慧、有担当、有能力的带头人。于是，陈代富临危受命。

在湖南省冶金工业总公司领导眼里，能带领冷钢走出困境的，时年47岁的共产党员陈代富无疑是最合适的人选。他出生于湖南新化农村，年幼丧父，从小家境贫寒，尝尽人间疾苦；高中毕业后，他参加过湘黔铁路建设大会战，亲眼见证过老百姓昂扬的斗志、朴实的干劲；自从1971年与冷钢结缘，从工人到厂团委书记，从工作队长到车间主任，从动力厂厂长到总厂副厂长，他一直在这里磨炼成长，熟悉这里的一草一木。在接到命令时，他刚从冷水江调到长沙一家国企担任领导不足4个月，但他心里还装着冷钢，还惦记着一起摸爬滚打的工友和同事。还有一个原因，在冷钢，在湖南，甚至在中国的冶金工业系统，陈代富历来以敢打硬仗闻名。

“好马不吃回头草！”

“去不得啦，那是一团泥淖！”

“好不容易从冷水江调到长沙，你这又是何苦呢？”

…………

面对亲友的善意提醒，他只是默默不语。

“只是暂时回冷钢，职工情绪一稳定，破产的事处理完，你还回长沙。”

“平稳过渡，不出乱子。”

“长沙给你留好位置。”

…………

面对领导的安慰，他表面平静，内心则波涛滚滚。领导知道，他有“不破楼兰终不还”的豪气与担当。

冷钢的许多老员工还清晰地记得，1999年11月8日是周一，那天正好立冬，风雨交加，寒气逼人。一直到半夜，不，应该是通宵达旦，总厂的办公区都是灯火通明。消息灵通的员工对新任厂长的行程了如指掌。他于当天晚上7点多从长沙乘车，经过6个多小时的长途奔波，于9日凌晨2点多到达厂里。来到厂里，他没有回家睡觉，而是来到了办公室。屁股还没坐热，他又趁着夜色，冒着风雨，到工地上转了一圈。

那天晚上，陈代富的感情无疑是复杂的。料场已经没有原料，仓库里没有产品，四个烟囱有两个不冒烟了……真的就这样破产了？全厂五千多职工，加上家属共两万四千多人，破产后的日子怎么过？望着工厂里两个还在半明半暗燃烧的高炉，他的心里升腾起了一股信念：只要炉子还烧着，企业就还有希望。

于是，从 1999 年 11 月中旬开始，冷钢工地上便多了一个中年男子的身影。每天清晨 6 点左右，他第一次到工地走走；上午 10 点左右，他第二次到工地走走；下午 3 点左右，他第三次到工地走走；晚上 7 点左右，他第四次到工地走走。一天 10 公里的行走中，他看到了上零点班、白班、中班的员工，员工也在关注着他。

一开始，大家没怎么当回事，觉得可能是新官上任三把火，无非是搞形式、图表现。但年复一年，日复一日，风霜雨雪，23 年从不间断，员工们震惊了！一批批退休的老员工，一批批成长起来的新员工，都铭记着、期盼着他的身影。而那个当年意气风发的中年男子，也被岁月染白了头发。有员工总结说，他这是“走动式管理”，亲近了员工，加强了沟通，搜集了信息，追踪了任务执行情况等，为决策做了最好的准备，也赢得了人心；也有员工粗略地统计出，按每天走 10 公里计算，23 年来，他在工地走了 8 万多公里路，相当于 6 个二万五千里长征。

回到 1999 年 11 月，此时的陈代富，有远虑，更有近忧。

陈代富明白，要解决远虑，必须锐意改革，要有“壮士断腕”的勇气。近忧呢？必须有担当，有大爱。

当务之急就是让员工有饭吃。

“只要我在位一天，我就保证员工工资及时足额发放！”回到冷钢的第二天，他就组织召开中层干部大会。

话一出口，就有人站起来说：“莫讲大话，你要是能连续发三个月的工资，你就是神仙。”

陈代富没有反驳。他知道，事实胜于雄辩。一散会，他首先找到一个非常要好的外地企业家朋友。

“老陈，要借多少？”朋友问。

陈代富说：“越多越好。”

“最多 80 万。”

“那就 80 万。”

…………

三天后，一辆装有几麻袋人民币的救护车开进了冷钢。

肚子暂时填饱了，可是没有焦炭，炉子不冒烟，何来生产？陈代富只得四处找焦炭。陈代富四处碰壁，但他锲而不舍。

功夫不负有心人，武汉一家焦炭厂同意给他 120 车皮焦炭，但要他马上过来办理相关手续。陈代富欣喜若狂。接到这个消息时，已是深夜，但他没有等到天亮，便出发了。

“厂长，一定要今晚出发吗？”司机问他。

他说：“必须今晚出发，耽搁了这批焦炭，厂子就彻底没命了。”

于是，他们在黑夜中疾驰，在第二天上午 9 点赶到武汉的这家焦炭厂。

几天后，冷钢的高炉里冒出青烟，铁水奔流，钢花四溅，再次奏响奋进的乐章。

但很快，陈代富又陷入了沉思。改革是冷钢唯一的出路。如何改呢？

他深知，几十年的计划经济，养成了不少干部职工的一些固有观念，这些观念已经成了一种习惯势力，轻易去除不掉，而这些观念恰恰和现实的市场经济格格不入。

冷钢的改革必须从转变观念开始。

陈代富首先推出三条“铁律”。干部能上能下：领导干部要靠本事吃饭，有本事的担任重要职务，没有本事的就要甘愿当普通工人。用工能进能出：职工要多多加强技能培训，既能在车间里做好技术工作，又能在车间外搞好其他工作。分配能高能低：切实做好按劳分配，对企业贡献大的就多拿，对企业贡献小的就少拿。对于中层干部，凡连续三个月完不成任务、民主测评不合格率大于25%、管辖的工作人员每天工作时间小于5.5小时的，只要符合其中任何一条，一律就地免职。对于职工则实行末位淘汰制。就连陈代富自己的工资，每个月也交给干部职工代表来打分，用系数乘以分数的方法来确定。

“国家没有义务保我们的工资，我们没有权利要求不劳而获！”

他还让人在总厂办公楼前的围墙上刷上巨幅标语，并亲自向职工群众宣讲，用许多企业已经破产的事实，逐步破除了盘踞在职工头脑中计划经济时代遗留下来的“等、靠、要”思想。

“国有企业国家总是要保的，国有企业不靠国家靠谁？

“国有企业职工的工资国家不保谁来保？

“我们为企业献了青春献儿孙，不靠国家不靠企业靠谁？

“这是反动标语，严重挑拨了政府和职工的关系。”

…………

刚开始，员工普遍不理解，甚至还有谩骂的、威胁的、恐吓的，请政府相关人员说情的、带着伤人的工具谈要求的……

陈代富知道，这是改革的阵痛。他也明白，只要身子正，就不怕影子歪。

数据是最好的肯定。仅仅半年后，冷钢就扭亏为盈。

其时，刘松龙在炼钢厂制氧车间工作，他告诉我，经历过一次下岗再次回到冷钢后，有过心酸，但更多的是期望。令他欣慰的是，陈代富临危受命回厂，从劳动、人事、工资分配制度方面进行改革，为企业注入了活力。陈代富提出了“国家没有义务保我们的工资，我们没有权利要求不劳而获”的全新观念，激发了全体员工为自己搞碗饭吃的斗志。他不仅非常赞同这种新观念，更是义无反顾地扑入了为冷钢生存而战的洪流中，并在当年加入党组织。当年 12 月，他被调到车间值班室，并参与了 1500 立方制氧机组提高氧气产量攻关小组。经过日日夜夜反复调整参数，一次次进行核对比较，一年后，他们的 1500 立方制氧机组通过工艺优化和空压机叶轮的改造，实现了氧气产量每小时达 1600 立方米的目标 ，为增铁提钢提供了有力支撑。

2002 年春天，青年黄裕林踏上了从广州开往长沙的火车。

与刘松龙的经历一样，黄裕林也曾是冷钢的一员，下岗后南下广州打工。春节刚过，他就接到了厂里的电话，说是要上一条轧钢生产线（即冷钢人后来俗称的一轧厂），并且已经在正月开工奠基了，希望他回厂工作。他的心情非常矛盾。在广州打工的这几年，他感受到了经济发达地区的繁华与魅力，也尝到了经济和生活上的甜头。别人都削尖脑袋往沿海经济发达城市跑，他却要往山沟沟里跑。这是不是错误的选择呢？他有些迷茫，有些痛苦，也不甘心。但当他一回到冷钢，心情立即平静下来。那是他曾经播下梦想的地方，那是他曾经奋斗过的地方。他所学专业与冶金专业不对口，他对将要面对的工作充满未知，甚至是茫然不知所措，但他对冷钢充满期待。

回到冷水江后，他与从各个单位抽调出来的 200 多名轧材工人，分赴萍钢、湘钢学习轧钢技术。这年万家团圆的中秋时节，冷钢人首次独立开轧成功。

“自己成功开轧的时候，我们都激动得流泪。”后来成长为炼钢厂党委书记的黄裕林说，“但后来听说陈代富董事长是破釜沉舟做决策时，我才感觉到自己的微不足道。”

那是段急剧变革的岁月。那时，国家早已决定抓大放小，鼓励调整产业结构。从全国来看，轧材市场早已产业过剩。但陈代富想，狼要吃羊，吃兔子，可我为什么就会是跑得最慢的那只羊、那只兔子呢？

进入2002年，钢铁需求不断升温，冷钢要有一个能融资的新平台，以尽快扩大再生产。冷钢瞅准大型钢铁企业忙于调整产品结构，逐步放弃轧材生产，而轧材市场又需求旺盛这个机会，决定实施“765超常规发展工程”，即通过六大改造，在三年内将生产规模扩大五倍，具备70万吨铁、60万吨钢、50万吨材的生产能力。

要实现“765超常规发展工程”，首先要上一条轧材生产线。让陈代富他们没想到的是，他们一作出这个决定，就遭到了主管部门的反对。

“你们的产品要全面转向，还搞什么轧材生产线？！”

但陈代富从来就不是一个被命运摆布的人。他立即带领9位厂领导，还有4个部长，直奔长沙。说是向领导汇报，陈述理由，但事实上演变成激烈争辩，甚至拍桌子急眼。

“一再跟你说不能搞，不能搞，钢材已经过剩为什么要搞轧材生产线？”主管部门领导问。

“现在已经13亿人了，已经人口过剩了，为什么还要生？我们搞轧材生产线就是为了延伸冷钢的生命。”陈代富说。

“钱从哪里来？”主管部门领导说，“冷钢在冷水江那样的山沟沟里，规模又小，谁会来投资？也不摸摸脑袋想一想。”

“钱在生产中。”陈代富人长得单瘦，但说话底气十足。

“那不是一句空话吗？！”主管部门领导说。

“您知道司马懿兵临城下的故事吗？！”陈代富说。

“你如果执意要搞，我就撤你的职。”主管部门领导急了，一时竟没能控制好情绪。

“自从选择回冷钢，我就没打算再回长沙。”陈代富拍桌子说，“这也是我当时把冷钢破产的文件从破产办公室拿回来的原因。”

…………

“要搞也不能动国有资产一分钱。”最后，主管部门领导被陈代富他们的决心折服了。

上级规定国有资产的资金不能动，大病初愈的冷钢也没钱动，怎么办？职工集资建！

他们实施投资主体多元化。先是吸纳职工的剩余资金，组建有限责任公司——博长公司，上马50万吨轧材生产线，以调整产品的结构，同时实行“民有公用，民有共享，共同富裕”。在冷钢采访时我了解到，50万吨的轧材生产线，由企业和5000余职工共同入股，筹集股金4600万元。入股最多的为101万元。炼钢厂一职工将自己准备买房的7.2万元入了股，支持企业的发展；一退休老同志入股10万元，表示要与企业联为一体；总厂领导9人入股39.2万元。

…………

职工真正成了企业的主人，观念也得到了转变。

冷钢终于得以拨云见日，云散月明。

陈代富不顾个人得失，一心为公，“顶撞”主管部门领导，也已成为冷钢的历史佳话。而他创造的“冷钢经济”神话，也被外界誉为“冷钢现象”。

经过几年努力拼搏，冷钢已经完成了由死到生、由乱到治、由弱到强的精彩嬗变。虽然冷钢在陈代富的带领下搞得风生水起，但“生”“起”的是体制新、机制活的混合经济那一块，而原冷钢的那一块却因体制弊端、历史包袱负重难行。

改制势在必行！

彼时，全国掀起了国企改制的浪潮。2007年8月冷钢也被政府列入全国2007年度改制的企业。将企业完全放入到了市场，企业只能改制。虽然绝大部分员工持支持和理解的态度，但也有一小部分员工不理解，也不支持，甚至有些员工还有上访闹事的苗头。

陈代富知道，有不同意见很正常，再说几十年的省属国有企业的情结不是随便可以割舍得下的。但一个企业要做强做大，必须团结一心，共同奋斗。于是他在大小会上跟大家耐心讲解："市场经济逼着我们改制，要辩证地看改制，不破不立，我们是通过冷钢的破产改制解决历史问题，理顺产权关系和劳动关系，建立适应市场经济的现代企业制度，使企业发展得更好，职工收入增长更快。"

关键是如何改？既要改得科学合理，也要改到职工的心坎上。

看着其他国企改得热火朝天，陈代富不想随大流，他想开辟一条新道路。他紧锁双眉，陷入了沉思。

"既不卖给战略投资者，也不搞经营者持大股，要让职工真正成为企业的主人。"他把自己的观点抛给其他厂领导，"改制后的'新冷钢'还是'冷钢人的冷钢'。"

"包袱谁来承担？"

"企业。不，我们自己。"

这是一条"共创共享、共有共富"的全新之路。

于是，他们用员工的置换金购买原冷钢的资产，然后和已经形成的混合制经济实体实行资产重组，再安置原冷钢的所有愿意上岗的员工，不让任何想干事能干事的员工流向社会，而要让他们有事做，有工资领，有饭吔，有衣穿，有简单的房子住，能赡养老人，能抚育小孩。

于是，具有里程碑意义的湖南博长控股集团有限公司、冷水江钢铁有限责任公司应运而生。

在冷钢采访期间，我真切地感受到了冷钢人的梦想和追求。正是这种梦想和追求，让员工对那次改制给予了足够的理解与支持。据说，整个改制过程中，没有一人因此而上访，更没有出现任何群体事件，改制工作甚至是在丝毫不影响生产、经营发展的前提下无声无息地完成了。

这是何等的默契和团结！

“冷钢的改革思维，是极有深度的思考。”省政府领导赞叹道。

全新的冷钢已经在湘中大地崛起！

采访中，我深刻地感受到，冰冷的钢铁下藏着一颗颗火热的心。

“老人家，您在干什么呢？”一个冬天的清晨，陈代富像往常那样在工地上“走动式管理”，看到一个老太太正弯着腰在废铁堆边捡着什么。

“捡废铁卖。”老太太缓慢地抬起头说道。她身着破旧的棉袄，眼神呆滞，手里提着一个灰扑扑的蛇皮袋。

她有些紧张，站在那里不知所措。

“您不用怕，我也是贫苦人家出身。”陈代富说。

“我家里实在困难，才来捡废铁卖的。”老太太解释说，“我男人原来是冷钢的，自从他去世后，家里就不行了。”

陈代富心里一惊，赶紧走了上去，与她握手。

老太太有些迟疑，不敢伸手。

“没有怪您的意思呢，但冷钢有规定，废铁是不准私自买卖的，再说您在这里捡废铁也不安全。”

“那我怎么生活？”

“您先拿着回去用。”陈代富随即从身上掏出几十块钱来。

“不太好吧！”老太太有些犹豫。

“没关系，谁都有为难的时候。”陈代富笑着说，“原来冷钢为难的时候，就有不少朋友给我借过钱。”

“您是——”老太太惶恐地问。

“我姓陈，是个老冷钢。”陈代富说，“如果生活上确实有困难，可以到厂办找我们，我们尽可能帮着解决。”

老太太拿着那几十块钱，傻傻地站在那里，望着陈代富远去的背影。

生活中，这些不被人关注的细节，总能荡起陈代富心中的涟漪。他想着老太太刚才说的话，心情越发沉重起来，甚至悄然落泪。他一边走一边想，当年自己毅然决然，悲壮领命，不就是为了让冷钢的小孩能够健康快乐成长，青年人有追求，中年人有所长，老年人能安享晚年？大家都有吧有穿，有车有房，有精神寄托？！在陈代富的心灵世界中，“冷钢人”是广义的，既包括冷钢的员工，也包括员工的家属，还包括一直以来支持和帮助冷钢的人，甚至包括住在冷钢小区所有的居民。

第二天一早，他就在厂办和老太太微笑握手。老太太听说他是“陈厂长”，惊得半天说不出话……

冷钢党群部部长唐初旭还跟我讲起另一个故事。

2009年春节前夕，唐初旭和其他两位部长带着几个工作人员，在冷钢城区和冷钢社区挨家挨户走访慰问冷钢职工。

在冷钢二生活区，唐初旭他们听到一个特困户的故事。有个女子，四十出头，丈夫在一年前突发疾病去世，留下她和三个正在读初中、小学的孩子。女子在附近一家酒店打工，但由于酒店生意不好，没有按时发放工资。春节将至，别人家年味渐浓，她家还在等米下锅。

唐初旭把这一情况向陈代富作了汇报。

“董事长，她只是住在冷钢小区，但不是冷钢人，我们帮不帮？”唐初旭问。

“帮！肯定要帮！”陈代毫不犹豫地说，“只要住在冷钢小区，就是我们冷钢的一员。”

他还特别交代唐初旭，第一不要逼着她交物业费，以后有钱了再交；第二要跟酒店协商，把拖欠她的工资要回来；第三要做好春节慰问，慰问标准和冷钢员工一样，让她家过一个好年。

那天，唐初旭他们提着米、油、鸡、鱼、肉等慰问品，带着 400 块钱慰问金，敲响了特困女子家的门。开门的是她上初中的大女儿，看到他们明显有些紧张。

“你妈妈在家吗？”唐初旭问。

“我妈妈到酒店做事去了。”

“我们是冷钢的，来慰问你们家。”

“叔叔，你们是不是走错了？我们不是冷钢的。”

唐初旭笑了，说：“不会错的，就是你们家。”

当拨通特困女子的电话后，她在电话那头也是连发两个问号。

“你们是不是走错人家了？”

“你们是不是搞错了？我们不是冷钢职工。”

当唐初旭把事情来龙去脉解释清楚后，特困女子在电话中就抽泣起来。

说起陈代富，冷钢原宣传部部长张包全发出由衷的赞叹。陈代富儿子在长沙，但每次到长沙出差，他从不到儿子家住宿，而是当天立即赶回冷水江。冷钢每个工地的角落他都清清楚楚，但儿子家的卫生间在哪里他都搞不清。他给出的理由很充足，他的根在冷钢，他的心在冷钢，他的情在冷钢，他已经在这里深深扎根，他要把他的一生交给这片热土。

63 岁那年夏天，一个骄阳似火的下午，陈代富来到 88 米高的烧结脱硫塔旁边。看着建筑工人正冒着酷暑在塔上改造环保设施，小心翼翼地作业，现场电弧闪烁，他欣慰而又焦急。在冷钢高质量发展中，他最担忧和关心环保。他牵挂着环保设施改造的进度，也惦记着高温下作业的工人。于是，他弯着腰，一步一步朝塔顶爬去。强烈的阳光刺激着他的眼睛，汗水爬满了他的脸庞、湿透了他的衣衫。当工人们注意到他时，他已经攀爬到了塔中间。没有安全索，也没有保护栏，工人们只有屏住呼吸，默默为他加油。来到塔上，他与作业的工人一一握手。

陈代富出生在农村，家中兄弟姐妹多，侄甥辈更众。亲人们大都在穷乡僻壤的黄土地里刨食。他们也常常央求陈代富给他们“找个吃饭的地方”或允许他们与厂里做点生意，陈代富始终没有利用手中的权力安排任何一个与厂里做点生意或来厂打工。望着他们由期待转为失望的眼神，陈代富心酸过，眼睛湿润过，但他还是硬着心肠对他们说：“你们支持我的工作，企业好了，你们有困难，我还可以支援你们。要是安排了你们，企业搞不好，你们也保不住，连个支援你们的都没有。”

“董事长懂得市场经济的规则，企业生存的法则，具有前瞻性思考，哲学性思维，更是掌握了企业成功的核心密码。”张包全说。

…………

在冷钢，陈代富就是一束光，一束照进心灵的阳光。

在冷钢采访时，还有一个情景和一种情感让我感觉弥足珍贵。

我在厂区之间穿梭时，发现办公楼、食堂等办公和生活用房大都是上个世纪 80 年代建的老房子，与院里的老树融为一体。办公区的陈设更是简单，甚至破旧。作为堂堂的董事长，陈代富办公室的面积居然不足 10 平方米，办公设施简单，甚至称得上寒酸。厂区还会一天四次响起广播，既转播中央人民广播电台的新闻，又播送公司的新闻，还有其他丰富多彩的广播节目。

陈代富告诉我，很多人跟他说，应该把办公环境改善一下。他确实可以改善，也有能力改善，但最终他没有改善。他们是股份制企业，员工们把自己的血汗钱投到公司，不是用来盖大楼的，是用来发展企业的，所以更要艰苦奋斗、勤俭节约，要把钱用在刀刃上。

在陈代富看来，回馈社会就是把钱用在刀刃上。他始终觉得，冷钢属于国家，属于社会，属于全体冷钢人，要懂得感恩国家，回馈社会。近 5 年来，冷钢累计捐赠 500 多万元，用于支持地方各项事业的发展。2020 年新冠肺炎疫情暴发，冷钢第一时间捐款 100 万元用于疫情防控。

采访结束，回望冷钢，我看到一棵饱经沧桑的香樟树静静地立在那里。我知道，外表宁静的它，内心热血沸腾，它时刻关注着大地的四时更迭，始终在不知疲倦地往更加辽阔和深远的地方伸展。

湘中的土地上挺立着数不清的香樟树，它们手挽着手，肩并着肩，心贴着心；它们不畏风雨，昂首屹立；它们枝繁叶茂，郁郁葱葱……

要么“翻身”，要么“翻船”

再说三一集团。

2018 年 3 月 13 日上午，北京。

十三届全国人大一次会议第四场“代表通道”采访活动在人民大会堂举行，9 名全国人大代表回答了中外记者的提问。

“传统制造业如何面对数字化浪潮？”有记者问。

“没有统一答案。”既是三一集团有限公司董事长、全国工商联副主席，又是全国人大代表的梁稳根回答说，“要干好这件事，挑战很大。我这几年最主要的任务，就是带领三一集团完成数字化转型。”

“具体怎么落实？”记者继续问道。

“三一集团有港口机械、矿山机械等产品，目前已接近世界水平。传统装备制造企业怎么实现智能化、数字化转型？到底什么是智能化、数字化转型？一是核心业务必须全部在线上；二是全部管理流程靠软件；三是产品高度智能化，管理流程高度信息化，与客户、代理商、供应商实现智慧物联。”梁稳根说，“三一的数字化转型，要么‘翻身’，要么‘翻船’。”

“能不能谈一下对未来数字化转型的展望？”记者问。

“我们现在是制造大国，正处在两个重大战略机遇的交会点上，一个是中华民族伟大复兴的中国梦，第二个是新技术浪潮，也有人说是第四次工业革命，如果能够抓住这两者交会的这么一个旷世的机会，更快更好地完成数字化和智能化转型，那么中国肯定会从制造大国变成制造强国。”梁稳根答。

信息化时代，数字化转型不仅是企业未来发展的必由之路，也是每一个生活在这个时代的人应该关注和面对的。

三一集团数字化转型的背景是什么？我对事物的探索，喜欢从源头开始。

很多人总是简单地认为，数字化就是信息化。而三一集团的数字化转型是指从过去传统的制造企业转型为数字驱动的企业。数字驱动的企业，就是靠软件、靠算法、靠智能管理的企业，需要重构公司的管理模式和业务模式。转型意味着三一集团现有业务都要符合数字化时代的要求。

数字化转型既是时代发展的必然趋势，也是周期性阵痛后的必然选择。在中国工程机械行业，三一集团是绝对的行业巨头，挖掘机、混凝土机械销量稳居世界第一，履带起重机、煤炭机等产品排名中国第一，是中国首家“破千亿”的工程机械企业，业务覆盖全球 150 多个国家和地区。然而，就是这么一家光环萦绕的公司，却曾经遭受长达 5 年的阵痛，甚至是噩梦。1989 年，梁稳根在湖南省创立三一集团。成立后的二十多年时间里，三一集团的营收基本每年都保持高速增长。

2011年，三一集团营收750亿元，达到历史性巅峰。可惜，巅峰没有持续太久，从2012年起，三一集团的业绩开始经历连续五年的下滑。2016年营收跌到300亿元，距离2011年的高点已经缩水一半多。此时的三一集团还遭遇着工资成本、费用支出、库存周转率、资产负债率等财务指标不断恶化的危机，处于“至暗时刻”。

什么原因呢?

主要是因为工程机械行业具有很强的周期性，其发展情况与宏观经济环境、基建投资、房地产投资密切相关。2011年到2016年，在刺激政策效应消退、行业竞争加剧等因素作用下，行业逐步进入下行周期，市场销量明显萎缩。三一集团的经营数据，即佐证了行业的周期性特征。而生产用工成本提升、管理流程不畅、产品迭代落后等多种因素，都在不断拖慢企业发展，制造业领域部分企业逐渐呈现疲弱态势。那些日子，有不少员工来的来去的去，有一些老员工也离开了集团。传统生产经营管理模式已不能适应当下企业发展，数字化转型迫在眉睫。

对于中小企业来说，数字化转型“船小好调头”，如果举措得当，尚可快速完成，但是对于“笨重”的大型传统企业来说，要做到“大象也能跳舞”，真不是件容易的事儿。这必定是个痛苦的过程，甚至还有风险。

其实三一集团的数字化之路，最早可以追溯到2007年。刚加盟三一集团不久的俞宏福力荐焊接机器人，并于2008年后将其大规模推广使用。事实证明，在使用机器人后，挖掘机的使用寿命翻了约两番，售后问题减少了四分之三。一个机器人的效率相当于四五个焊工，而且质量更加稳定。2008年三一集团发布《三一集团制造技术方案大纲》，开始建设数字化工厂。同年，三一集团筹建18号工厂，2012年全面投产。投产当年产品研制周期缩短了20%、生产效率提高了20%、产能提升了23%、不良品率降低了15%、整体运营成本降低了24%，被业界称为“最聪明的厂房”。三一集团也由此成为工程机械行业首家国家级智能制造示范企业。

当然，这只是示范，并不是普及。2018年三一集团全面启动数字化转型战略时，仍然困难重重。

企业的数字化转型必然是思想先行——唤醒员工数字化意识。企业经营者的认知边界，在某种程度上决定了企业发展的边界。对于数字化，如果经营者没有形成深刻认识，三一集团就不可能有更好的发展，甚至在未来的竞争中难以立足。因为数字化就像电气化一样，未来将会渗透到社会的每个角落。

为了匹配数字化转型战略，三一集团首先要求公司高管甚至全体员工加强数字化知识和技能的学习，通过定例化的专家讲课、专业书籍学习、封闭式培训等方式，对员工、特别是高管进行数字化教育。梁稳根每段时间都会给关键岗位员工推荐书籍，员工不仅要学，还要参加考试。2021年6月，他特别推荐了《华为数据之道》一书，要求相关岗位员工读通读透。这是总结华为大数据转型之道的一本操作手册，涉及数据架构、数据治理、数据质量、数据安全等内容，读起来很晦涩。仅仅一个月后，三一集团就组织了一场共有1300多名关键岗位员工参加的考试，考试内容全部来自《华为数据之道》。不是技术岗位的员工也要参加学习，三次考试不过就要停岗。公司关键岗位人员完成每周两小时学习任务的会得到每次400元的学习补贴。为了提升机器人应用能力，公司分批组织员工到三一工学院进行机器人编程语言的培训，并拿出超过8000万元来激励通过机器人编程语言认证的员工。

迄今为止，三一已经基本完成了员工数字化意识的唤醒。数字化已经成为从董事到普通员工都耳熟能详的一个概念，许多关键岗位员工甚至已经初步具备了一定的数据应用能力。并在灯塔工厂建设、产品智能化、工业互联网平台建设等具体方面，也初步实现“从 0 到 1”的跨越。通过数字化转型，三一集团实现了大幅的人员精简，从以前的 7 万人缩减到 4 万人。三一集团的营收也在推行数字化转型战略后再创新高。2021 年，集团实现销售收入 1720 亿元，取得公司历史最好经营业绩。

经过反复研究讨论，三一集团决定围绕装备制造主业，将数字化转型聚焦在五大重点工作上：智能制造灯塔工厂建设，流程四化（标准化、在线化、自动化、智能化），数据采集、治理和应用，软件能力建设，产品智能化。

三一集团的数字化首先是制造的数字化，即智能制造。智能制造是一种新的工业文明，将深刻地改变人类社会、改变整个世界。它不仅是三一集团事业发展的基座，也是中国经济高质量发展的重要支撑。因此，为了将智能制造打造成为集团基业长青的核心能力，他们投入重金，不遗余力地推动智能制造灯塔工厂建设，目标是到“十四五”期末具备 3000 亿元销售额、3000 名产业工人、3 万名工程技术人员。目前，三一集团投资最大并已取得明显成效的，就是智能制造灯塔工厂建设。三一集团正在全国多地同步推进 52 个灯塔工厂建设和智能生产线改造项目，累计投资 243 亿元。按照公司内部标准，已经建成投产 31 个。其中，三一桩机灯塔工厂（北京）已于 2021 年 9 月通过“世界经济论坛”权威认证，是全球重工行业首个获得认证的灯塔工厂，人均产值达到 1072.8 万元。此外，位于长沙的三一泵送 18 号灯塔工厂，也于 2022 年 10 月通过认证。在建设灯塔工厂的过程中，三一集团广泛采用了智能驾驶、高性能传感器、重负载机器人、工业摄像头等前沿工业技术和数字技术，突破了 100 多项关键性智能制造技术，其中很多都是行业首创。未来，三一集团将继续深入推进智能制造灯塔工厂建设，实现更高层次的工业技术与数字技术的融合，达到物料拣配的自动化、生产作业的智能化、制造管理的软件化。

灯塔工厂被誉为“世界上最先进的工厂”，是由达沃斯世界经济论坛和麦肯锡咨询公司所共同遴选、具有榜样意义的“数字化制造”和“全球化 4.0”示范者，代表当今全球制造业领域智能制造和数字化最高水平。因为灯塔工厂智能化程度高，基本都是机器人操作，不仅可以 24 小时连续工作，还可以在夜晚不开灯的情况下作业，所以又被称为“黑灯工厂”。自 2018 年开始评选灯塔工厂项目以来，全球灯塔工厂逐步上升至 114 家，包括三一重工的两家灯塔工厂在内，位于中国的灯塔工厂就有 42 家。

在三一集团，用互联网思维造卡车之事，也被他们津津乐道。

“三一重卡，被视为三一传统产业数字化转型的示范项目。”孟庆辉说。

说到三一重卡，梁林河是个绕不开的人。

1971 年，梁林河出生于湖南涟源。在涟源一中读书时，他的母亲是市里唯一的女卡车司机。看着母亲每天风里来雨里去，不仅辛苦还危险，他暗暗发誓：以后出人头地了，一定要造出全天下最好的卡车，让像母亲一样拼命挣钱的卡车司机能开上最舒适、最安全、最省钱的卡车。高中三年，梁林河废寝忘食，发奋读书，终于在 1992 年顺利考上武汉大学航天工业系，毕业后被推荐到湖南省机械研究所任研究员。1997 年，梁稳根创立的三一集团已经成为行业内的一匹黑马，正处于高速发展期，急需人才。这时，梁稳根想起了高才生侄子梁林河，他不怕别人说他任人唯亲，因为他相信梁林河是一个有能有为、能独当一面之人。

梁林河入职三一集团后，从一名普通职工做起，扎扎实实，任劳任怨，曾任集团商务部副部长、三一香港新利恒总经理、三一美国总经理、三一重机董事长、集团泵送事业部董事长、三一集团董事等职务。

2017 年，46 岁的梁林河已经在三一集团干了整整 20 年。虽然他在事业上有所成就，但在他内心深处有个珍藏二十多年的梦想，就是造卡车。于是，他从三一集团最大事业部的董事长位置上卸任，带领 32 个人创办了三一重卡。

彼时的重型卡车市场，是一个典型得不能再典型的红海，毛利率只有 10% 左右。而要搞一个重卡工厂，投资至少要上百亿，几个亿投进去，就像池塘里的水花一样很快消失不见。但梁林河仍然义无反顾地走上了这条多数人看起来很难成功的路。

借助在美国留学的经历，他决定把美国“硅谷思维”运用到创业中，众创、大数据、平台……成为他颠覆卡车行业的互联网思维利器。而这，也是三一重卡与传统商用车最大的不同之处。

在研发、制造方面，梁林河充分利用互联网渠道，听取一线卡车司机对于卡车性能的需求。那时的他每天都泡在卡车之家论坛上，在论坛上发表帖子上百篇，每天和卡友探讨交流到深夜，有时凌晨两三点还能看到他与卡友们互动。

“卧铺可以加宽。”

“最好装中控显示屏。”

“加上冰箱微波炉。”

“希望使用法士特变速箱。”

…………

当梁林河告诉卡友们他要造卡车时，卡车司机们纷纷提出各自的建议，许多建议和痛点需求都被梁林河一一记录在备忘录里。

大量的调研，让梁林河逐渐确定三一重卡的商业模式：造出让司机感觉最舒服的卡车；造出中国性价比最高的卡车；不靠卖卡车赚钱，靠增值服务赚钱。

卡友们的建议，他都尽量落实。为了造出性价比最高的卡车，他挨家挨户拜访卡车零部件供应商，比如法士特变速箱、潍柴发动机、汉德车桥、齐星驾驶室等。他的目的只有一个：拿到最低价。

梁林河给供应商们宣讲三一重卡的商业模式、理念和故事。最初，供应商们对于梁林河的目标以及差不多成本价的生意大多持怀疑态度。但梁林河终于用三个其他车企难以做到的条件打动了他们：现金结款、独家供货、不进入零部件行业。

就这样，一方面供应商们保证了自己的现金流，不必担心合作伙伴有朝一日会取代自己，另一方面三一重卡则拿到了价格最低、品质有保障的零部件，最大化地控制了采购成本。梁林河将三一重卡和供应商的关系比作“红色联盟”，“供应商将价格降到我们能接受的范围，就将他纳入‘红色联盟’成员之内”。

在生产环节的人工成本上，梁林河则是让机器替代人工。工厂里，纯粹的蓝领工人只有200多人，所有的焊接基本完全无人化，只有几个工程师看着机器。

生产制造的问题解决后，营销成了头等大事。而梁林河借鉴了小米手机的商业模式，大胆采用互联网卖车的方式降低渠道成本。同时，通过线上限量抢购的方式去销售卡车，以各种前期预热活动及首批车辆的低定价吸引关注。

2018年3月18日，三一重卡首批卡车上线，梁林河将其定位为“国内首款互联网商用车产品”。这款车定价仅为27万元，却配备了潍柴500马力发动机、法士特12挡变速箱和汉德469车桥的黄金动力链，比同配置竞品便宜了5万至8万元，除了拥有超大双人卧铺、冰箱、微波炉等房车级配置外，同时还加载了数据中控，为司机提供影音娱乐、信息查询等服务，其性价比之高令人眼前一亮。

高配低价，往往最能刺激市场的神经。第一批卡车上线三一重卡App销售平台，仅用了53秒钟，500辆重卡就被抢购一空。三个月后，三一重卡又开启了新一轮的预售模式，按照事先的规定，每抢购一轮，价格增加1万元，这批卡车的价格由最初的27万增至28万元。这一次卡车司机的抢购热情更加高涨，500台车售罄仅用了46秒。

网络销售收获了意想不到的成功，而预售也改变了传统的重资金投入模式，使用预售资金盘活了整个价值链。“这是源于对卡车司机的爱。我不感谢别人，我感谢的是这些辛苦真实的卡车司机，我的第一笔天使投资就是卡车司机给我的，而不是投资者。”梁林河说。

在后续的服务环节，三一重卡从全国精选了1000多家优秀服务商，实行统一管理。这些服务商广泛分布在高速路口、物流园区、港口码头等交通便利的位置，为卡车司机提供便捷、零距离服务。

通过卡车上的车载大屏，司机们可查询到最近的服务网点、网点评级及实时配件价格，以便选择最佳服务站进行维修保养。卡友们可以像网络购物一样，通过“三一卡车”App对服务站进行评分。针对卡友们的评分，三一重卡会对服务商进行不同程度的奖惩。

未来的三一重卡还会通过建立卡车驿站，提供司机停车、加油、住宿等一系列增值服务，这些都是可以赚钱的模式。

建立红色联盟、机器替代人工、网络销售、采用售后服务评价机制，这就是三一重卡利用互联网思维创造的商业模式。从2018年成立至今，三一重卡估值已经达到120亿元，逼近行业第一梯队。

不论哪家企业，数字化转型已不是“选修课”，而是关乎生存和长远发展的“必修课”。如果不转型，不仅翻不了身，还会“翻船”。

对于三一集团的数字化转型，我理解起来感到有点吃力。我想，就像三一集团对员工进行数字化意识唤醒一样，我的数字化意识也有待被唤醒。

大家都说到18号灯塔工厂，里面是多么智能化和数字化，是中国制造经验与智慧开辟的对外交流窗口，甚至给世界带来灯塔工厂的“中国方案”。我期盼着走进充满科技感和时代感的灯塔工厂。

湘电、冷钢的改革，三一集团的数字化转型，与中国改革开放的纵深推进息息相关。

时间回到1978年。

1978年12月，党的十一届三中全会胜利召开，改革开放的春风，瞬间吹遍神州大地，以市场为取向，以百姓需求为目的，湖南的工业发展毫不犹豫地搭上了改革开放的“早班车”。1985年，按照国家统一部署，湖南工业体制改革全面展开，计划经济体制开始逐步向市场经济体制转变，企业发展活力迸发，一批满足人民需求、深受群众喜爱的工业产品走进了千家万户。

改革开放以后，我国打开了对外开放的大门，通过引进成套设备、联合投标制造，合资生产、代工生产、为外企零部件配套等多样化的合作方式、学习过程，我国制造业在苏联技术和标准的基础上，又融合了西方技术和标准，极大地增强了制造业企业的适应能力和创新能力。这为后来一批先进制造业企业走向世界、独领风骚打下了基础。

然而，当改革开放进入到一定程度后，中国经济呈现一种缓慢爬坡的徘徊状态。

地处中部的湖南经济何去何从，湖南制造业的出路在何方？

1992年1月17日，那辆把稳中国改革方向的列车从北京开出，载着改革开放的总设计师邓小平，从严寒的北方向温暖的深圳奔驰而去，开启了具有划时代意义的南方视察。

18日下午4时许，邓小平乘坐的专列驶入长沙火车站。时任省委书记熊清泉等省领导在月台迎候。邓小平当时已是88岁高龄了，但双目炯炯有神，步履轻捷稳健。熊清泉他们迎上车去，邓小平与他们一一握手问候，并下车在月台上短暂停留，听取了湖南工作的简要汇报。

1991年，湖南气候反常，多灾并发，但在党中央和国务院领导下，全省党政军民千余万人参加抢险抗灾，在大灾之年夺得了大丰收，粮棉油产量创新中国成立以来湖南最高历史纪录。邓小平对湖南取得的成绩感到满意，表示这样的灾害不仅是第三世界受不了，发达国家也受不了，而湖南获得了丰收，正是社会主义制度优越性的体现。

接着，熊清泉又把湖南改革开放的战略、方针、目标做了简略介绍。

“构想很好。实事求是，从湖南的实际出发，就好嘛！”听取汇报后，邓小平特别强调，“要抓住机遇，现在就是好机遇。改革开放的胆子要大一点，经济发展要快一些，总要力争隔几年上一个台阶。”

开车的时间快到了，邓小平在月台上与湖南的同志们亲切合影留念。

得到邓小平的肯定和指导，湖南人民深受鼓舞，全省迅速掀起了新一轮改革开放的热潮。2月28日，中共中央将邓小平南方谈话印发全党，湖南省委随后召开工作会议，贯彻落实南方谈话精神，提出了“放开南北两口”、“建设五区一廊”、“加快西线开发”、开发旅游资源、兴办海外企业、组织劳务输出等方面的改革措施。

其中，“放开南北两口”就是要求湘南改革开放过渡试验区和沿江开放口岸岳阳市要更加开放；“建设五区一廊”是指沿京广线和107国道的岳阳、长沙、株洲、湘潭、衡阳5市建设高新技术开发区，形成一条从岳阳到衡阳的高新技术产业走廊；“加快西线开发”是加快以办好怀化试验区为重点的西线山区开放开发，把资源优势转化为商品经济优势。

在此背景下，湖南国有企业建立现代企业制度的各项改革向纵深推进，企业活力进一步增强。1992 年中联重科从建设部长沙建设机械研究院孵化成立；1993 年 12 月 20 日，“湘中意”“湘火炬”同时挂牌上市，实现湖南上市股票“零”的突破；1997 年，株洲化工厂改制建立株洲化工集团有限责任公司；湘潭钢铁公司、涟源钢铁集团有限公司和衡阳钢管厂联合改制建立湖南华菱钢铁集团有限责任公司……一大批先进制造业企业蓄势待发。伴随邓小平南方谈话掀起的春潮，一群怀揣梦想的人，在湖湘大地艰苦创业、开拓奋进。

来到 20 世纪 80 年代中后期，为促进科技与经济结合，问科技要生产力，全国不少大城市纷纷设立科技开发试验区（即后来的高新区）。虽然当时长沙的经济实力不强，全市地区生产总值不到 60 亿元，财政收入不到 10 亿元，人们的科技意识也不强，各方面条件均不成熟，但“敢为天下先”的长沙人，从来不乏改革精神。

“别人能干成，我们长沙人凭什么就不能？”这一历史重任，落到了时任长沙市科委副主任张祥龙，以及后来任长沙市委副书记、市人大常委会主任的易希文等人的身上。

1988 年底，由张祥龙挂帅的小分队开始选址。

受“宁要河东一张床，不要河西一间房”“岳麓山就是最后一道屏障”等老观念的影响，他们一开始并没有将西岸作为试验区的首选地。

“张主任，我们是不是去河西看看，自从湘江大桥建成后，有些单位已经考虑往河西发展了。现在正在修第二座湘江大桥，以后去河西会更方便。”看到在河东转了一圈，张祥龙都觉得不理想，有人便提议说。

“是啊，我们怎么不到河西看看呢，不是有桥了吗，不需要坐船了呀！”张祥龙说。

说干就干，张祥龙立即打电话求助时任长沙市规划办副主任吴振斌，请求他第二天一道去西岸考察。

第二天一早，张祥龙、吴振斌、易希文等人，骑着自行车，经过湘江大桥，风尘仆仆地赶往西岸。他们从龙王港开始，沿着银盆路，一路往北。沿线都是未开发的处女地。

“这真是长沙的‘西伯利亚’啊！”吴振斌说。

“我们应该在‘西伯利亚’干一番事业！”张祥龙说。

他们走到路的尽头——银盆岭后，便往回走。

“吴主任，这是附三的生活用地吗？”在路过湖南医科大学附属第三医院（今中南大学湘雅三医院）建设工地时，张祥龙突然发现右边有一块几百亩的平地，便问吴振斌。

“不是附三的，是市城建公司开发的，已三通一平，有三四百亩土地，那边还有一块已征购但未三通一平的土地，有五六百亩。”吴振斌说。

“在哪里？”张祥龙欣喜地问道。

“就在六沟垅。”吴振斌指着不远处说，“这块地叫南充，但这一大片的总地区叫茅坡。”

“我们去六沟垅看看。”张祥龙都迫不及待了。

一到六沟垅，张祥龙马上就找到了灵感。“这里才是建试验区的最佳地点！”他兴奋地说。

附近除了一家采石场，一家建筑机械研究院，全是可开发的土地。沿西岸往南走，便是岳麓山附近的高校区，是长沙智力最密集的地区。

“我看集中建设区就可以定在茅坡，在六沟垅建科技一条街。”张祥龙说，“吴主任，这需要你的支持呀！”

“我全力支持！”吴振斌说。

…………

令人始料未及的是，西岸的飞速发展，远远超出了张祥龙他们的想象。随着茅坡科技园不断发展壮大，当时的规划已经完全不能适应发展的需要。

1997 年 4 月，长沙市委、市政府决定建岳麓山科技园，也就是现在长沙人熟悉的麓谷，科技园集中建设从六沟垅、茅坡一带转西边的望城坡。再后来，再往西，岳麓山科技园发展成了长沙国家高新技术产业开发区……

宋捷，长沙高新区原主任助理，来高新区之前，他在益阳地委当过团委书记、地委办公室主任。虽然他比易希文他们晚到几年，但对高新区却有着同样深刻的感受和深厚的情感。

“当年很多朋友都觉得我应该留在益阳，但我从未觉得后悔，因为我投向了另一项让我一辈子都自豪的事业，亲历了河西的巨变，也见证着这个美好的时代。”宋捷说，“30 年来，我们在河西 0.5 平方公里的‘不毛之地’，艰苦奋斗，将高新区发展到如今的 140 平方公里；从刚开始的 20000 元开办费起家，到现在的突破 5500 亿元……长沙高新区今天的发展成就，不仅是长沙人创新创业的生动实践，更是共和国 70 年波澜壮阔的奋斗历史的生动证明。”

更重要的是，高新区孵化出众多先进制造业企业。园区现有企业 32000 家，其中外资企业近 200 家，世界 500 强企业及分支机构 31 家，海内外上市公司 45 家，知名央企 50 余家，形成了先进装备制造、新一代信息技术（移动互联网）、新能源与节能环保的“两主一特”产业聚集区和新材料、生物医药与健康、现代服务业等优势产业集群。

这些企业，特别是先进制造企业，像星星一样点缀着整个西岸，也给这座城市发展带来了最充足的底气。

抬头望去，一片灿烂星空。

如今，由高新区、经开区等先进制造业企业汇聚而成的产业星空，散发着璀璨的光芒。这是时代的星空，希望的星空。

改革的春风，让中国制造业插上腾飞的翅膀，以前所未有的生机和活力快速发展。

当历史进入 21 世纪后，中国制造业已享誉全球。中国政府坚定不移深化改革开放，制造业企业不断革新升级，中国制造业正以数字化、绿色化发展拥抱世界市场，塑造制造强国形象。

第四篇

生生不息的力量

人才是推动制造业企业创新转型的关键。除了科研人才，还有大国工匠，他们都是中国制造大厦的基石。

凡是制造业发达的国家，往往拥有大批技艺精湛的工匠，并且“工匠精神”深深地扎根于企业文化，形成一种鲜明的工业价值观。比如德国，作为一个拥有8000多万人口的国家，却拥有2300多个世界级品牌，是名副其实的制造业强国和大国，德国企业中大量技能娴熟的工匠，是其中当之无愧的“隐形功臣”。

工匠的出现几乎与人类的历史一样久远。中国自古以来就是一个制造大国，无数行业工匠的创造，是灿烂的中华文明的标志。进入现代工业社会，伴随手工艺向机械技艺以及智能技艺转换，传统手工工匠似乎远离了人们的生活，但工匠并不是消失了，而是以新的面貌出现了，即现代工业领域里的新型工匠——机械技术工匠和智能技术工匠。

身怀绝技的大国工匠，被人们亲切地称为“大师”。他们对职业劳动的奉献精神，一丝不苟、精益求精的钻研精神，对现有的生产技艺进行大胆革新，给行业技艺带来突破性贡献的创新精神，共同组成了“工匠精神”。

“工匠精神”是制造业的灵魂，是制造文化的重要组成部分，是制造业软实力的核心之一。我国建设制造强国，需要大力弘扬工匠精神，要认识到技能型人才的重要性，给予其相应的地位和待遇，切实提高技能型人才的获得感和荣誉感。对于技能型人才的培养也需要加强顶层设计，为人才的发展铺路架桥。要让工匠精神成为一种深层次的文化形态，引领社会风尚。

大国工匠，国之基石。

在飞溅的焊花里

2021 年 7 月，从北京受颁“七一勋章”回到湘潭后不久，湘潭钢铁集团有限公司（以下简称“湘钢”）71 岁的焊接顾问艾爱国就接到一个新任务：河北一家钢管公司慕名而来，想请艾爱国焊接一根 300 毫米直径、18 米长的轴。

一开始，湘钢的领导和同事都不赞同他接这个活儿。毕竟年过七旬了，虽然有经验和技术，但身体会吃不消的。再说，这个活儿难度不小。18 米长的轴，抗压强度大，要考虑变形，还要考虑受力情况……

艾爱国虽然七年前已经退休，但刚退休的他又迅速被返聘回到湘钢技术质量部材料研究所，更何况集团早在 2008 年就成立了以他名字命名的“艾爱国焊接实验室”。众所周知，随着生产的发展和科学技术的进步，焊接技术已成为一门独立的学科，并广泛应用于宇航、航空、核工业、造船、建筑及机械制造等工业部门。在我国国民经济发展中，尤其是制造业发展中，焊接技术起着至关重要的作用。可见，“艾爱国焊接实验室”承载着重要的时代使命。

虽然到了退休年龄，但艾爱国的心还在湘钢，仍然是湘钢的一名焊接工人。返聘回厂的艾爱国，仍旧每天按时打卡上下班。一套蓝色工衣，一双黄色翻毛皮鞋总会准时出现在实验室里。有人劝过他，这么大年纪了不用每天都来，或者不用打卡，可以晚点再来。他只是微笑面对。他在心里告诫自己：自己是一名老工人，也是一名老共产党员，只要还在岗位上，手中的焊枪就不能熄灭。还有，人家慕名而来，是对自己技术的认可，更是一种信任。面对困难，他不能退缩，也从未退缩。“不克难关终不还”，他心中始终装着这七个字。

艾爱国从不干拍脑袋决策、拍胸脯表态，盲目铺摊子、上项目的事儿。虽然心里下了决心，但他深知，科学才是依据，否则就是天方夜谭。再说，他必须对培育他成长的湘钢负责。湘钢建于 1958 年，经过 60 多年艰苦奋斗、拼搏发展，跻身行业前列，享誉国内外。现在，湘钢不仅是中国南方千万吨级的精品钢材生产基地，还是全球产能规模位居前列的宽厚板生产基地，全球单套装置规模最大的煤制油项目神华宁煤项目、全球最长的跨海大桥港珠澳大桥、全球最大的液化天然气项目亚马尔项目、全球最奢华的机场阿布扎比国际机场、全球最大的购物中心卡塔尔购物中心等国内外重大项目，都有湘钢元素。

随后，他带着助手摸清了这根轴的材质：德国进口，抗压强度达到 1500 兆帕……难度大，但可以挑战。其中最关键的是，必须有这种焊接材料——巧妇难为无米之炊呀。找到符合要求的焊接材料后，他们又开始寻找合适的焊接场地。18 米不算长，但却是焊接领域的漫漫长征，因为他们要在上面“绣花”。他们四处打听，最后在长沙找到了一家适合焊接的工厂。

面对这个焊接界的“巨无霸”，艾爱国非常谨慎。他知道，焊接必须一次成功，没有试的机会，只要有一处没有焊接好，就会导致整个工程失败，给国家造成损失。他知道，经验非常重要，但又不能过于迷信经验。用什么样的焊接方式和焊接材料，不能凭经验，要用数据说话。他每天都会准时来到实验室，埋头研究焊接方案，与团队一起反复验证。论证好焊接工艺，并通过钢管公司审定后，这根 18 米长的轴便不远千里来到长沙。

这是一场胆大心细的挑战。焊接的轴抗压强度达到1500兆帕，且有18米长，容易变形，焊接时必须保持直线度。钢的强度非常大，焊接时还必须时刻考虑裂纹的问题。只要焊接时出现裂纹，就等于焊接失败。即便几年后出现裂纹，也属于焊接工艺不完善，焊接技术不过关——必须经得起时间的检验。

虽然有了完整的焊接工艺，但艾爱国仍坚持一切从实际出发，根据实际情况和不确定因素，随时修正焊接工艺。焊接前，他把焊接所需条件，一条一条地写在本子上进行准备；焊接时，保证每一次运条确切观察到焊材与母材完全熔透，焊出高质量的焊缝，达到密封面要求。

14个小时的连续奋战中，焊花飞溅，汗水直流，整个场面紧张有序。

当X光射线检测合格率达到100%、各项指标均满足设备运行要求时，艾爱国脸上露出了淳朴的笑容。

这种淳朴的笑容，早在53年前就出现在了艾爱国的脸庞上。

艾爱国，1950年3月出生于湖南攸县。家里姊妹五个，他是老满。初中毕业后，上了一年多中专，便以“知识青年”的身份，下放到攸县一个偏僻的小山村。

面对艰辛的农村生活，他积极乐观。个头不高、身材清瘦、性格开朗，挑最重最累的活干，遇到困难和危险总是冲在最前面。那个小山村的老人，还清晰记得他，说他当年是“拼命三郎”。

机会总是留给有准备的人。1969年，湘钢到攸县招工，生产大队第一个就推荐了艾爱国。

“能进湘钢这么大的企业，是我们家莫大的荣耀。”这年9月，艾爱国与家人道别去湘钢时，他父亲激动得热泪盈眶，对儿子千叮咛万嘱咐，“到了湘钢，一定要好好学门手艺，这样才能站得住脚，说得起话，才能当一名好工人，为国家做贡献。”

艾爱国成为湘钢管道队的一名管道工。1970年元月，北京派了几批共数千人支援湘钢建设，其中有不少技艺高超的焊接工人。看着师傅们在管道或是在锅炉上工作，焊花飞舞、弧光闪烁，艾爱国内心非常佩服，对焊接充满着向往。

除了做好一名管道工的本职工作外，他就紧跟着焊接师傅，帮他们挑水，扛氧气瓶，递工具和设备。焊接师傅看出了他的想法，也喜欢上了这个眼里有活的小伙子，便笑着问：“是不是对焊工感兴趣？”他有些不好意思地露出羞涩的笑容，使劲地点着头。

不久后，因为管道队焊工不够，要从管道工中挑几个年轻人跟着北京焊接师傅学徒。“让小艾跟着我吧。”一个北京师傅生怕艾爱国被其他师傅“抢”走，率先向湘钢提出来。于是，艾爱国拿上了焊枪，开始在焊花飞溅中燃烧梦想。

随后的近40年里，艾爱国一直在野外施工，过着风餐露宿的生活。即便临近退休时成立了“艾爱国焊接实验室”，环境好了，设施改善了，也不用东奔西跑了，但他依然坚持打卡上下班，单车相随，风雨无阻……

漫长岁月中，他焊接工人的身份一直没变，班长是他焊接职业生涯的最高职务。

在湘钢厂区内的“艾爱国焊接实验室”见到艾爱国时，他的淳朴令我感动。

“如果没有过硬的技术和本事，在工厂就站不住脚，讲不起话，更谈不上为企业多做贡献。”这是艾爱国的开场白。

他深知，自己进厂是来当工人的，应该“技术为本”。

学艺心切的他，勤于钻研。幸运的是，他的北京师傅是一名气焊高压锅炉焊工，不仅技艺高超，对工作更是一丝不苟，追求完美，总是把焊接做到极致。师傅不仅对徒弟高标准、严要求，他的工匠精神也潜移默化地影响着徒弟。

艾爱国很珍惜这种机会，跟着师傅日学夜练。

求知若渴的他，觉得光“傻”练还不够，还必须在实践中总结，在书本中探寻。一有时间，他就钻进公司的图书馆，阅读从国外翻译过来的专业技术书籍。这种书不静下心来根本看不懂。从那时开始，他就养成了阅读习惯，有时碰到焊条说明书，也要收起来。他在业余时间阅读了《焊接工艺学》《焊接技术》等几十本专业书籍，还做读书笔记。通过学习，他了解了手工电弧焊及国外兴起的氩弧焊、熔化极气体保护焊。但他还不知足，觉得学好气焊还不够，又“偷”着学电焊。没有面罩，就拿一块黑玻璃看电焊师傅怎么焊，琢磨他们的操作要领，手和脸经常被弧光烤灼到脱皮。等电焊师傅下班后，他就借师傅的焊把、焊罩，一个劲地坚持苦练。

1982 年，他以 8 项全优成绩，考取了气焊、电焊合格证，成为当时湘潭本地唯一持有“两证”的焊工，为他后来的焊接技术攻关打下了坚实的基础。

第二年，考验他的时刻就来了。

这年底，当时的冶金工业部组织全国多家钢铁企业联合研制“高炉贯流式”新型紫铜风口，想填补国内空白。然而，最大的困难是要把紫铜的锻造端头对焊到同样材料的铸造本体上去。懂一点焊接的人都清楚，在所有材料的焊接中，大件紫铜焊接比较难。正因为如此，冶金部打算只让湘钢负责本体和端头的制作，而把棘手的焊接任务交给有这方面经验的大型钢厂去完成。

听到这个消息后，艾爱国心里涌起一股年轻人的冲动。

“人家能干，我们为什么不能干？”他向项目负责人表达着自己的决心。

“风口焊接一直是我们感到头痛的问题，目前还没有什么好的方法，我们湘钢能不能焊成哪？”项目负责人说。

虽然艾爱国有焊铜的经验，但他并没有提出完整的焊接工艺。他没有再说什么，而是回到家默默地行动起来。他翻阅了公司和家里所有焊铜的资料，结合自己多年焊铜的经验，大胆提出了当时在国内还没有普及的“手工氩弧焊接法”的设想，并草拟了一套焊接工艺。

艾爱国的设想与草拟的焊接工艺让项目负责人和专家们惊讶。领导当场拍板，把焊接这个活儿接过来，并成立了风口焊接攻关组，由焊接、机械、电气等十多个工程技术人员组成。艾爱国则担当起焊接工艺制定和主焊手的任务。

由于攻关组人员没有被抽出来专搞课题，白天他干完班组的活后，还要赶到试验场做试验。焊大铜件需要预热，焊件四周温度高，他每次都是在700多摄氏度高温旁焊接，必须用石棉板挡住身子才能隔热。晚上，他再带着试验中出现的问题到书本上找答案。

有失败，也有成功。这时，他才意识到攻关的难度，自己的冲动：对有些问题的认识是知其然而不知其所以然，并没有从工艺上、理论上吃透。

1984年元月的一天，湖湘大地下起了大雪。攻关组准备焊正式风口，向冶金工业部报捷。让艾爱国和团队成员措手不及的是，正式风口的体积大一些、重一些，跟他们设想的不一样。焊接从上午开始，他在高温旁站着焊了6个多小时，毛衣毛裤都湿透了，还是没有焊接成功。

“看样子我们是焊不成了，还是让别人去焊算了。”有同事摇着头。

“别折腾了，放弃吧。”也有同事劝他。

公司事先准备好了庆功宴，但谁也没心思去吃，艾爱国更是心如刀割。当天晚上，他辗转反侧，脑子里老想着焊接失败的事。深夜时分，他爬了起来，连夜给攻关组负责人写了一个报告，谈了失败的原因，要求再给他一次试验的机会。

又是一个多月的不断调整和反复论证。

他感觉自己是在爬山过坳，摔倒了，爬起来，再摔倒了，再爬起来……

1984 年 3 月 23 日，艾爱国和团队成员再次挑战。工艺流程烂熟于胸，焊接技术驾轻就熟，并且做到了知己知彼。他们的焊接非常顺利。一个、两个、三个……他们连续顺利焊接了 20 个风口。经 X 射线检查，全部符合国家技术标准。

此时的他，有汗水，也有泪水……

因在这次攻关中表现突出，艾爱国荣获国家科技进步二等奖。

渐渐地，艾爱国在焊接领域有了些名气，碰到难题慕名而来的也越来越多。面对困难，他从不退缩和推脱，总是迎难而上。

他的制胜法宝是不瞎干，总是先从理论上搞清门道，撰写好焊接工艺，再就是靠日积月累的经验。他喜欢做笔记，每干完一项难活，总要好好总结一番。几十年来，他记的焊接工艺案例笔记有十几本。那是他的财富，也是他的“核心竞争力”。

湘乡一家工厂的进口大铜锅的焊接修复、湘钢 4 号高炉热风炉焊缝返修焊接、湘钢五米板粗轧万向轮轧辊焊接修复、湘钢大电机轮骨架焊缝裂纹焊接修复、湘钢钛合金管焊接修复……一个个攻坚克难的焊接现场，焊花飞溅，弧光就像一朵朵绽放的烟花，绚丽多姿……

在艾爱国的认知里，当好一名工人，或者说要成为一名大国工匠，光有这些还远远不够。

“要舍得吃苦，这是起码的吧！”他告诉我说。

那年，公司派出一批技术人员到德国参与拆卸高炉二手设备，艾爱国也是其中一员。他负责 500 米长、20 多米高的高架通廊的拆除任务。

一天，中国驻德国大使馆参赞来看望他们。

“请问哪位是艾代表？”参赞问道。当时艾爱国正担任全国人大代表。

“我是。”艾爱国在通廊里回答道。

当艾爱国从灰雾腾腾的通廊里钻出来，一副灰头土面的模样站到参赞面前时，参赞露出惊讶的表情。

参赞紧握着艾爱国的手说：“咱中国工人就是了不起，干活吃得苦，不怕死。还有更重要的，在您身上我看到了全国人大代表的风采！”

艾爱国笑着说：“要想当个好工人，就要敢于拼搏，舍得吃苦。”

焊工有个特点，动火干起来就不能停，必须一鼓作气干完。吃苦，是他必须要做的选择。

与参赞聊完，艾爱国又一头钻进灰雾腾腾的通廊里忙碌起来。

那次艾爱国他们的德国之行，让一些外国同行对中国工人有了更加深刻的认识与理解。在中国，工人是一种崇高的职业，劳动是工人最高尚的品质。

对于吃苦，艾爱国有着自己独特的理解。

1984 年，他获得了人生中第一个劳模称号——“湘钢劳模”。此后，他又获得省劳模、全国劳模称号，成了别人眼中的“劳模专业户”。父亲在世时一直告诫他，当劳模好比坐轿子，要是自己立不住，摔下来的时候只会更难看。

“‘劳模专业户’首先就应该是‘吃苦专业户’。”艾爱国说。

1985 年 6 月 27 日，艾爱国加入中国共产党。入党后，他觉得自己更应该来得早、回得晚，遇到急难险重时刻，更应该勇于站出来、冲上去。于是，苦和累的事情，他干得更多了。

身处一线，他从来没有觉得劳累和辛苦，因为他把吃苦当成了一种人生乐趣。上班时劳累，总会有些腰酸背痛，有时下班回到家，他就先躺下休息休息。但只要听说哪里有焊接攻关或抢修任务，他总会立即爬起赶往现场，劳累顿时烟消云散。

“成为一名大国工匠，还需要什么素养呢？”我问。

“还要不怕吃亏！”他说。

一次，湘潭本地一家机械厂制作一口直径3米的啤酒糊化铜锅，在焊接中遇到困难，他们找到艾爱国。

艾爱国到达该厂制作车间，看完要焊的铜锅后，该厂厂长要悄悄给他塞大红包。“我们请你当顾问，这是顾问费。只要铜锅焊成功，我们还有重谢。”厂长说。

“帮忙焊铜锅可以，但顾问费我不能收。”艾爱国说，“你们还必须与我们公司联系好，我从来不接私活。”

事后，该厂与湘钢进行了联系，公司仍是派艾爱国组成攻关队前去支援。

当时正值初秋，“秋老虎”肆虐，天气异常炎热。同伴们每天用气焊火焰将铜锅外面加热到600℃左右，艾爱国则用石棉板垫在锅里，跳进去焊几分钟又跳出来。如此往返，经过12天的苦战，终于把42块扇形铜板拼成的铜锅焊好了。而他，则足足瘦了20多斤。

“艾师傅，太感谢你们啦！”该厂厂长激动万分，紧紧地握着艾爱国的手说，“你们的技术，你们的精神，是无法用金钱来衡量的。”

此时，艾爱国脸上露出了灿烂而舒坦的笑容。

或许有些人会认为艾爱国傻，不利用自己的一技之长接私活、挣大钱，但他却以此为豪。不管走到哪里进行技术攻关，或是支援，他都乐于奉献、勤于攻关，从不求回报。

“我的原则是，只要是公家发的钱，我都会满怀激情地接下来。

像‘技能大师奖’‘中华技能大奖’，每次的奖金都有好几万元。能拿到这样的奖，我觉得非常光荣，体现了‘蓝领’的价值，也给工人兄弟做了个‘岗位成才’的好样子。”艾爱国说，“不过，话又说回来，‘君子爱财，取之有道’。我在焊接方面有些影响，请我的企业也多，如果说，不先跟我们公司联系好，我是不会私自出去挣钱的。有损于国家和企业利益的钱，我一分也不会要。这也是我退休时，面对一些企业的高薪聘请，毫不犹豫地选择返聘回公司继续‘传帮带’，发挥余热的原因。我从不刻意追求什么，也不去跟人家攀比。很多东西的价值，是无法用金钱来衡量的。”

有一次在一所大学报告厅内，艾爱国给师生们谈当劳模的体会。正讲着，从下面递上一张纸条。纸条上写着这样几句话：“艾劳模，你在本单位的贡献暂不讲，只讲你这些年来支援过的那么多工厂，据说创造的价值就有数百万元，按说要一点额外回报完全有理，而你却不要，难道金钱对你就没有一点诱惑吗？请回答！”署名是“一群大学生”。

他稍稍理了一下思绪，便理直气壮地大声说道：“同学们，人是需要钱的，因为要吃饭、要穿衣，但不能一味地钻进钱眼里。真正有所作为的人，有几个是浑浑噩噩、铜臭满身的人呢？”

他话音刚落，全场响起了热烈的掌声。

“要成为一名合格的焊工，当然少不了无私传艺。”艾爱国对我说，“只有把徒弟带好了，国家的人才才会越来越多，整个行业才会越来越好，国家的事业才会更加繁荣昌盛。”

在接受我采访时，欧勇谈起刚到“艾爱国焊接实验室”当焊接试验员的事儿。

“师傅，让我来。”欧勇自告奋勇地说。不就 20 厘米长的一个铜件吗？更何况自己已有 10 年的工作经验了。欧勇没觉得焊接跟前这个铜件会有多难。

“好样的！”师傅艾爱国向徒弟竖起了大拇指。

因为焊接时温度有约700℃，而手又离铜件非常近，欧勇双手包了好几层帆布，还戴着手套。他右手持焊枪，左手拿焊丝，开始焊接起来。为了防止铜件降温过快，师傅便在一旁加热，让火来回摆动，让其受热均匀。灼热的温度，让欧勇感觉手都快要融化了。

不一会，欧勇的手开始颤抖起来，焊接自然不到位。20厘米长的焊接任务，变得艰辛而漫长起来。

“你先休息一下，我来。”艾爱国二话不说，把手套一戴，操起焊枪就焊了起来。没有颤抖，只有四溅的焊花、刺耳的吱吱声，以及焊丝燃烧后的特殊气味。不一会儿，他就将20厘米长的焊缝焊接完了。

当师傅取下手套，露出满手的水泡和血泡时，徒弟的眼眶湿润了。欧勇总认为，师傅已是百炼成钢，应该已不怕高温和寒冷。其实不然，师傅依然是血肉之躯，只是他有铁打的意志力，钢铁般坚定的心。

欧勇第一次见到艾爱国，是1996年农历正月十七的上午。当时还是技校学生的他，被分到湘钢管道队管道班实习，师傅正是艾爱国。看到师傅，欧勇有些胆怯，但当他看到师傅满脸的笑容，听到那句“小伙子，好好干”时，心里便坦然起来。

肩上挂个氧气袋，右手拎着割枪，左手拎着防护面罩，为了防晒，还戴着帽子，帽子上再套一个草帽圈圈。擦汗的毛巾，就那样顺势搭在肩膀上。焊接时，脸总是被烤得通红。师傅的这一形象，一直深深地刻在徒弟的心中。师傅的一言一行、一举一动，影响和熏陶着徒弟。

艾爱国不仅教欧勇焊接，还教他如何做人。

在湘钢工作八年后，欧勇决定去当兵，以焊接工的身份特招入伍。师傅是他最坚定的支持者，也是最坚强的后盾。当兵退伍后，师傅又张开双臂迎接他，并建议他不要去其他单位，还回到湘钢，回到焊接工的岗位。来到“艾爱国焊接实验室”后，他又跟着师傅，学习焊接的每一道工序、每一个细节，努力研发让客户买得放心、用得放心的产品。

“欧勇啊，你要时刻铭记，自己是一名焊接工人，要讲奉献，讲创新，也要讲科学。”当湘钢焊工首席技师、湖南省劳动模范、全国五一劳动奖章等一个又一个荣誉向欧勇接踵而来时，师傅总是谆谆告诫，语重心长。

而欧勇只不过是艾爱国这几十年来所带的600多个徒弟的一个代表。

那年，国内一家大型钢铁企业进口了世界上最大的制氧机。如何让两万多道焊缝在零下196℃深冷条件下不发生泄漏，是需要跨越的一个重大难关。在焊接中，那家企业遇到了瓶颈。

怎么办？

“最根本的办法，就是让自己的焊工掌握氩弧焊技术，这是一劳永逸的事儿。”艾爱国对那家企业的负责人说。

于是，他当老师，花了半年时间对那家企业80多名焊工进行培训，其中36名获得氩弧焊合格证。他担任制氧机空分塔焊接总指导，圆满完成了30000立方制氧机安装任务。

…………

有人把艾爱国称为“智力型工人”，但当我走近他，来到他的家里、办公室，看到书柜子里摆放的满满当当的书籍时，我认为把他称为“学习型工人”可能更加贴切。

其实他手头上的那些“绝招”，都来自多年的实践与学习。现在已经73岁的他，还学会了用电脑制作幻灯片，绘制工艺流程图……

艾爱国告诉我，他常看的技术书籍有100多册，工作笔记有50余万字。他说，只有这样，才能将实践上升到理论，再用理论来指导实践。在岗位上，他提炼先进操作法四项，获国家发明专利两项、国家实用新型专利一项；还撰写并发表了多篇论文，主审和参审了6本焊接书，与他人合作编著了《最新锅炉压力容器焊工培训教材》和2册《焊接技术及自动化》。

让我颇感意外的是，成天与钢铁为伴的艾爱国居然喜欢看历史书籍和小说。“四大名著”《水浒传》《三国演义》《西游记》《红楼梦》，以及现当代的不少优秀小说，都曾走进他的工余时间。浩瀚的历史，精彩的情节，是他的另一片天空……

“花木兰”

秋高气爽，碧空如洗。

2022年10月16日，举世瞩目的中国共产党第二十次全国代表大会隆重开幕。开幕会结束后，党代表们纷纷走出会场，合影留念。大眼睛、皮肤白皙，看上去温柔娴静的易冉满脸笑容地从人民大会堂走了出来。

作为基层一线的工匠，她深受鼓舞和鞭策，感触良多。特别是党的二十大报告中把“制造强国”和“大国工匠培养”放在非常突出的位置，让她觉得这是对一线党员、工匠的深切嘱托，是无上光荣的责任。

在随后的分组讨论中，她领读报告第九部分至结尾共7个部分，领导称赞她：读得不错，口齿清晰。“非常荣幸能够作为一线技术工人代表在现场聆听党的二十大报告。我深感只有大国重器才能挺起民族脊梁，只有自主研发大国重器才能掌握核心技术。”“这些年，通过项目育才，由我领衔的劳模创新工作室完成原创技术创新97个，申报国家专利33项，培养高技能人才近100人。”“踏上新征程，我愿做电焊‘花木兰’，继续把工匠精神传承下去，培养更多技能人才，为建设交通强国贡献自己的力量。”讨论会上，她还作为一线代表作了题为《为制造强国做一颗培养大国工匠的种子》的主题发言，赢得领导和代表们的热烈掌声。

已经是中车资深技能专家、中车株洲车辆有限公司制造二部电焊班班长、全国劳动模范了，又当选为党的二十大代表，同事和朋友将掌声献给她，说她是一朵美丽绽放的芙蓉花。易冉觉得自己还配不上这个雅称，在她心中，自己只是车间里一朵炽热的焊花。她只想“做一粒好种子”，一粒能够培育出更多大国工匠的优质种子。

中车株洲车辆有限公司虽然 2019 年 8 月才成立，但却始建于 1958 年，前身为铁道部株洲车辆厂，之后又历经更名。2019 年，中国中车集团完成旗下货车企业重组整合，筹备成立中车株洲车辆有限公司。现在，中车株洲车辆有限公司拥有全谱系铁路通用货车研发制造能力及长大货车、铺架设备、工程车等铁路相关产品生产能力，能够满足全球客户对铁路车辆的不同需求，其产品已远销世界各地。

1982 年初秋，这粒充满活力与希望的“种子”在株洲车辆厂一间简陋的宿舍诞生了。

易冉是个追求完美的人。

小时候，她的梦想是成为公司白领、企业文员、明星、艺术家等——都是些大多数女孩心目中渴望的美好职业。1997 年初中毕业时她报考了武昌技校，当时只有 3 个专业招生，而电焊专业是唯一招收女生的专业。她只能选择电焊专业。

“要不退学吧！”在株洲车辆厂工作的妈妈深知电焊工的辛苦，心疼起女儿来。

“既来之，则安之！”易冉坦然面对。

为了说服家人，她还特意邀请爸爸妈妈去学校观看自己的专业汇报。虽然女儿上学不久，但看到女儿在焊台上潇洒地挥动着焊枪，以及一张张专业第一的成绩单，妈妈成了女儿最坚定的支持者。

在学校学习期间，易冉注意养成一种做事精准的习惯，比如机械制图画图作业，她画的每一根线条都追求高标准，从不马虎。这一习惯，让她受益终生。

2000 年 7 月，18 岁的易冉从武昌技校毕业，进入中国南车株洲车辆厂，成为组装车间底架转台班的一名焊接工人。

“焊工手里有团火，四季炙热无法躲。十个焊工九个黑，全身上下全是灰。蹲地登高很平常，干的就是这一行。身上烫痕何其多，默默无语对谁说。”这是当时焊工的真实写照。

梦想中的完美、时尚、艺术、高大上的职业形象与易冉失之交臂，属于她的只有枯燥乏味的简单重复、灼热炫目的苍白弧光以及苦脏累呛的工作环境。

对于一个爱美的 80 后女孩来说，难以忍受的是，只要走上岗位就要穿上厚厚的防护服，从头顶到脖子包裹严实，只露出眼睛，即使夏季也不能例外。特别是盛夏季节，往往不用一个小时，全身就会被汗水浸透。

更难以忍受的是焊渣经常会掉落在身上，烧透衣服灼伤皮肤，而此时为了确保焊缝质量，施焊不能停，身体不能动，只能咬着牙忍受着滚烫的焊渣粘在皮肤上，直到其慢慢冷却，最终留下一道道讨厌的疤痕。有的疤痕会随着时间而淡掉，但新疤痕又会覆盖上去，有的疤痕却是一辈子不褪色，成为心中挥之不去的烦扰。后来，在 2013 年 6 月株洲“优雅女性”的颁奖典礼上，易冉穿上晚礼服走上 T 台，强光之下，她胳膊上的疤痕清晰可见，震撼了现场观众，却以一种至诚至真的美，博得了台下观众最热烈的掌声。当然这是后话。

她的成长也是从风雨飘摇的“小树苗”开始的。

刚参加工作那会，易冉所在的班组是车间劳动强度最大、人员最多、工作条件最艰苦的班组。每人每天的焊接量是 125 米，20 公斤一盘的焊丝每天要消耗一盘半才能完成当班产量。即使男同志都有点吃不消，更何况一个女孩子。

“冉冉，要不转行吧！”看着女儿天天裹着一身浸透汗水的衣服回家，妈妈心痛得直掉泪。

听到妈妈的话，看着同龄的女同事一个一个转到其他岗位，易冉心里也打起了退堂鼓。

一次偶然的机会，她从公司主办的杂志上，看到上面的先进典型都是身边熟悉的同事。她从骨子里冒出一股倔劲：别人能干好，我也一定能干好!

于是，她利用一切可以利用的时间，不断苦练焊接技能。她中午从不休息，自己捡铁板、搭架子练焊接，眼睛被弧光刺得又红又肿，手臂上烫起串串血泡，脸上被电弧打得皮屑翻花，她也不退却。

苦练加上天生的悟性，使得易冉很快在车间施焊量最大、工作条件最艰苦的底架班站稳了脚跟。她焊出的一条条焊缝均匀、锃亮，完全看不出是一个新手的“作品”。

上班不到 3 个月的易冉收获了职业生涯的第一次奖励：一举夺得了株洲市技能比武的第 3 名。这不仅让她找到了自信，更让她对自己的职业有了明确的目标和方向，并朝着职业的最高峰不懈攀登。她还因此有了进一步学习的机会。参加工作不到半年的易冉被选派到电焊骨干集训队，师从湖南省技能大师杨卫东。

看到易冉的到来，杨卫东露出了欣慰的笑容。

技校即将毕业之际，易冉曾到中国南车株洲车辆厂实习，她的师傅就是杨卫东。可杨卫东从未带过徒弟，更别说带一个娇滴滴的美女徒弟。他也从来都认为电焊这个辛苦的行当只适合男人做。虽说女人也能做，但不一定能做得长久，做得好。同事们都羡慕杨卫东带了个女徒弟，可他压根儿就没有把这个徒弟放在心上。杨卫东几乎断定易冉不是电焊中人，更不会是自己技术的接班人。

可事实证明杨卫东判断失误。

一次出差归来后，有人跑到杨卫东面前告易冉的状："你那个徒弟太折腾人了，一天到晚缠着我们要材料。"一打听，杨卫东才知道，在自己出差这段时间，女徒弟打着他的旗号到处找人要焊接工具、原材料，没日没夜地苦练焊功。他悄悄来到车间察看易冉的焊接产品，发现这丫头还对得起这些材料。

从那以后，杨卫东开始关注起这个女弟子来。

杨卫东观察到，易冉最大的长处就是苦干加巧干。面对工作中出现的每一个问题，易冉经常会思考：为什么这样焊接不好？是什么原因造成的？应该用什么方法解决？他见过比易冉更勤奋的焊工，可没有见过比她会学、会用、会总结的焊工。

在集训队的一年里，易冉通常是下了晚班后一大早就赶到培训基地上课、练习，苦练气体保护焊、手把焊硬功，焊接技能有了长足进步。最终，在 2001 年工厂的技术运动会上，她以理论与实作均超 93 分的优异成绩，被授予"技术铜星"。

随后她一鼓作气，连续两届"披金挂银"，实现了别人需要努力 10 年以上才能实现的铜、银、金星"三级跳"。

可是少年得志的易冉再次萌发了转行的念头。参加自考的她选报了秘书专业。

凭着自己 20 多年的焊工经验，班长欧清莲敏锐地觉察到了易冉的变化。为了留住这个不可多得的好苗子，欧清莲经常找易冉谈心，讲述自己的成长经历，与她一起分享女焊工的苦与乐。

树苗被及时浇水施肥，又开始茁壮成长起来。

渐渐地，这粒种子成长为枝繁叶茂的参天大树。

枝繁叶茂的参天大树不断结出累累硕果。

2005 年夏天，易冉被抽调到澳大利亚五联平车试制班负责侧墙焊接。一去，她就碰到一个难题：板厚只有 6 毫米，一层焊接容易焊不透，而分两层焊接又使焊缝余高太厚，会增加焊接的变形量和打磨的工作量。而澳方质量控制非常严，所有焊缝 100% 需超声波探伤检验，返工最多准许 2 次。

怎么办？

迎难而上！

她充分运用所掌握的焊接知识，全身心地扑在此项焊接攻关上。盛夏的炎热让她汗如泉涌，很快浑身上下被汗水浸得无一根干纱，皮肤也被飞溅的焊花烫出无数个小泡。

她没有放弃，而是不停地进行着各种方法的焊接试验，最终摸索出采用左右和 Z 字形摆动的操作手法，这种手法不仅保证了坡口两侧熔合，而且还避免了未熔合未焊透的缺陷。

澳方的监造人员十分严苛，他们从一开始就盯着易冉的一举一动，直到易冉在他们面前焊出了第一根优质核心部件，一直绷着脸的他们才露出了笑容，并朝她竖起大拇指。

2011 年 7 月的一天。

"我 9 月份要到德国参加'嘉克 –LVM 杯'电焊工比赛。"填完表当天回到家，易冉就把这一消息告诉了家人。

"我没有看错吧！我们家女儿就是有烧焊的天赋，这不，要出国比赛，为国争光、为公司争光了。"爸爸笑着对妈妈说道。

"嘿嘿，我当初只是觉得焊工辛苦。"从爸爸的话中，妈妈听出来了爸爸对她当初不乐意女儿从事焊工的耿耿于怀，“出国比赛好啊！能为国争光，又能长见识。”

“那我们推迟再要小孩吧！”老公在旁边建议道。

“小韩，那你赶快给你妈妈打个电话，向她老人家解释一下，她可一直等着抱孙子哦。”爸爸提醒道。

得到家人的全力支持，易冉感到非常温暖。

9月14日上午，易冉接到公司总部紧急通知，速飞上海乘高铁到江苏昆山集合，突击了解德国焊机性能，17日到京转飞德国北部名城吕讷堡，参加19日在那里举行的“嘉克–LVM杯”国际焊接大赛。

随即，易冉准备启程。

这一刻，易冉的眼中充满了向往。她所向往的，不是这座德国小城的旖旎风光和闻名遐迩的吕讷堡草原，而是比赛结束后，还有一场德国青年电焊技术表演赛。她非常期待与制造技术享誉世界的德国同行交流，以期获得更高提升，回国与同事共享，为企业效力。

在此之前的8月10日，分公司人事劳资处与组装车间共商决定，把易冉从繁忙的生产线抽调下来，进行脱产强化训练。因为要与世界青年电焊强手一决高低，可不能等闲视之。而实际上，从报名之日开始，历来习惯主动的易冉，每天都在夜以继日地学习，白天练习实作，晚上学习理论，早已在做赛前训练准备。

一开练她就想，这是一次机会，可以学到许多新东西。但自己当时有不足，擅长气保焊，手把焊是弱项。而她却被分在手把焊组。

一次从武汉开会回来，她问师傅杨卫东，电弧手工焊、金属–活性气体焊、钨极–惰性气体焊，参加哪个组为好。又请教了长江公司驻株洲的电焊工高级技师李践桥。他们给她的意见都是参加气保焊，因为那是她的强项。

但分了组，就不能变更了，她唯有苦练。开训后，杨卫东要求易冉先集中精力练立焊，把手法技能练活，找到感觉。

为更全面了解国外的要求，易冉又请教了焊接方面的技术专家，了解国内允许的焊接标准，哪些国外不允许，哪些允许；欧洲焊接标准与国内标准有哪些不一样。能够在压力之下清醒关注特殊细节，这是易冉的过人之处。

9 月 23 日，经过 5 天的激烈角逐，易冉在这次赛事中获得了唯一的特别奖，德国媒体记者拍照时，亲切地称呼她为“电焊花木兰”。

2015 年，她牵头攻克 Roy Hill 矿石敞车中梁拼板焊接咬边深度小于板厚 5% 的难题，其多层多道、直线往返的焊接方法被工艺部门广泛推广，直接为企业创效超百万元，受到国外用户高度赞扬。

2016 年，她担任中梁电焊班班长，一举攻克了 NX70A 型平车中梁“七字铁”焊缝开裂质量缺陷居高不下的难题，使中梁班组一次交验合格率从 39.73% 提升到 96.3%，班产由 10 台提高到 13 台。她独创的“‘小摆快频’操作法”入选中国中车绝招绝技，“小口径管全位置对接‘单道焊双面成型’技巧”“克服焊接盲区设置‘过焊孔’操作技巧”入选公司绝招绝技，在集团公司各企业推广。

…………

2020 年，公司按照中车部署，全面启动“精益 + 数字化”制造技术升级，推建自动化、信息化、智能化生产线，并确定易冉劳模创新工作室承担焊接机器人技能“数字军”培训。

她充分发挥团队协作和精益求精的工匠精神，全力保障 igm 焊接机器人基本操作、松下机械手基本操作的高质量培训。培训都是抓住公司转产新产品短暂停产间隙，见缝插针进行。

培训过程不断创新改进：增加程序点激光寻位功能，解决来料尺寸偏差焊接缺陷；改良焊接夹具和门板吊运夹具，提高吊运效率和消除安全隐患；制作送丝机移动小车，中门工作站实现减员 30%，提效

40%……

参天大树根更深，根深则蒂固，蒂固则风雨无惧。

易冉用纤弱之手，点亮了耀眼的焊花，照亮了绚丽的人生，展现了巾帼不让须眉的风采，更成就了自己的事业：完成从一个普通青工到高级技师的蝶变。

是公司培养了易冉，易冉常怀感恩之心。她还深谙“根同生、枝理连”的道理。

她积极参加公司名师带徒活动，热情帮助结对的徒弟提高技能，成为独当一面的生产骨干。她长期担任一线关键工序重要班组的班组长，每到一个班组，都毫不保留地将操作技能、心得传授给同事。她并不担心“教会徒弟，饿死师傅”，工作20多年，担任公司兼职教师，培育国际焊工近百名，高级工以上技能人才25名，其中有5名公司、集团技能专家。

同时，在株洲市总工会支持下，公司组建了易冉领衔的劳模创新工作室，她更是利用这个平台，将技术传授出去。工作室的基础是组装车间电焊技师攻关队，成员全部是技能高手。

说起电焊技师攻关队，在中车株洲车辆有限公司可谓如雷贯耳。

攻关队自2000年成立以来，成员从成立之初的6人扩大到如今的37人，且呈逐年递增的好势头。攻关队的前两任队长，一个是党的十七大、十八大代表，全国劳动模范欧清莲，一个是全国五一劳动奖章获得者、湖南省劳动模范袁红君，都是响当当的人物。2007年，在欧清莲的带领下，攻关队攻克了焊缝咬边深度小于0.2毫米的世界性的难题。

2011年，车间任命易冉为女子电焊技师攻关队第三任队长，带领35名女电焊技师、高级技师和拔尖人才开展技术攻关活动，先后为公司攻克了自动焊专机推广、不锈钢药芯焊丝应用、铝合金材质焊接、关键焊缝一次探伤合格等技术难题。

易冉很清楚，她一个人再强，对于公司来说还是不顶用，只有团队强了，才能不断提升公司制造实力。易冉继续秉承“互传技艺、共同提高”的优良传统，经常业余组织队员交流理论学习心得，分享各自的电焊操作手法，因此每年都有队员晋升为电焊工高级技师。

以前，大家都是“各自为战”，车间如果发现无法攻克的问题，就“丢”给工艺部门修改工艺。但工艺部门的大学生往往缺少一线工作经历，有的问题没法解决，又“丢”回车间。创新工作室中既有一线焊接人员，又有工艺人员，发现问题就一起研究探讨，工作效率大幅提高。

随着中车株洲车辆有限公司加快生产制造自动化和智能化步伐，易冉劳模创新工作室被邀请参与智能改造升级计划，易冉也成为“焊接机器人在铁路货车车体上的应用”项目的“探路人”。

易冉从未想过，有一天自己手中的焊枪会换成轻巧的操控器，几套程序、几个按钮就可完成以前需 12 名电焊工才能完成的大块板材焊接。她和伙伴们“黏”在焊接机器人工程师身边认真学习，努力提升编程操作技能。

为了尽快让机器人“上岗”，她将常用的焊接工艺实践与编程相融合，编撰了易读懂、好操作的焊接机器人操作教程，对上岗操作焊接机器人的焊工进行全方位培训。同时，她还自学电工、钳工、机械制造知识，编写了焊接机器人维修保养知识手册，帮助焊工转型成为机器人运维师。

23 年来，易冉完成焊接交付铁路新型货车超过 8 万辆，参与焊接的车辆累计起来有 1200 多公里长，那是一条多么美丽而漫长的“焊缝”呀。她带领团队参与公司焊接攻关项目试验 100 余项次，新材料焊接工艺性及工艺评定试验60余项，完成重载高速铁路货车技术创新47个，申报国家专利33项。

易冉不光带高徒、群徒，还身体力行“带远徒”。她走进讲堂，深入学校、兄弟企业巡讲，大力弘扬劳模精神、劳动精神、工匠精神，鼓励大家为社会争做贡献，提升自我价值，特别是让年轻学生、青年职工对新时代工业、工厂和工人有了正确的认识和理解，潜移默化地把工业之美渗透到年轻人的心里，让他们认同、传承工匠精神。

她深知，工业的根就是工人，工人不被尊重，工业是没有根的。

“大自然百花齐放，人世间百媚千红。而我最爱的，是亲手点亮的焊花。焊花是劳动的赞礼，它开放在忙碌的生产现场，虽少了份浪漫诗意，却比任何一种花都开得倔强有力，开得耀眼夺目。焊花需要用汗水来浇灌，用心付出才能换来持续绽放，它熔合的是钢铁，熔炼的是人生。生如焊花，不一样的风景，却一样的绚烂。”易冉告诉我说。

“女焊工与男焊工有何不同？”我问易冉。

“虽然我们体力和耐力不如男焊工，但我们心细手巧，在精细焊接方面比男焊工更有优势。”她说。

我不禁感动，更深深敬畏。

在中车株洲电力机车有限公司（以下简称“中车株机”）机电事业部工程车班，我遇见了赵春燕。她大大咧咧的，是典型的北方女子。

1988年，赵春燕出生于河南郑州，2006年高中毕业的她来到湖南铁道职业技术学院自动化专业读书，这所学校正位于株洲市石峰区的田心村。2008年的校园招聘中，中车株机制造火车的宣传让人觉得神秘而神圣。当时她想，这火车到底是怎么制造出来的？电力机车到底是个啥东西？她立即被火车迷住了，于是她填表应聘。顺利通过面试后，她将这个消息告诉父母。父母说，以后能够进入制造火车的单位，那是一件非常荣幸的事儿。赵春燕则开玩笑地说：“如果选择进这家公司，也有可能一辈子就在这里，不再回郑州了，你们不想我呀？”父母很开明，说：“只要你过得好，在哪里都可以。”

她分到了机电事业部电装一班，主要负责电力机车头的设备安装和布线接线。那时公司正紧张地生产 DJ4 型电力机车，白天晚上都要加班，即使有时回宿舍休息了，也需要保持电话畅通，随叫随到。大线由男员工完成，小线由女员工完成。但不管大线小线，都需要细致入微，不能出任何差错。刚开始，赵春燕对加班感到新奇，离家远，在株洲又没有亲戚，她就踏踏实实跟着师傅学习和加班。

她师傅叫黄桂湘，对徒弟要求极严。赵春燕干过几次不麻溜的事儿，被师傅狠批。师傅批评她，她就站在那里像一个犯了错误的小学生，但脸上始终挂着笑容。师傅教她做人做事。师傅说，在这个工位，做人做事必须高度统一起来，否则就会酿下大错。师傅有两个观点，她至今铭记于心。一是人家叫你做的事，要么你不答应，如果答应了就一定要做好，不管多大困难都要做好。二是做任何事都不要抱侥幸心理，电力机车头的布线接线必须用心用情，布置完后外面是看不到的，你布直了就是直的，你布弯了就是弯的，你接线接对了就是对的，你接线接错了就是错的。师傅还说，你看着火车在轨道上跑起来风驰电掣，但如果你们的线布错了接错了，火车就跑不起来。

一开始，赵春燕对于电力机车头的设备安装和布线接线还充满新鲜感，但久而久之，也觉得枯燥而乏味起来。这时师傅就告诫她，在工作岗位，要始终保持新鲜感，要始终保持头脑清醒，不能有任何麻痹大意。后来，赵春燕换过几个班组，2015 年时换到工程车班，一直工作到现在。

“在株洲的 16 年最大的收获是什么？”我问。

“三个收获吧！”赵春燕脱口而出。

“哪三个？”

“一是感受到责任，二是收获了爱情，三是见证了变化。”

2011 年，她还是电装一班副班长。

那年 3 月 20 日下午，她和同事们正在作业，公司领导过来跟他们说，明天会有重要领导来视察，要做好各方面准备，并安排赵春燕给前来视察的领导介绍相关情况。虽然当时赵春燕才 23 岁，却已经是有三年党龄的共产党员了，她是在学校里入的党。她的岗位刚好在车间进门的位置，是车间的精益党建示范岗。

第二天下午 2 点多，来了一拨人。领导首先就来到了赵春燕所在的精益党建示范岗。此时她才知道来视察的领导是时任国家副主席的习近平。赵春燕迎上去说“领导好”。习近平微笑着，轻轻与她握手说“你好”。习近平看着党建牌上赵春燕的信息，念了她的座右铭：好才并不在顺境中成长，风越强，树越壮。还念了她的达成目标：回修率要达到零。习近平问她：“什么是回修？”赵春燕解释说：“做得不到位需要返工，叫作回修。”习近平又问她：“你们党支部有多少个党小组？”赵春燕说：“有四个党小组。”习近平嘱咐着说：“你们要带头好好做，为了自己的目标好好做。”两三分钟后，习近平一行与他们挥手道别，走向其他岗位，赵春燕则继续工作起来。那天晚上，赵春燕把下午的事告诉了远在河南的妈妈，妈妈非常兴奋，说她傻人有傻福，也告诫她，一定要好好干，不能辜负领导的期望。

领导的嘱咐与期望，最终化成了责任。

她还收获了爱情。她老公叫张伟，江苏人，是她的大学同学。他们一起进的公司，老公被分在城轨事业部。上大学时他们就开始谈恋爱了。大学毕业时他们有个约定，谁的老家都不去，谁也不迁就谁，一起留在株洲，留在中车株机。他们的孩子现在已经四岁半了，公公婆婆也住到株洲帮他们带孩子，他们正坚定地走在约定的路上。

她更见证了公司和株洲的变化。以前公司生产的是韶山型电力机车，现在是大功率永磁直驱交流传动电力机车；以前的机车只针对国内市场，现在越来越多的机车走向海外。在她心目中，株洲这座“火车拉来的城市”原来又脏又乱又差，特别是环境污染特别严重，现在这里发生了翻天覆地的变化，空气优良天数越来越多，水质越来越好，蝶变成了生态宜居城市。

高楠则用另一种身份演绎“花木兰”形象。

已经是 2015 年初冬时节了。

第八届中国国际工业设计节在深圳举行，同期举办了 2015 中国国际工业设计高峰论坛，旨在将工业设计、科技创新与工业制造融合，从而释放出强大的创新活力，推动城市、产业实现高端转型，为来自全球创意和商业领域的人提供一个国际合作的平台，促进深圳设计水平的国际提升，加快推进中国制造向中国智造转型升级。上百位来自世界各地的工业设计大师莅临，这其中就包括来自中车株机的工业设计师高楠。

在这个论坛上，一位日本知名工业设计师傲慢地拿出 2008 年他们设计的一款汽车图，他认为与我国某企业在 2012 年推出的一款汽车设计对比，两个设计的相似度达到 90%。

“你们这是在抄袭呢，还是学习？”日本设计师当场发难。

一番话，让当时在场的中国设计师面露难色。

这一刻，当中国设计在国际舞台遭受质疑，该如何给予有力的回应呢？

日本设计师后面正好轮到高楠发言。

一开始，大家没有太在意这位并不显眼的女设计师。

只见她沉着冷静、大大方方地走上演讲台，临时调整内容，重点介绍了两款车型。

“我向各位介绍两款车型，其中一款是磁悬浮列车，是我国追赶国外先进技术的典型案例。几年前我们与日本人谈技术转让，日本人不干。现在我们已通过自主设计，制造出了中国首列商业运行的中低速磁悬浮列车，并已经在湖南长沙开通运营。”高楠不急不慢地说，“另一款是全球首创的储能式100%低地板有轨电车，这是由中国自主研发、具有完全的知识产权、面向未来的绿色智能轨道交通产品，对世界新型轨道交通系统的未来发展有着引领意义。”

高楠的话掷地有声，她用铁一般的事实告诉世界：如今，中国人自立自强、自主创新，中国在设计和制造方面已从跟跑者变为领跑者。台下掌声雷动。会后那位日本设计师特意来到高楠的面前，给她深深地鞠了一躬，并提出交换名片……

是啊，新时代下，制造业的装备改型飞速发展，也伴随工业设计的不断创新。高楠和她的团队始终与时俱进、与世界最先进的技术接轨。如今，高楠和团队还采用人机工程、虚拟现实等一系列先进方法来辅助设计，提升产品颜值、验证设计的可行性，从而降低成本、缩短周期。

在高楠的心中，中国装备要“走出去”，要创品牌，关键还是在于自主创新。唯有自主创新，才能赢得他人的尊重。唯有自主创新，才能让中国工业设计的力量强大而恒久！

高铁飞驰这些年，改变的是速度，换上的是新颜，而不变的是高楠的初心——要让中国设计赢得世界的尊重。

在中车株机一个幽静的咖啡馆，我见到了高楠，个儿不高，戴着眼镜，头发卷曲，性格直爽。见面那一刹那，很难将她与奔驰在世界各地的高铁联系起来，而她确确实实是世界顶尖的高铁“时装设计师”，机车、动车、磁浮等很多产品设计都有她的身影，她见证和参与了轨道交通行业的高速发展。

与轨道交通的发展一样，轨道交通的设计同样充满艰辛。

今年刚届天命之年的高楠是“中车二代”，父母都是武汉人。父母大学毕业后支持大西北建设，被分配到宁夏，在宁夏吴忠一家仪表厂当技术员，1986年从宁夏调到中车株机。上初中时，高楠喜欢诗歌和散文，还是学校文学社社长，偶尔发些小“豆腐块”，她也喜欢画画。初中毕业时，她想上高中，再考美院，以后当个画家。但父亲持不同意见，说画画又当不了齐白石、徐悲鸿，没有多大出息，顶多当个美术老师。其实父母还是老观念，把就业摆在了首要位置。他们劝说女儿参加公司委培性质的考试，毕业后到公司工作，解决后顾之忧。高楠听从了父母的安排，但她还是悄悄地哭了，哭得很伤心。中专学模型专业，人家说他们是木匠，她后来一想，齐白石不也是木匠出身吗，于是安心学习，刻苦钻研，不论理论课还是实操课都是班上拔尖的。

毕业后高楠来到中车株机工作，模型做得相当不错，参加公司技术比武还夺过第一名。但她还是不甘心就这样被父母安排和命运摆布，她不太愿意做模型工，她还是想当画家或是搞设计。于是，她开始自学高中课程，学习之余还会提笔画画。她的目标很明确，想考中央美院或是中央工业美院。后来听说株洲工学院（后更名为湖南工业大学）有个包装设计专业在全国很有名，她就抱着试试看的心态去报考，结果考上了。为了全身心地投入学习，她当时想辞职去学习，但遭到了父亲反对。父亲说即使考上了也不要轻易把“饭碗”丢了。他总认为学设计找不到好工作。在父亲的坚持下，她选择了停薪留职。上学期间，她就开始到广告公司接些小活干了，挣学费和生活费。

说到艰辛之处，高楠悄然抹泪，说到走出困境，她又笑了起来，笑得很爽朗。

是的，另一扇窗已经徐徐朝高楠打开了。

在她读书期间，中车株机开始重视机车的外观美，当时公司没有专门的设计师，就面向社会征集火车的外观涂装方案。于是，她借父母之名报名，一二三等奖都有斩获。获奖的方案，都渗透进了机车的设计之中。为此她受到公司领导的高度关注。

“高楠，回公司吧！”1998年的一天，领导给高楠打电话。此时公司率先在轨道交通方面开展业务，公司的一些有识之士已意识到工业设计的重要性，认为公司需要设置这么一个岗位。

虽然当时高楠已经发展得不错，但想到能实现自己的设计梦想，她毅然回到公司。她从原来的车间来到了工业设计组。虽然称之为“组”，但真正从事工业设计的只有她一个人。这与当时的大环境有关，工业设计还是新兴行业，还没有被市场认可，客户也没有美的意识，认为只要机车质量好、不出事就行，美不美无关紧要。

高楠是我国第一批专业从事轨道交通设计的设计师，也是中车株机第一个吃螃蟹的人。没有经验可以借鉴，她只能披荆斩棘开出新路。

虽然她被公司送到清华美院学习过，但很长一段时间她在公司是被边缘化的，升职、评职称、涨工资都靠边站。虽然设立了工业设计职位，但公司并不是十分重视。对设计的执着追求支撑着她在这条路上坚定地前行。

慢慢地，高楠意识到，工业设计师不仅要懂艺术，还要懂技术。高速列车绝不是外观美观即可，还要有良好的空气动力学性能、能提供舒适的驾乘体验。而要将这些与整体设计完美结合，难度也成倍增加。

这个认识促使高楠从做涂装色彩设计迈向造型设计。

2002年，公司研制了“奥星”和“中华之星”两款当时最先进的动车，对车辆的造型要求非常高，设计由高楠团队担纲。高楠敢为人先，带领团队大胆创新，“奥星”不仅创造了当时中国第一速度，还首次采用了双曲面造型；“中华之星”则被亲切地称为“鸭嘴兽”。这样的工业设计，对当时人们的思维冲击几乎是颠覆性的：原来，火车除了快捷，还可以这样美丽、时尚、舒适呀！可以说，这两款车型设计具有里程碑意义。

“设计中遇到的最大的困难是什么？”

“是设计时与各个部门以及客户的沟通。”高楠说，“设计的数据模型出来后，要得到各个部门的支持配合。为什么设计成这个造型？为什么要在这里加根梁，在那里加根柱？这些都要与他们进行充分的沟通。以前工业设计部是弱势部门，说不起话。我们说，我们是站在用户体验的角度进行设计的。其他部门的人却说，我们就是为了好看，要求修改设计，害得我们只好妥协，改模具和图纸，再好的设计也不能付诸实践。确实，我们设计上的一个小的改动，其他部门就要进行大改。慢慢地，随着社会对美的要求提升，市场的认可，公司对我们越来越重视，造型设计师逐渐得到认可，地位也越来越高。现在我们说怎么改，他们基本上会尊重我们的意见。当然，我们的设计首先要得到客户的认可。”

2018 年初，公司委任高楠带着一款新研制的车型参加中国设计智造大赛。这个新一代动力集中型动车组，设计的亮点之一是列车内部的中顶板。车顶采用整体照明，用蓝天白云装饰，顶灯亮起来时，乘客就像置身于广袤的蓝天下，大自然的环抱中。创意一出，人们一致叫好，设计方案很快便被通过。

但观察入微、心细如尘的高楠却发现：一节车厢有 20 多米长，不可能有这么长的板材，如果没有这么长的板材，拼接的缝隙不就截断了蓝天白云吗？顶灯的阴影，不就让白云变成了乌云吗？螺母安装外露，更是她眼中容不下的细沙……

“细节决定成败。”高楠决定要和团队全部攻克这些细节问题。

于是加班加点、挑灯夜战，进行千百次的试验、测算、对比，方案一个接一个出炉，一个又一个被推翻……正是这样一颗精益求精的拳拳匠心，让团队找到了最佳方案——将顶板最佳尺寸锁定在2米长2米宽。

为了达到无缝拼接的效果，高楠提出将车厢顶板由平面改成拱形，这样既能够增强稳定性，又能够将接缝处最大限度地隐藏在两边。螺钉、安装结构在边缘处尽量缩小，达到了堪比隐形的效果。大家不禁拍手叫好。

而让顶板拱起来，却减少了车内顶部设备安装的空间，车顶设备要重新布置——设计因素影响了装备制造。但这样精妙绝伦的工业设计最终得到了支持，设备布置做了相应的改进。最终，车厢内蓝天白云从图纸变成了现实，呈现了接近完美的效果。

细微到极致，精妙至毫颠。凭的是钻研，靠的是磨砺。

2018年4月，第二届世界工业设计大会上，高楠从全球众多优秀设计人才中脱颖而出，获得“TIA全球十佳杰出设计师”大奖。中国工业设计师站上了世界颁奖舞台。

2018年5月，在中国设计智造大奖总决赛上，高楠的最新设计作品从7700多件参赛作品中脱颖而出，获得最高奖“金智奖”。

2019年，由高楠团队设计的五模块储能式现代有轨电车，获得2019年德国IF设计大奖。以高楠团队为代表的中国轨道交通工业设计再一次被证明达到国际先进水平。

“我再说个事儿。”高楠开心地说，“广州海珠有轨电车是我们公司开发生产的，被誉为最美有轨电车，电车上的画是我画的，画的是广州市花木棉花，用闽南画派的风格，体现出热烈奔放的个性……”

高楠告诉我说，随着社会的发展，特别是市场经济的发展，人民对美好生活有了更高的向往与追求，许多产品不能只追求好用了，还要好看，要大众喜欢。近年来，公司对工业设计投入越来越大，他们的团队也越来越强大。以前，工业设计组只是属于公司技术中心的一个小部门，2015 年他们从技术中心脱离出来，成立了工业设计中心，并被工信部授予“国家级工业设计中心”。从最初的 3 人到如今 70 多人，团队中有她的徒弟，还有她徒弟的徒弟。她总是毫无保留地传授自己的设计经验，成长起来的新人，就像播撒的种子开出新的花朵。

高楠的讲述，让我仿佛看到一列列高铁，像一幅幅飞驰世界的中国画卷。

“妇女能顶半边天。”新中国 70 多年的奋斗历程，离不开无数妇女的辛勤建设。女性技能工匠专注、细心、有韧性，在操作岗位有很强的优势，尤其是在精密加工领域更加明显。女性工匠们凭借一技之长，带动群众增收致富；在科技攻关的最前沿，她们应对挑战，攻克一个个难关。每一次焊接，每一次试验，都记录着她们的一丝不苟、卓越追求。始终如一地追求极致，是她们对“匠心”的定义。有数据显示，党的十八大以来，我国着力提高巾帼劳模工匠地位，全国劳动模范和全国五一劳动奖章中的女职工比例持续得到保障。2020 年全国劳动模范和先进工作者中女性比例为 23.2%，2022 年全国五一劳动奖章获得者中女性比例为 21.8%；从 2012 年到 2021 年，共表彰全国五一巾帼标兵岗 3628 个、全国五一巾帼标兵 3712 个。

她们都是现代“花木兰”。

但我们还必须认识到，“铿锵玫瑰”更需沃土温情。

工匠精神不会凭空产生，大国工匠需要土壤。如何为女性工匠成长营造更好的社会环境、工作环境，是各级政府和企业面临的重要课题。既要加强女性技能工匠待遇保障与配套激励，激发技能人才成长动力，也要跨行业、跨区域建立巾帼劳模工匠创新工作室联盟，充分发挥巾帼劳模工匠示范引领作用，还要从工作需要、生活需要、心理需要、情感需要等各个方面，为女性工匠提供贴心服务，解决她们的后顾之忧。

高处的风景

刚一见面，我就感觉到了张奇虎的不同寻常。

37 岁的张奇虎是中车株洲电力机车研究所风电事业部机舱组组长，在他的身上，依然有着难得的少年心气。面对巨大的风力发电机组，他会说这是“作品”，而不是“产品”；他反复地提到“美”这个词，让人恍惚面对的不是一个工程师。

“我的理想是当一名医生。”张奇虎淡然一笑对我说。

“怎么——”他的话让我吃惊，也让我好奇。

“我是湖北襄阳人，高考时其实考得不错，但估分时比较保守，当时没敢填武汉大学、华中科技大学。后来就找啊找，发现中南大学有个湘雅医学院，于是就填报了中南大学。”张奇虎无奈地笑着说，“你说好笑不好笑，我是那么向往当医生，却阴差阳错地把医学专业放在了第二志愿，把材料化学专业放在了第一志愿。结果被中南大学材料化学专业录取。其实我的分数特别高，远超武汉大学和华中科技大学的录取分数线。”

“那你最终接受了现实，听从了命运的安排！”我笑着说。

“当时我很气愤啊，非常抗拒。”张奇虎一边喝着咖啡，一边投入地讲述着，“首先想改志愿，我跑到中南大学招生办，说把第一志愿删掉行不行，扣分都没关系，招生办不同意。接着我想到复读，打算来年再考武汉大学或华中师范大学，但遭到了家人的反对。最后，我很不情愿地走进了中南大学。老师知道我的思想动态后，就跟我做思想工作。老师说，现在学的专业，以后就业时从事的工作，不一定就是自己最想学和最想干的事情，但不管你在哪里，在何工作岗位，只要你潜心学，努力工作，照样有发展，照样能干出一番成就来。老师还给我举了个例子。他一个关系要好的高中同学，高中时与他一样，也想考师范学校，将来当一名老师。后来他考上了，但同学没考上。但同学没有气馁，而是选择当兵，并去了西藏。同学安心扎根边疆，一待就是 20 多年，由一名普通战士成长为一名师职干部。虽然他身在边疆，但当老师的梦想一直没有泯灭，他坚持看书、研究、写作，并且成果丰硕。由于学术上的成就，退休后，他被一所大学聘请为兼职教授，站上了大学讲台。这个故事对我触动很大。渐渐地，我发现搞材料、结构设计并不是那么枯燥，同样有乐趣，同样能实现人生理想，加上中南大学的学习氛围好，我最终融入了中南大学。”

“为什么选择到株洲所呢？”我问。

“因为爱情，完全是因为爱情。”张奇虎脸上洋溢着幸福的笑容。

张奇虎喝了口咖啡，扶了一下鼻梁上的眼镜，动作很潇洒。他与妻子、当时的女友是在中南大学旁边的网吧认识的。女友来自与中南大学一街之隔的湖南师范大学，与张奇虎同龄，但却比他高一届，学的平面设计。

女友先毕业，但为了能和张奇虎一起外出创业，她选择推迟一年就业，在岳麓山脚下等了张奇虎一年。大学毕业后，他们一起去了深圳，决心在那里干一番大事业。他和女友分别在两家科技公司从事设计工作，但他总感觉这不是他想设计的作品，他向往高端的设计：对“美”要有向往和艺术追求。

女友的父母在中车株机上班，她又是独生女，父母呼唤她回株洲。在父母的呼唤声中，张奇虎和女友来到株洲。而此时的中车株洲电力机车研究所因为发展的需要，正展开双臂欢迎来自五湖四海的青年才俊。他们一头扎进株洲所的怀抱，携手走进时代电气公司。他当质量工程师，女友当平面设计师。

当了三年质量工程师，张奇虎总觉得哪里不对劲。他不想一直做烦琐的机械性工作，总是按捺不住想做技术，有一种设计的理想和冲动。他想到了风电事业部。进入 21 世纪，全球可再生能源不断发展，其中风能始终保持最快的增长态势，并成为继石油燃料、化工燃料之后的核心能源，以超出预期的发展速度不断增长。风力发电设备主要集中在地势平坦且开阔、风力资源丰富且远离城市的区域，内蒙古、河北和新疆等地具备海拔较高、风能密度高等优势，是我国发展风能产业的优势区域，叠加地方政策鼓励，已成为我国风电装机量主要省份。

2011 年，张奇虎主动请缨跳到风电事业部，成为一名结构设计师，主要负责风机机舱的设计。他与别人不同，他所追求的，是把产品当成作品，将产品艺术化，希望像马斯克那样，其作品有独树一帜的表达。所以他的作品总会与众不同，总会让领导和客户耳目一新。机舱系统，是风力发电机三个核心系统之一。2018 年领导让他担任风电事业部机舱组组长。平台更大了，他设计的空间更大，作品更加大气而成熟。

2019 年 3 月 28 日晚上 9 点 29 分，张奇虎在微信朋友圈转发了德国摇滚歌手阿奇姆·瑞切尔的 *Aloha Heja He*，并配了一段文字：“欧了，帅气的叔叔要回家了。”

当时，张奇虎和队友们刚刚经历了近 90 天的加班，完成了风电事业部 2.5MW 机型的机舱开发。他们开创了风电事业部新机型的“最短开发时间”纪录。张奇虎用这首歌，作为对这 90 天激情历程的总结。

“外形紧凑”“最美机舱”，当然还有最重要的——降本显著。这是株洲所风电事业部第一个突破一千台的机组，张奇虎在设计中采用了全新的机舱布局，使得单台机舱重量降低了近 10 吨，每台降低成本 15 万元。这次设计直接为风电事业部节省成本近 1.5 亿元。

完成 2.5MW 机组的开发后，随着我国风电产业的大发展，张奇虎一路开挂，带领团队将后续的 3.X、5.X 机组不断优化，其中 3.X 减重近 20 吨，实现单台降本 20 余万元，为事业部降本近 2 亿元。

在机械部件研究方面，他积极开展材料基础研究、新型拓扑研究等工作，完成了铸件 QT500 新型机架的设计，单台机组可减重 3 吨。

在风机舱罩复合材料开发中，他在业内率先使用了 3.8 毫米薄壁设计，采用了新铺层及新工艺，融合工业设计理念，运用了包括“七彩云南”“红色延安”等概念，大幅度提高了中车风机的行业辨识度。

在新型拓扑方面，他积极开发各型机架拓扑结构，完成了包含 5.X、7.X、海上风机各型号新拓扑机架的开发工作，实现了机组机架全自主开发。

面对庞大的风机机舱，张奇虎拒绝平庸，不循规蹈矩，总是琢磨着把它做成自己想要的样子。他想要的产品的样子，就是更轻盈，更省钱，当然，还要更美。

2020 年，张奇虎负责和承担株洲所一级重大项目“面向平价上网的陆上大功率风电机组平台研制”，担任项目执行经理，负责铸造主轴、箱变上移等新技术开发。

特别是箱变上移机组的样机，是国内首台。如果将变压器集成在机舱内部，可大幅节约动力电缆的长度和铺设，单台可降低成本近 30 万元。当时，国外已经有这一技术，但国内还是空白，张奇虎他们也完全不懂。

怎么办？

为了尽快突破，张奇虎他们先是去山西广灵，爬上上百米高的国外机组学习。然后，他们又经历了近半年的摸索、17 轮优化迭代，才终于完成设计，成为国内首家实现这一技术开发的风电公司。

2021 年，面对行业内卷和激烈的市场竞争，张奇虎和他的团队继续在降本这条路上一路狂奔：

完成了 5.2MW 铸造主轴样机的开发工作，包括新机舱布局、新型机架拓扑结构、QT500 铸造主轴等新技术，机组单台降本近 100 万元；

完成了国内首台机械 + 液压型式的混合式滑动偏航系统，单台降本 18 万元；

直冷电机方案中采用绕组直接冷却方式，强化冷却效果，降低原材料用量，以 3.6MW 为例，单台电机降重 1.2 吨，单台降车约 5 万元，2021 年装机 275 台，合计降本 1375 万元。

在“降本”成为关键词的风电行业，张奇虎的这些工作显得极其重要。2022 年，他负责了新的海上风电机舱开发，将机舱长度从 18 米缩短到 14 米，并实现模块化的机舱布局。

随着“双碳”目标的提出，全世界都在新能源领域展开竞争，用新能源取代旧能源，也成为当今人类实现可持续发展最重要的议题之一。

“这可是改变人类的事业！”说到这，张奇虎露出自豪的微笑。

“你们机舱组有多少人？”我问。

张奇虎说：“加上我共有 10 人。以 90 后为主，我是里面的老大哥。大家都积极向上、团结友爱、互帮互助，一起攻克了很多难关。没有女孩。女孩子不适合干我们这行。”张奇虎说。

“为什么？”

“要爬风机，有 30 层楼那么高，哪个女孩子受得了？！”

原来风电结构设计师不只是坐在宽敞舒服的办公室搞设计，更要到风力发电场，爬到高高的机舱上检查、研究，处理各类难题。虽然投入使用后的风机安装了提升机，但在做样机时只有助爬器。机舱在风机的顶端，爬上风机的顶端，是解决问题的基础。有时，他们也会“偷偷”爬到其他公司安装的风机上，特别是那些有国外技术的风机上，认真观察，看人家的结构，琢磨人家的原理，激发自己的设计灵感，优化自己的设计方案。

张奇虎第一次爬风机是在2011年夏天，刚调到风电事业部不久。领导告诉他，仰天湖高山草原风场风机机舱漏水，可能是设计方面的问题，要他到现场去查看漏水点，拿出解决方案。风场位于郴州市西南部约30公里处的高山之巅，张奇虎下火车后乘汽车在盘山公路上绕来绕去绕了三个小时，直到晚上8点多才到达公司驻地。汽车在盘山路上行驶时，可以看到不远处风场的风机上一闪一闪的航空灯，还可看到航空灯下旋转的风机。驻地在山里，只有一个四人间的小房子。当时正值6月，又是下雨天，蚊虫飞舞，他一晚上根本没有睡着。

第二天早上7点，张奇虎跟着售后同事出发了。看着风机就在山的那边，但他们却走了一个多小时。当他站到庞大的风机下时，能非常明显地感觉到风机旋转时塔筒的摇晃，并且摆幅特别大。张奇虎是来解决问题的，他必须爬上去，但心里又特别害怕。他不敢说，还得装作一副无所畏惧的样子。售后同事问他：“以前爬过没有？”张奇虎笑着回答：“没有，第一次。”售后人员说，他在前面探路，张奇虎跟上便可。

这台风机有80米高，碰巧的是，没装助爬器，只有梯子。售后人员给他背上挂了一个安全钩，便出发了。售后同事动作熟练，非常敏捷地往上爬着，张奇虎则感觉脚步沉重。塔筒里黑乎乎的，只有微弱的灯光，关键是它一直在摇摆。他还感觉梯子非常滑，稍不注意，就会踩空。他惊出一身冷汗来。其实不是梯子滑，而是他的腿一直在发抖。售后同事不到半个小时就爬到了机舱的平台，张奇虎则用了整整一个小时。

当张奇虎到达机舱平台时，终于松了口气，坐在平台上十多分钟后才站起来。更大的考验还在后面，他还要将身子爬出机舱查看漏水点。在眼睛的余光中，他看到风机下面是仰天湖高山草原，草原上还有牧民在放羊。他顿时紧张起来，不得不赶紧转移注意力。他用手机拍了漏水点后，赶紧把身子缩回机舱，与售后同事讨论起维修方案来。

对于张奇虎来说，上风机难，下风机也非易事。售后同事照顾他，让他先下，同事殿后，还有一个同事在下面守着。一步一步往下面走的时候，张奇虎有度日如年的感觉，80 米的距离如同漫漫长路。

在张奇虎双脚着地的瞬间，他感觉仰天湖高山草原的风景特别优美，空气异常清新，他感觉人生升华了，通透了，他甚至有了征服“风机”这个工业巨兽的成就感。

后来，张奇虎去风场的次数越来越多，爬的风机越来越多，攀爬的动作越来越娴熟，速度自然也越来越快。高高的机舱对于他不再是问题，而是风景。

“过不了这一关，就无法成为一名风电机舱设计师。”张奇虎感慨地说。

“有没有因为爬不了风机而中途退出的？”我问。

“有啊！”张奇虎说，“我有个同事，也是搞机舱结构设计的，理论基础扎实，设计理念相当不错，也能吃苦耐劳，但就是恐高。他第一次去的是内蒙古一个风场，但当他来到高高的风机下时，全身瑟瑟发抖，双腿瘫软。最后，因为爬不了风机，他不得不遗憾地选择离职。所以，一个优秀的风电机舱结构设计师，应该集思想、智慧、胆量于一体。”

张奇虎的妻子叫周末，在时代电气当平面设计师。张奇虎的机舱结构设计，有的灵感来自学美术出身的妻子。每次有好的设计理念出来，张奇虎总要在妻子面前“臭美”一下，而妻子总会给他挑刺：

哪些地方线条不美，哪些地方颜色不协调，哪些地方还可以进一步优化……

张奇虎还告诉我，年初公司有意把他调到一个领导岗位，被他婉言拒绝了。他说，他是一个很纯粹的人，只想把风机做成自己想要的样子，这些产品不论是在国内，还是在海外，都有来自他的元素。

“全能大师”

用全球最重的起重机吊臂往瓶子里插花，精准调试，不偏不倚，花落瓶中……4 米高的驾驶室里，中联重科工程起重机分公司技能大师龙卫国操控着 20 米长的吊臂如同使用自己的手臂。庞然大物面前，花瓶渺小得如指缝沙砾，稍有毫厘差池，或风力的微弱变化，吊臂插花都将前功尽弃。

吊臂插花的绝活可不是耍花架子，用大吊车安装风力发电机，对准螺丝孔时，要求设备微动性非常精准。螺丝孔的直径很小，有的甚至小到二三十毫米，这就要求操作者必须反复调试，精益求精。这不仅要求操控者技艺高超，也要求机器性能绝佳，二者缺一不可。

台上十分钟，台下十年功。

龙卫国 1980 年出生于常德石门，皮肤黝黑，性格开朗。采访中我发现，相当一部分一线工人能干但不会说，龙卫国却是个例外，干得好，语言表达能力也很好。

2001 年 7 月，龙卫国从湖南机械工业学校毕业，大巴车将他和其他学员一起送往泉塘工业园，轰鸣的发动机让龙卫国好奇并迷恋，眼前一台台看似笨重的起重机灵活地比画着各式各样的动作，龙卫国探索机械工程的魔盒由此一下子被打开了。

经过半年理论和实践培训，龙卫国对起重机有了清晰的认知，次年参加园区技能比武，初出茅庐的他拿下全区第一名。由于表现突出，2002 年龙卫国被调到装备中心接受系统培训。他白天苦练操作，晚上挑灯学习理论，把起重机各零部件的来龙去脉和所有操作流程如庖丁解牛般一一了解清楚。

别人只顾埋着头干，而龙卫国却有一股天生爱钻研的劲。凭着这股子钻劲，龙卫国在公司成了人人称道的半路“黑马”，在师傅的悉心教导下，技能水平得到快速提升。不到半年，他便能单独调试汽车起重机，不久再次获得技能比武冠军。仅仅入职一年，龙卫国被破格升调至让所有人羡慕的吊臂装配中心，成了一名调试钳工，这是同事们眼中最核心的工种。调试工作没特别的窍门，只能通过反复验证来调整技术参数。短则几个月，长的耗时两年，试验超过千次，特别需要耐心和毅力。

龙卫国先后负责调试了全球最大汽车起重机、全球最大轮式起重机、全球最大吨位的五桥汽车起重机等，被誉为“中国汽车起重机调试第一人”，还曾与世界顶级逃脱魔术大师迪恩合作表演，被迪恩誉为“走遍世界遇到的最好起重机手”。

2006 年，中联重科的起重机由手动操作系统升级为从德国引进的电液比例控制系统。在试制过程中，由于工程师不熟悉系统，变幅在下降的过程中有“点头现象”。“就是大臂在往下趴的过程中一晃一晃地抖动，吊着的重物不断地像跳舞一样一上一下，很危险的！”龙卫国向我解释说。

怎么办？

那时龙卫国是班长，他准备带着大家进行调试，但遭到了一些人的反对：“这东西是德国过来的，要五六万块钱一个呢，弄坏了怎么办？谁来赔？”

“我来赔！”龙卫国天不怕地不怕。

他叫了几个胆大的，把起重机开到人少的地方。这个设备上全是德文，没有操作说明，他们只能翻看图纸自学，咬着困难不放松。遇到机械故障，便麻着胆子尝试拆卸调试，并通过不断匹配系统阻尼，反反复复试验，寻找问题的根源。他们没日没夜地干，累了，躺在车上和衣而睡；饿了，泡一桶方便面充饥。经过半年攻关，终于发现是一个阻尼孔由于液压油不良和油中杂质过多，造成了“点头现象”。

他们的工作并没有就此结束，龙卫国知道，他们的任务不光是疏通阻尼孔堵塞，更要掌握其制作原理和方法。于是他们开始研制电液比例控制系统，生产出来后又不断进行调试，经过多次调试再投入生产。“现在，大吨位的产品基本上都是使用电液比例控制系统。这些大吨位起重机已经成为风电安装工作中的关键设备。”龙卫国说。

每一项新技术的诞生，都会遇到许多技术难题。2011 年，国内即将交付的一批大吨位车辆相继出现卷扬溜钩现象，如果交付，将严重影响用户的使用，存在重大安全隐患。这批车的销售价值为 4000 多万元，如果不能解决，将面临客户退车的危机，公司将遭受巨大损失。

龙卫国再次临危受命。通过现场反复试验溜钩车辆，他找到了卷扬溜钩的原因，解决了批量溜钩的问题。在不断的实践工作中，龙卫国还解决了当时长期困扰公司甚至整个起重机行业的“吊臂旁弯”“变幅抖动”“卷扬小开口抖动”等 20 多项难题，为中联起重机技术以及行业起重机技术的进步做出了巨大贡献。在攻关的过程中龙卫国也全面提升了技术水平和能力。他总能非常快速地找出问题的症结所在，为此同事们称他为“鹰眼”。

2012 年 8 月底的一天。

“卫国吧？”公司总经理给他打电话。

“经理，我是卫国。”龙卫国说。

“公司决定，由你带队，对所有参展的新产品进行全面调试。”总经理说，“速度要快，标准要高，只能成功，不许失败。”

“没问题！”龙卫国答道。

当时正值2012上海宝马展前夕，这个展是亚太地区最具影响力的国际性行业博览会，是中国及亚洲建筑机械行业发展的风向标。展览期间，世界一流的工程机械纷纷登场，是名副其实的世界工程机械行业年度盛事。

这是一场没有硝烟的战争。

“战士”龙卫国带着自己的队伍，全力以赴冲上前去，连续数月轮班，全天24小时工作，他和同事们几乎把新产品B01、B02汽车起重机的所有零件都“摸”了一遍，困了洗把脸，累了换个姿势继续干，常常几天几夜“班组成员几乎吃饭喝水都不离调试台位”。最终，凭借扎实的基本功和丰富的工作经验，他们的新产品成功在上海世博中心展示，让世界看到了中国机械之光。

从2006年到2015年，龙卫国先后调试过21种大吨位和超大吨位的新产品，爬上爬下转台超过500次，触摸、调整过上万个零件，多次提出改进建议和方法，确保了试制产品的质量。他带领的调试小组一次交检合格率在98%以上。

龙卫国一切的努力与积淀，冥冥之中注定了一个情缘。

“我爱北京天安门，天安门上太阳升，伟大领袖毛主席，指引我们向前进……”这首耳熟能详的歌曲，曾经在儿时的龙卫国心中荡漾。他向往天安门，后来也去参观过天安门，他崇拜在天安门前经过并接受党和人民检阅的军人，但从没想过有一天他也会来到庄严而神圣的阅兵现场，见证国家尊严、军队威严，见证这激动人心的历史时刻。

2015年夏天的一个下午。

时任中联重科工程起重机分公司实验组组长的龙卫国被请到了总

经理办公室。总经理微笑着，给龙卫国倒茶。

“去过北京吗？”总经理喝了口茶后，问道。

总经理这么一问，把龙卫国问迷糊了。他回答说：“去过。”

“天安门呢？”总经理又问。

“到北京的第一站就是去天安门，还看了升国旗。”龙卫国说。

“看过天安门的阅兵吗？”总经理又问。

“看过，在电视里看的，2009 年国庆 60 周年大阅兵。”龙卫国越听越迷糊。

“今年是中国人民抗日战争暨世界反法西斯战争胜利 70 周年，国家要举行隆重的纪念大会，还要进行阅兵。”总经理说，“有关方面要求我们中联重科负责汽车起重机及其架设的摄像系统的服务保障工作。”

“真的吗？”龙卫国有些惊讶。

“经过公司研究，决定委派你带队去完成这项神圣的任务。”总经理看着龙卫国，郑重地说，“这不是一次简单的技术保障任务，而是一次重大而光荣的政治任务，使命崇高而神圣。”

“没问题，保证完成任务。”龙卫国喜笑颜开，高兴得像个孩子。

龙卫国担任设备组组长和安全维护组组长。那是他第一次参加阅兵保障任务，既激动又紧张。紧张的是第一次参加这么重大的活动，且没有经验可以借鉴，但要保证设备百分之百安全可靠。2009 年国庆 60 周年阅兵，设备主要放在天安门广场，条件相对较好，这次主要放在长安街，将有不少限制。

虽然场地受限，施工时间更短，但安全要求更高。放置设备时，不能对周边的树木随意造成破坏；长安街下面是地铁一号线，有大量的电缆，起重机设备重，也不能对其造成破坏。所有一切都决定了这将是一次高难度的施工。白天不能施工，只能在晚上 12 点以后。但白天他们也没闲着，不断进行场地测量，论证最好的施工方案，协助中央电视台进行模拟拍摄。

为了更好地拍摄，中央电视台决定在两个吊车之间架一个 500 米长的索道，让摄像机在这个索道上来回跑。架设天安门城楼到中山公园之间的索道还算顺利，但架设天安门城楼到人民大会堂的索道时则遇到了问题。相关方面的专家提出，天安门广场前铺了很多电缆，上面不能压重型装备。这意味着原来的既定方案被否定了。

此时，已经临近纪念中国人民抗日战争暨世界反法西斯战争胜利 70 周年阅兵式。

“赶紧拿方案，越快越好。”上级领导下了命令。

“在电缆上面架一个小铁桥，把电缆保护起来。”龙卫国提出了这样一个方案，但很快就被否定了。原因很简单，做小铁桥过于复杂，时间上不允许。

“应该回到简单适用的路上来。”龙卫国绞尽脑汁地想着。

虽然当时他身处北京，就在天安门广场，但他想到了湖南的江河，想到了沙子，想到了一个熟悉的场景，车子在马路上行驶时，如果路上有沙子，路就不容易被压坏。这是力学原理。

“沙子！”龙卫国内心惊喜起来，“沙子与地面接触面积大了，会分散压力，从而减小对地面的压强。”

他马上提出方案：用棉被把电缆包起来，然后在上面和周围覆盖细沙，分散压力，保障设备通行。

一开始，各方并不认同龙卫国的这个方案。他就从力学原理上进行解释，并进行试验，让他们看到效果。最后，方案得到了大家的认可。或许是因为采取了自己的方案，所以龙卫国更加谨慎。在施工和调试设备期间，不论是白天还是黑夜，他都会派人轮守设备，不断监测设备的关键数据。作为组长，他没日没夜地在几台设备之间来回奔跑。

最终，他带领公司团队成员经过60多个日日夜夜的奋斗，克服一切困难，终于出色地完成了天鹰、万向鹰眼的架设，设备安保、阅兵拍摄的任务。阅兵完成后，得到了中央电视台及各方的一致赞誉，获得国家新闻出版广电总局颁发的“9·3大阅兵贡献奖”。

“2015年9月3日正式大阅兵时，在现场一定非常震撼吧？！”我问。

“真正阅兵时，哪有心思看呀，精神高度紧张，眼睛只盯着设备，生怕出什么问题。”龙卫国说，“虽然我只是在幕后服务保障，却异常激动与豪迈，因为我深深感受到了祖国的繁荣与强大。”

出色完成任务的龙卫国，之后又先后参加了庆祝中国人民解放军建军90周年阅兵、庆祝中华人民共和国成立70周年阅兵的汽车起重机及其架设的摄像系统的服务保障工作。

谈及三次参加阅兵的经历，龙卫国满脸自豪。“第一次参加阅兵心潮澎湃，第二次参加阅兵感到无比骄傲，第三次参加阅兵时信心满满。”龙卫国说。

“是因为经验丰富，所以信心满满吗？”我问。

“为了保证圆满完成任务，前两次参加阅兵时，我们的设备还有进口的，第三次就完全没有了，全部是国产装备，焕然一新。”龙卫国满怀激情地说，“当然，这与我们制造业不断进步与发展有关，也与我们的自信有关。由于是自主研发的设备，这次我们提前两个月就进驻阅兵村，对设备进行全面试验和测试，同样圆满完成任务。与进口设备相比，我们的设备不仅毫不逊色，甚至更加适用。”

“你一直待在调试岗位上，有没有想过放弃？”我试探道。

他摇着头说：“还真没有，人这辈子把一件事做好就不错了。”

事实上，曾有公司向龙卫国伸出过“橄榄枝”，职位、待遇都有着极大的诱惑力，而龙卫国却不为所动。他深知自己热爱的是起重机械，对每一台调试过的机械都有着深厚的感情，从小吨位到如今让世界瞩目的大吨位，每一个零件甚至螺丝钉，龙卫国都了然于心，新产品的不断迭代在他心中是一次次荣耀升级。

“让我在工作中感到兴奋不枯燥的就是攻克难关，就是见证中国机械走向国际舞台的中央。”说到这，龙卫国豪情万丈。

他不是一个人在奋战，而是与自己的团队抱团取暖，携手前行。为了让同事和徒弟少走弯路，龙卫国将操作技能编印成一本本培训教材——《汽车起重机调试入门手册》《调试技能手册》《QAY500 调试作业指导书》《大吨位故障手册》。特别是《调试技能手册》，在 2009 年度荣获分公司创新奖二等奖，并荣获中联科学技术进步奖三等奖。教材中融入了大量他自己在平时调试过程中所积累的经验和技巧，为后来的新进调试员工提供了指导，也成了调试员工调试产品的典范手册。

忙碌的龙卫国如今仍每天坚守生产服务一线，在不断提高自己技能水平的同时，还愿意将自己的经验倾囊相授，大家喜欢称他为“行走的教科书”。遇到攻关难题，大家总想到龙卫国。

龙卫国早已成为公司生产一线的技术骨干和带头人，他先后培养了 20 多名调试骨干，还培养大吨位及超大吨位调试机手 100 余名，理论现场授课千余次。

龙卫国专门创建了一个叫“大吨位交流群”的微信群，无论何时，只要在技术方面有什么疑问，他都会在群里进行详细解答。

“遇到问题一定要刨根问底，一定要注重品质……”他反复嘱咐徒弟们。

在中联重科工程起重机分公司，我还采访了冷作工李传泉。

个头不高，与我同龄的李传泉来自湖南醴陵。母亲是下放知青，父亲是农村泥瓦匠。虽然家境一般，但从小，那一方水土就深深地熏陶着他。醴陵是中国的“瓷城”，更是一个人杰地灵、人才辈出之地，近代以来，那里出了数百位将军，如蔡申熙将军、左权将军、朱克靖将军、陈明仁将军、宋时轮将军、杨得志将军、耿飚将军等。

1993 年，初中毕业的李传泉考上了常德浦沅技校。其实他的分数挺高的，既上了普高线，也上了中专线。父亲想让他学土木工程，但母亲一心想让他进国企，当工人。只是母亲担心他年纪小，怕他在学校照顾不好自己。但 15 岁的李传泉给了母亲一颗定心丸：“妈妈，你不要担心我，我不怕苦，也能照顾好自己。”他选择了机械制造专业，最开始学焊接，后来转为铆工，也就是冷作工。

1995 年，李传泉进入位于常德的浦沅集团工作（2003 年中联重科重组并购浦沅集团），成为工程起重机公司一名普通冷作工学徒。为了能够迅速成长和进步，他跟在师傅后面，累活脏活抢着干，还随身带着一个小本子，遇到难点疑点和师傅的金点子，都一一记录下来。这股勤奋劲和用心，让年轻的李传泉迅速成长起来。

看着徒弟好学，师傅也愿意教。师傅详细告诉他铆工组装工艺：组装前，首先应熟悉零部件图样，根据图样和技术要求弄清产品的特性用途，各零件之间的相对位置、尺寸和连接方法，明确组装基准面和组装夹具，再定组装方法。组装场地的地面应平整、干净，零部件堆放要整齐，不使损坏，对复杂的结构件组装可以分步进行。师傅还告诉他，组装后的定位点焊，所用焊材应与正式焊接所用的焊材一致；点焊缝的厚度一般不超过设计焊缝厚度的二分之一，其长度 30 至 40 毫米为宜；点焊缝如有裂纹、夹渣等缺陷，在焊接前必须将其定位焊缝清除干净；对承力的关键、重要焊缝焊前必须按图纸和工艺要求检查其坡口尺寸及根部间隙，合格后方可焊接；定位点焊的数量应保证焊前起吊不散架……

跟着师傅干了半年后，师傅开始放手，但还是会在边上监督。冷作钣金工最重要的一个技能是零件的展开放样，而这恰恰是他的短板。刚参加工作时，他经常白天跟师傅学习操作技能，晚上窝在宿舍里画图放样，遇到不懂的就去查找资料或第二天请教师傅。

一天，师傅请假外出了，李传泉独立完成了组装。由于自己经验不足，做事不够精细，一个关键尺寸摆错了，并且一错就错了一个批量。第二天师傅发现问题时，电焊已经焊完了。李传泉心里很紧张，生怕被责骂。师傅并没有责怪他，而是说："幸亏发现及时，没有造成什么后果，返下工就可以了。"师傅越是这样，李传泉越觉得心里愧疚。以后的组装，他不仅仔细，而且养成习惯，重复操作，保证绝对精准。

1997 年，李传泉调到长沙。厂区位于长沙县，那时，周围还是一片荒芜之地，他心里多少有些失落。那个年代，起重机用得不多，特别是大型起重机更是少见，型号单一，生产量也不大，一个月只生产几十台。李传泉深知"养兵千日，用兵一时"的道理，平日里他一直悄悄苦练技艺，参加各级技术比武。他专门针对零件的展开放样苦下功夫。比赛前，他买来专用纸板，每天下班后都回家练习画各种形式的展开放样图。有时为了画出一个复杂的图样，要趴在地板上画上三四个小时。家人难以理解，说他着了魔。他不仅多次在比武中获奖，还受聘担任公司冷作工培训教师。

正是这股勤奋劲和用心，让年轻的李传泉迅速成长起来，从学徒、技工、高级工到技师……就像打磨一款产品一样，李传泉从各方面磨砺自己掌握起重机吊臂制作技术，准备厚积薄发。

2008 年，李传泉所在吊臂车间承担了当时的新产品 120 吨汽车起重机和 180 吨全地面起重机椭圆形吊臂的试制任务。这是一次起重机吊臂的技术革命——椭圆形吊臂受力面广，能承载的质量更大。

但是，困难也随之而来。这种代表当前世界最先进制作水平的椭圆形吊臂，以前全部依赖进口，一台套吊臂进口费用高达几十万甚至上百万元。而且其中最精华的生产工艺模仿不来。

面对这块硬骨头，全公司上上下下都紧皱眉头。

“要真正实现大吨位吊臂的国产化，必须解决吊臂的承重。”公司领导说，“你们大吨位吊臂班有没有这个决心和信心？”

“有！”作为班长的李传泉站出来领下军令状。

大吨位吊臂班有四十多号人，他们都将不可思议的眼神投向李传泉。

“好，我们就是要有这种决心和意志。”公司领导称赞道，“我坚信你们会研制成功，这是吊臂，更是‘争气臂’。”

难在工艺制作。

没有现成的工艺标准，李传泉和同事根据以往实践经验，不断摸索调整进口高强钢的焊接参数；把修复进口吊臂的经验“移植”到椭圆形吊臂的试制中，不断修正试制方案。为了解决工件焊后变形的难题，他们白天试验，晚上计算修正，终于攻克了这一难关。第一台套椭圆形吊臂成功下线了，试验获得圆满成功。

不满足是促使人向上的动力。

在李传泉的带领下，吊臂车间一批年轻的生产工人都已掌握了椭圆形吊臂的制作技术，而且制作周期大大缩短。之后他们又瞄准了更高的目标，开始没日没夜地攻关。从2008年至2012年，他们一路攻克200吨、350吨、1000吨高峰，最终登顶2000吨这一目前世界纪录。特别是2012年研制的2000吨级全球最大吨位移动式汽车起重机，其吊臂由8节臂体组成，最大的基本臂重量超过10吨，筒体高度超过2米，能容纳成年人在吊臂内直立行走。而此臂架全部采用进口高强钢材料，焊接质量要求高、产品零件多，8根主臂零件有近万个。

攻关过程同样艰辛。没有现成的工装模具，他们需在实践中不断设计、修改、完善自制工装。依靠精确画线、精心摆搭和精细操作，他们确保了设计的要求。没有现成的工艺标准和高强钢的焊接参数，他们就自己摸索、调整，有时为了确定一条关键焊缝的工艺参数，大家要反复试验多次。为了不影响试制的生产进度，他们几乎奉献了所有的休息时间。当制作过程中出现不可预见的问题时，他们就与工艺人员反复商讨、分析再加以解决。经过4个月的努力，他们终于如期完成了吊臂的制作任务。

这款被誉为“风之子”的2000吨全地面起重机创造了3项世界纪录：起重能力世界第一、臂架长度世界第一、负载行驶能力世界第一。

令人心生敬意的是，进厂这么多年，李传泉不愿意转岗，愿意待在一线。公司想提拔他走上领导岗位，他摇着头说，他舍不得冷作工岗位。有同事为他惋惜，但他说：“我就是一名冷作工，只有在公司的平台下才能充分发挥自己的专长。中联重科培养了我这么多年，使我从一名毛头小伙子成长为技术能手，我有责任继续保持这份热爱和执着，将我所学到的知识和个人经验传递给公司其他员工。”

但公司给他的另一个荣誉，他欣然接受了。为表彰李传泉为公司及行业所做的贡献，2012年3月，中联重科向国家人力资源和社会保障部申报了“李传泉技能大师工作室”，当年11月，顺利获得批准。工作室最初由20余名技师和10余名工艺技术人员组成，且90%在全国、省市级技能比赛或评选中获得过殊荣，汇集了一批享受国务院特殊津贴专家、全国技术能手，其中就有中国履带吊调试第一人、中国汽车吊调试第一人等顶尖人才。

“为什么这个荣誉没有拒绝？”我笑着问。

他看了看远方，说：“我要带出创新梦之队。”

好一个创新梦之队！

李传泉告诉我，工作室自成立后，直接指导搭建了总面积达512

平方米的冷焊实训基地，用于员工培养。在技工培养方面，以电焊、冷作、调试三大工种的技工人才培养为试点，采取技能大师带专徒的形式，来培养更多的技能拔尖人才，并将后续推广运用到其他工种。在技术攻关上，建立高强钢焊接、制作人才高效培养体系，推动冷作、电焊实操经验固化、推广、运用到公司乃至行业内外。围绕中联重科生产和质量需要，形成技术攻关小组，致力于解决现场疑难问题和历史遗留问题。

此外，工作室还以企业技术发展为龙头，聚焦行业和企业的技术难点问题，发挥技能大师的辐射带动作用，先后解决了超厚高强钢焊接极易产生冷裂纹的工艺难题，攻克了 770MPa 及以上高强钢焊接技术瓶颈，使大吨位结构件的探伤检测一次性合格率从不足 80% 提升到 95% 以上。

“李传泉技能大师工作室”的成立，开启了中联重科技师高技能人才队伍建设的新时代。据我了解，设立技能大师工作室在先进制造业企业中是一个普遍存在的现象。“大师”带徒弟，他们汇集在一起，便凝聚成推动制造业进步的不可阻挡的磅礴力量。

性格内向，甚至有些腼腆的李传泉不擅长发表豪言壮语，但他却在默默地用具体行动实现着自己的理想与追求。

我再次想到人才。

做好人才战略，对打造先进制造业高地极其重要。行走在智能制造与品质革命之路上的中联重科，以雄厚的科技创新力量引领着行业技术的发展。而科技创新离不开中联重科完备的人才战略。

4.0 产品的成功研发是中联重科人才激励政策的最佳佐证。早在 2014 年，中联重科就启动了产品 4.0 工程，从产品的智能化切入，实现了产品自诊断、自调整、自适应，让设备“能感知、有大脑、会思考”；2020年又在此基础上迭代、突破，进入4.0A创新工程新阶段。为了鼓励技术人员设计出更具有竞争力的产品，中联重科启用技术创新体系，技术人员的奖金与设计产品投放市场的销售利润挂钩，技术人员还参与分成，对生产工人的考核也从计件制改为计时制。改革之后，无论是设计人员还是生产工人，都更加注重产品质量，返工产品大幅减少。

正是成千上万的龙卫国和李传泉，在各自的岗位上拼搏和奋斗，用平凡的坚守书写制造业的辉煌。不论是传统制造业还是新兴制造业，成千上万的工匠始终是推动制造业发展的重要力量，工匠精神始终是干事创业的精神源泉。他们是平凡英雄，更是可贵人才。

后浪追前浪

还有一位焊接班的后起之秀令我印象深刻。

“下班后，我最喜欢看书。除了看焊接的专业知识书，还喜欢看小说，《平凡的世界》《百年孤独》都看过。特别是《平凡的世界》，我看了两遍，看一次流一次泪。我们00后不能天天沉迷于打游戏，荒废美好青春，应该看看这本书，走出徘徊和迷茫，努力奋斗，人生只有奋斗，才能不平凡。”

中联重科混凝土泵送机械分公司关键焊缝工匠黄红兵是长沙市高新区劳动模范。瘦小的身材，青涩的笑容，都与他的年龄相符，但他的话语却让我惊讶，让我觉得超越了他的年龄。

2000年8月，黄红兵和他的双胞胎哥哥出生于衡阳耒阳大山深处。爷爷说，共产党建立了新中国，给他们分了地，希望他们兄弟俩长大后参军报国，跟着共产党走，于是给他们取名红军和红兵。8岁那年，在煤矿挖煤的爸爸因为事故，双腿受伤致残。从此，生活的重担压在了妈妈身上。渐渐地，黄红兵兄弟俩懂事了，看到妈妈含辛茹苦，他们主动帮家里干起农活，耕田、插秧、收稻子，还利用寒暑假到长沙卖矿泉水、卖棉花糖，以减轻家庭重担。

2015 年，兄弟俩初中毕业，并且都考上了高中。

“弟弟，你去上高中吧，我去打工，我和妈妈供你上学。”哥哥说。

“不，哥哥，你去上高中吧，我不想上，我打工去。”弟弟说。

“那不行，你必须去上高中。”哥哥说。

“我不去。”弟弟说。

…………

看着两个懂事的儿子，爸爸妈妈心如刀割，责怪自己没有能力。

这件事被在长沙工作的表哥知道了。

“你们两兄弟都上高中，家里条件不允许，其中一个上高中，你们又都不肯，干脆到长沙读个中职学校，学个一技之长，也好找工作，早点挣钱。”表哥说。

于是，黄红兵和哥哥考入长沙高新技术工程学校。由于家里拿不出学费，他们只能一边先上着学，一边想办法挣学费和生活费。每到周末或是节假日，他们都会在长沙梅溪湖附近向游人销售矿泉水、棉花糖，出租单车，赚取生活费、学费。他们风里来、雨里去，吃了不少苦头，但也磨炼了意志。黄红兵原来性格内向，不敢跟陌生人说话，为了推销自己的商品，他不得不鼓起勇气跟陌生人交流。

黄红兵本来学的是数控加工专业，但每当他经过工地看到焊花闪烁时，都会觉得很新奇，这让他对焊接有了种莫名的向往。后来学校组建兴趣小组，其中就有焊接兴趣小组，他和哥哥毅然报名。很快，黄红兵展现出自己的焊接才华，焊接的板材像模像样，深得老师赞赏。

当然，他的才华更多是用汗水浇灌而成的。除了上文化课，一有时间他就泡在实训室和焊工房里，从早到晚，一练就是 10 多个小时。三十八九摄氏度的夏天，“全副武装”的黄红兵在炙热的焊工房里挥汗如雨……为了练就一个动作，常常一蹲就是几个小时。有一次，其他同学回寝室睡觉去了，只剩他一个人还在练习。后来实在太困了，他就趴在桌上想睡一会儿，没想到一睡就是一个通宵。不懂的地方，他就请教老师，或是在书本上寻找答案。因为焊接太脏太累，加之高温的炙烤、强烈的弧光、刺鼻的粉尘、浓烈的烟熏，他也曾有过打退堂鼓的时候，但最终他还是坚持了下来。

一次，孙权强老师教他焊接一块电焊条，仰焊时铁水掉到了孙老师的衣领里面。看着这一幕，黄红兵觉得心痛，但孙老师却若无其事、镇定自若地焊接着，一直将这根焊条焊烧完。黄红兵惊奇地问孙老师：“铁水掉你身上了为什么不用手拍打？”孙老师说：“必须这样，只要一动，焊接就可能失败。”后来每次遇到这样的情况，他总会想起孙老师这一幕。

学校“以赛促赛、以赛促练、以练促学”的模式让黄红兵的技能水平有了大幅度提升。在学校老师的指导下，黄红兵 2016 年、2017 年连续两年获得长沙市焊接技能比赛一等奖，并在省赛中获优异成绩。“我才 17 岁，只要努力奋斗，迟早有一天会成为别人眼中了不起的人。”这是他 17 岁时的豪言壮语。

黄红兵对中联重科一直充满着向往，在学校读书时，每当路过麓谷工业园的中联重科厂区时，他总要在门口张望良久。“要是以后能到这里上班该有多好啊！”他在心里想着。

让黄红兵没想到的是，不久后，他就梦想成真了，他和哥哥都很幸运地被学校送到中联重科实习。当时，他们学校共有 16 个同学到中联重科实习，有的分到了大臂班，有的分到了底架班。班长看他个头小，就让他去小臂班。

“班长，我也要去大臂班。”黄红兵找到班长说。

班长笑着说：“你的个头适合去小臂班，小臂与大臂和底架同等重要，在小臂班同样可以施展你的才能。”

小臂班组的师傅们很快就发现，黄红兵虽然个头小，但勤奋好学，悟性还不错。徒弟爱学，师傅爱教。刘赞师傅手把手教他首尾焊，焊接大师谭勇对他赞赏有加，还带他参加各种焊接大赛。更重要的是，他对焊接有了更深刻的认识。黄红兵曾在一本书上读到过“一万小时定律”：如果你在一个领域，坚持做一件事达到了 10000 个小时，那么你将成为这个领域的专家。这段话对他的触动很大。为进一步提升技能，他如饥似渴地向师傅们学习，在实践中摸爬滚打。黄红兵总是最早一个来、最晚一个走，一干就是十多个小时，他就像一块海绵，在中联重科这个新环境里不停地吸收焊接技能。

经过一段时间的磨炼，还是实习生的黄红兵开始崭露头角，在中联重科“工匠杯”新人焊接技能竞赛中夺得了第一名的好成绩。这让刚进入公司的黄红兵心里有火，眼里有光，努力奔跑在追求技艺的路上。

中专毕业时，黄红兵以优异成绩通过单招考上了湖南一所大专院校。虽然他特别渴望读书，但一想到残疾的爸爸，含辛茹苦的妈妈，年迈的爷爷奶奶，就果断地放弃了继续深造的机会，与哥哥一起正式来到中联重科工作。兄弟俩相互督促，利用工歇以及下班时间讨论焊接难点，共同提升技能水平。

黄红兵被分到了实习的混凝土泵送机械分公司的小臂班，主要负责泵车关键部位臂架对接焊工作。成为中联重科的正式员工，他更自豪了，感觉责任更大了，对自己要求也更高了。对接焊是生产小臂的第二道工序，要进行 X 射线探伤，这是最难的。

怕我听不懂，黄红兵特意给我科普了一下。他说：“这就好比人的手骨折了要拍个片子，他们焊的焊缝也要拍片子，单个气孔不能超过两个，未融合的焊缝不能超过两毫米，否则就是不合格。如果材质不一样，焊接不到位，就会开裂。”

一有时间，黄红兵就会去谭勇大师工作室与技术骨干一起探讨对接焊的实操解决方案，不断学习，不断进步。谭勇一个细节一个细节教他把电流电压参数调到最佳，告诉他怎样做才能非常均匀地焊接，从而保证不产生裂纹。黄红兵知道，要保证合格率，除了需要科学的工艺，也需要精湛的技术。长时间努力后，他焊接的部位 X 射线探伤合格率每月在 99% 以上，这个合格率不是一个轻易能达到的高度。焊前的准备、拼装，焊接、切割引弧板、打磨，每一个步骤对泵车臂架成型后的质量都至关重要。一块重达几百斤的臂架焊板，正常来说二人合作可以烧 20 多条，但黄红兵一个人最多的时候居然烧了 40 条，所谓“艺痴者技必良”，如此高效率的背后离不开他的勤奋和对技能的那股子钻劲。

黄红兵不仅自己技术好，还非常乐于分享，他常常帮助新员工或报名参加焊接资质考试的同事解决实操难点，纠正错误作业方法。他年龄不大，但积累的经验可不少，在深夜闪烁着弧光烟尘的车间中，这位年轻的工匠就像一株火苗散发出属于自己的能量。

一次，工位新来了个打磨工。虽然是新进员工，但已经是不惑之年。

“师傅，你的焊接技术真好！”新进员工表达着羡慕。

黄红兵笑着说：“你和我爸爸妈妈差不多大，不要叫我师傅，有点不好意思，就叫我小黄吧。”

“有艺不在年高，你是焊接方面的专家，我就应该叫你师傅。”新员工说。

“为什么不学焊工？”黄红兵问道。

“我也想学，但是——”新员工有些迟疑。

“当焊工不好吗？”黄红兵问。

“好是好，但我老婆说，当焊工经常被高温烤，对男性不好，都把精子烤死了。”新员工说。

黄红兵笑了，说:“你还有这些担忧啊！以前确实存在这样的问题，因为那是焊的氩弧焊，里面有一些放射性物质。现在科技越来越发达了，工作环境好了，技术和工艺也先进了，对人没有损害了。下一步，我们中联重科还要搬到智慧产业城，到时基本上都是机器人烧焊了。”

“真的吗？”新员工有些惊奇。

“不骗你！”黄红兵笑着说。

“我能不能跟你学烧焊？”新员工说。

“当然可以。”黄红兵爽快地答应了。

于是，新员工开始跟着黄红兵学起X对接焊来。经过两个月的辛苦练习，新员工参加公司X对接焊考试，一把通过，取得了X对接焊操作证。

因为技术过硬，黄红兵还经常支援其他班组，甚至出差到新疆、安徽等省（自治区）攻克技术难题。慢慢地他明白了，焊接工的舞台不只是在中联重科，也不只是在工厂，而是在所有需要焊接技术的地方。

收获，像欢快的流水，奔涌而至……

2018年，他代表中联重科参加“嘉克杯”国际焊接技能大赛。作为一匹黑马，从388位焊接好手中脱颖而出，斩获三等奖。“嘉克杯”被誉为焊接行业中的“世界杯”，这项赛事是含金量极高的世界级技能比赛。当时，他18岁。2019年，他再次代表中联重科参加“嘉克杯”国际焊接技能大赛，获优秀奖，并获“麓谷工匠杯”第二名；2020年，获评“长沙市高新区劳动模范”，获得“麓谷工匠杯”第一名；2021年，获评长沙市“百优工匠”、分公司C类人才、集团公司优秀员工。

年轻的他还积极要求进步，2021 年 8 月，向党组织递交了入党申请书，并成为一名入党积极分子。

“家里怎么样了？”我问。

“爸爸的脚能下地走路了，只是走不了多远，也干不了活。”黄红兵微笑着说，“他不用干活，可以享福了。”

黄红兵告诉我，他和哥哥合力在家建了一栋三层的楼房，因为资金不够，不是一次性建好和装修的，而是断断续续进行的。现在一楼和二楼装修好了，等以后有余钱了，再把三楼装修好。现在他和哥哥在长沙租了房子。哥哥找了个女朋友，他们已经开始计划在长沙买房子了。黄红兵自己也打算明年在长沙买房，首付的钱够了，他觉得以后谈了女朋友，应该给她一个温暖的家，给她稳定的生活。

令我感动的是，面对荣誉，年轻的黄红兵始终保持着谦卑。

“虽然一路走来，学到了一些技术，得到了一些荣誉，但那只能代表我的过去。面对未来，我还需要不断加油，更上一层楼，特别是要把手上的技能传承下去。”黄红兵说。

“有何梦想？”

“以后，我想成为全国技术能手，成为谭勇焊接大师那样的人，开一间属于自己的大师工作室，带出更多优秀人才！”黄红兵踌躇满志，“今年 4 月，我去了一趟新疆库尔勒、阿拉尔。几个 00 后的小哥哥看到我在现场解决焊接难题后，非常羡慕，都围了上来，想跟我学焊接。他们觉得学焊接好找工作，工资待遇也不错。看着他们渴望的眼神，我心里好触动，真想教他们。”

虽然年轻，但我能从他的眼神里感受到“危机感”。当得知公司智慧产业城项目启动后，黄红兵在繁忙的工作之余，又开始自学数控编程以及实践操作方法，提前储备知识以跟上智能制造的步伐。

黄红兵跟我说的另一个情况，引起了我的沉思。

他说，当初他和哥哥选择上中职时，虽然自己乐观对待，但也遭到一些人的冷眼，他曾为此自卑过。比如有些同学上了高中，考上了大学，对他就不怎么待见。后来，一些上过高中或是大学的同学毕业参加工作，有相当一部分去了北上广深的普通工厂，在普通的工作岗位干着没有技术含量的活，工资也不高，感觉没什么盼头。有个学工程机械的同学向他倾诉了自己的境况。

“要不来中联应聘？”黄红兵说，“我们这里不是制造一般的机器，属于先进制造业，是国之重器。”

“我能行吗？”同学有些迟疑。

“只要肯学，舍得吃苦，就一定能行。”黄红兵鼓励同学说。

“真的吗？”同学说。

“真的！”黄红兵说。

后来，同学成功应聘中联重科，也当上了一名焊接工。不仅工资待遇大幅度提升，更找到了自信，找到了自己的存在感，找到了当一名焊接工的价值与意义。

黄红兵说，在他的定义里，青春是飞扬的焊花，闪耀着、沸腾着……

不忙的时候，夜深人静的时候，他总喜欢在屋子里看书，思考。

或许，这才是我们这个时代年轻人该有的模样。

我想起2020年在中央电视台播出的青年宣言片《后浪》。

“因为你们，这个世界会更喜欢中国，因为一个国家最好看的风景，就是这个国家的年轻人。”国家一级演员何冰坚定又深情的声音极具感染力，让不少年轻人听得热泪盈眶。

抬头看去，眼前的这个青涩青年不由得令我心生敬意。

“不用活成我们想象中的样子，我们这一代人的想象力，不足以想象你们的未来。”

“如果你们依然需要我们的祝福，那么，奔涌吧，后浪。我们在同一条奔涌的河流。”

…………

或许，这是时代说给“后浪”的肺腑之言。

产业链上的学科建设

职业院校是培养高素质技术技能人才的主阵地，也是制造业，甚至是地方经济社会发展的晴雨表。

长沙高新技术工程学校位于长沙高新区麓谷科技新城，这里给我留下深刻印象的不是现代化的校园，以及校园外现代化的企业，而是校门口左侧的那块大石头上刻着的八个朱红大字：立德崇高，精技惟新。这是长沙高新技术工程学校这些年来秉承的办学理念，也是这些年来他们办学得出的宝贵经验与生存法则。

校长叫罗伟光，今年 58 岁。皮肤黝黑，身材魁梧，讲一口带有宁乡口音的普通话。他自 1984 年 7 月来到这所学校当老师，不论学校经历了多少风雨坎坷，从未离开半步。

罗伟光先带着我参观了校史馆，随后，向我讲述了他们艰难曲折的办学之路。

2005 年以前，学校叫长沙工商职业中专学校。当时这里属于长沙河西郊外的东方红农场，校舍破旧，教具简陋，3 栋建于上世纪 70 年代的建筑几乎都成了危房。当时周围是一片农田和池塘，每到春夏季节，蛙声阵阵，但教职工们却没有“稻花香里说丰年”的喜悦，有的只是生存的焦虑。最少的时候，这所学校只招到 67 个学生，学校面临几乎无学生可教的境地。由于办学条件差、规模小，学校在国营农场里开办了养殖专业，养了几百头猪，被戏称为“30 名老师 300 名学生，30 亩地 300 头猪”。

那时学校远离城区，条件极其艰苦。没有食堂，只能站在室外吃饭；没有自来水，只能喝井水；室内没有厕所，上厕所连跑带走要 4 分钟。当别人问起老师们在哪里工作时，老师们都不愿提学校名字，只说在河西。

虽然办学条件如此艰辛，学校的教师队伍却并未出现人心不稳的情况。学校党总支书记黄立、副校长马燚等人回忆说，自加压力、负重前行一直是学校的优良传统，即使在十分艰难的时候，人心也十分齐。那时候，基本上没有老师流失，为了学校生存，炎热的夏天，老师们顶着太阳，骑着摩托车，深入到田间地头给家长干农活，只为招一个学生。

2005 年是他们的转折点。这年长沙高新区西扩，学校被高新区托管。

“有一天，我们一位老师得到消息，深圳一家公司已经与高新区谈好了收购我们学校的条件，第二天就要签协议了。他马上报告给我们。当时，我是学校党支部书记，我和校长罗和平连夜找到管委会领导和相关部门，陈述自己的意见，可以说是‘舌战群雄，据理力争’。”罗伟光回忆说。

“我们也是有难言之隐啊，现在高新区经济效益不好，还要养着你们学校，实在是吃力。”管委会领导坦诚地说。

“这些现实情况，我们都知道，也能理解，但我们还是恳请管委会能给我们一次机会。”罗和平说，“从政策上讲，根据 1995 年国家出台的政策，一个区县必须办一所职业学校；从现实需求层面讲，随着高新区的发展壮大，也需要一所职业学校，为高新区提供源源不断的人才。”

“现在国家高新区经济发展态势良好，肯定会有一大批高新技术产业发展起来，这会需要大量的技术人才，这就是我们学校生存的基础啊。”罗伟光也插话说。

“你们二位说的有道理，高新区的发展肯定会越来越好，会有更多的高新技术产业发展起来，也需要大量的技术人才，管委会也理应支持学校的发展。”管委会领导最终被说服了，但他们也有着自己的考虑，“但你们也要改变，要跟得上高新区发展的形势。”

看到管委会领导态度转变了，罗和平和罗伟光面露悦色，点头称是。

“学校开了几个专业？”管委会领导问。

“9个专业。”罗和平说。

“哪9个专业？”管委会领导问。

“中医、园林、幼师等，主要是服务类的。”罗和平说。

“为什么设这些专业？”管委会领导问。

“以前考虑学校周边是个国营农场，全是山地、农田，设置专业时考虑的都是农林渔牧类的，其他也是随大流设置会计、计算机等普遍性专业。”罗和平说。

“以前这样设置没有问题，学校划到高新区后，整个地区全是开发的热土，如果我们的思想还停留在之前，跟不上高新区装备制造、电子信息等主导产业发展的步伐，就会被淘汰。”管委会领导说，“你们认真想想，这些专业与高新区的支柱产业关系大不大，给园区产业发展能带来什么好处，能不能培养园区产业发展所需要的人才？如果做不到这些，这对园区发展来说自然是个负担。”

管委会领导的话，直击长沙工商职业中专学校发展的要害。

“我们一定深刻反思，重新定位，调整办学方向。”罗和平说。

“希望你们认真思考，精准定位，如果不能适应高新区发展的需要，我们不淘汰你们，你们最终也会被市场淘汰。”管委会领导说。

回到学校不久，罗和平召开全体教职工大会。

“如果学校继续按照原来的思路办学，专业设置不改革，不仅学校招生困难、学生就业困难，恐怕也很难得到高新区的支持，很难有大的发展空间。”

“人不能走错路，学校也是。一所学校办学方向如果错了，人心再齐，也难以让学校走上发展的快车道。”

“我们要改变办学思路，办学模式、专业设置等要全方位对接产业，服务园区。”

“只有认识高新区，理解高新区，将自己的情感和精神融入高新区，我们办学的方向才能正确，专业设置才能更精准。”

“再不转型，就是死路一条。”

…………

随后，他们跟上高新区的产业发展，设置电子、机械等相关专业，停掉中医、园林等专业。抓住园区学校为园区提供人才的思路，通过设置相关专业，取得高新区管委会的大力支持。学校积极招揽相关专业人才，引进了全国职教名师杨明辉等，支撑专业建设发展。于是，崭新的专业在学校出现了。

被停掉专业课的教师，为了学校整体发展，没有半句怨言。在学校组织下，他们积极通过自主学习考证重新上岗，转型成校医、计算机老师、语文老师等。

人才引进取得显著效果，电子专业在全国职教名师杨明辉的主持下，开始体现区位优势和特色优势。听闻杨明辉在这里，不少新的专业老师来了，学生多起来了，企业也开始信任这个刚办起电子专业的学校，开始聘用学校的学生了。高新区管委会看到人才聚集对企业的助力作用，大力支持学校专业建设，给予学校设备采购、基础建设等资金支持。

2006年，学校电子信息专业扩大办学，专业细化为电子电器、电子信息、电气运行、汽车电子等，专门对接威胜电子、华能自控、宇顺电子等智能化电子信息集团；加工制造专业细化为机械、数控技术、机电一体化等，专门对接中联重科、远大住工、长缆附件等先进装备制造企业。

一个又一个专业建在了“产业链”上，实现人才精准供给。2007年，学校“面对毕业生与就业岗位之间‘僧多粥少’的就业竞争局面”还在四处求爷爷告奶奶，到2011年，“657名毕业生，学校全部推荐在本地就业，就业率为98.6%。就业单位为中联重科、威胜电子等大型上市集团，工资收入不亚于本科毕业生”。

“学校建在开发区、学生学习在开发区、学生毕业工作在开发区，学校已经彻底成为开发区产业链上的一环。”罗伟光说，“我们培养的学生，绝大部分都走进了开发区的企业，10多年来，长沙高新技术工程学校已为高新区培养了10000多名技术技能人才。回过头来看，把学科建在产业链上，是我们的使命，也是我们唯一的出路。当初被高新区托管时，学校还可有可无，但是现在，高新区已经离不开学校，学校与企业形成了不可分割的联系。”

质疑的声音不再有了，相反，“办职业教育就是发展经济”成为长沙高新区党工委、管委会领导的共识。2008年以后，长沙高新区相继投入3亿多元，建设起了一座现代化的校园。

“学校的未来在哪里？”我继续探究。

罗伟光笑着说：“开发区有多大，学校就有多大。”

是啊，市场发展需要人才，立足高新区这个制造企业云集的宝地，学校发展是有依托的。具体如何发展，罗伟光校长给出了解释。

“校企合作是职业教育发展的必由之路。在专业变革的同时，学校也掀起了办学模式的变革。我们提出‘开发区有多大，学校就有多大’

的理念，实行‘工学结合，双岗交替’的办学模式。”罗伟光说，“简单地说，就是将教学过程与生产过程对接，通过专业教师承担企业产品加工项目、学生参与加工生产过程的方式，让学生全程体验‘学生→学徒→准员工→员工’的技能人才成长过程，同时，引入职业资格标准进行评价，实行学校、企业共同评价。”

“顺利吗？”我问。

“不顺利。”罗伟光给出的是否定的回答。

他举了督导办主任杨明辉老师的例子。

杨明辉是这一模式的先行者。当年，杨明辉好几次找到一家知名企业谈工学结合，企业都爱理不理，他有“热脸贴冷屁股”的感觉。他知道，这是因为学校没有名气，别人瞧不起你。“我们必须有自己过硬的优势，别人才看得上。”他想。

杨明辉并没有气馁。为了能与企业合作，他“死皮赖脸”带着团队走进企业，免费给员工上课，让企业慢慢认识老师，然后再推荐优秀学生进入企业见习，目的是让企业认识到中职学校的学生也不差。

由于杨明辉等人锲而不舍的努力，高新区知名企业威胜集团第一个被打动。2008 年 10 月 18 日，长沙高新技术工程学校电子信息技术专业搬到了威胜集团的厂区，实现了“把学校办进企业”的目标。

威胜集团免费提供学生学习实训所需的设施、场地，包括教学楼一栋、实训楼一栋、学生宿舍 80 间、教师办公室 5 间、教师宿舍 15 间，水电网络安装到位，另外免费提供操场、球场、会议室、食堂等辅助设施；提供实习岗位、场地，派驻技术骨干进行实习指导、开办专题讲座，使学生熟悉掌握企业所需的各项技能、达到企业要求的人文素质水平。学生毕业后，还优先录用成绩合格的学生。

而学校在遵循教学大纲的前提下，依照威胜集团用人标准培养电子信息技术专业的学生，满足威胜集团对电子类专业技能人才的需求，同时每年免费为威胜举办 15 期员工技能培训班。

长沙高新技术工程学校与威胜集团在长沙中职教育界是第一个吃螃蟹的，这一合作模式引起了轰动。

“与威胜的联合办学，创新了长沙职业教育的模式，让我校走在了长沙职校发展的前列，成为职校特色办学的领头羊，让学校走上了持续快速发展的轨道。”罗伟光说。

目前，长沙高新技术工程学校与园区内近百家企业建立了长效而稳定的合作关系，与远大住工、竞网科技等 20 余家单位签订了建立共享实习实训基地协议，与中联重科、威胜集团、宇顺电子、东方红建设集团等企业联合开展“预备员工制”，开办 20 余家企业冠名班。同时，学校与企业共同开发了《机械基础》《电梯维修》等近 20 本实用性强的校本教材。除了“进厂办学”模式外，还有两个校企深度合作模式。“学校与企业合一，校长与厂长合一，教师与师傅合一，教室与车间合一，学生与工人合一”的深度合作，体现了“开发区有多大，学校就有多大”的办学理念，促进了长沙高新技术工程学校的内涵发展、快速发展，学校在职业教育的发展和卓越职校的建设上走在了全省的前列。

我知道，对于很多中职学生来说，他们在初中时期大部分成绩不是很好，甚至有的学生是被老师“遗忘的存在”。然而，在长沙高新技术工程学校，我看到了一个个自信、阳光的学生。

他们之所以自信，关键在于人人都有“绝技”。

“学校从籍籍无名的中职到成为省卓越职校的过程，就是帮助一批批孩子找回自信，让一个个懵懂沮丧的孩子昂首挺胸走出校门、成为大国工匠的过程，同时也是树立行业标杆，引领企业文化，让教育科研、校企合作等都能成为省内同类职校标杆的过程。”罗伟光说。

而他们培养人才的法宝是：技能大赛。

“普高有高考，职校有大赛。我们利用‘技能大赛’这个‘试金石’，建立常态化的市、省、国家三级技能大赛制度，以赛促练、以赛促教、以赛促学，将大赛辅导融合到日常教学中，全面提高师生技能水平。通过实训周、实训月、技能抽查、技能节等多项活动的开展，形成全校大练技能的热潮。”罗伟光介绍说，“由于大部分竞赛项目都要求解决一些较为完整、有一定难度、综合性强的实际问题，因此，技能竞赛成为提升学生综合职业能力的重要手段。在这个过程中，学生不仅懂得利用各种信息资源寻求解决问题的办法，还锻炼了自主学习、获取新知识和与他人合作的能力。”

“学校已经获得 9 块国家级金牌，18 块银牌，25 块铜牌。”罗伟光满脸自豪地说，“这样的成绩，在全省的职业院校中排第一，在全国也是名列前茅。特别是 2017 年，湖南夺得的 4 块国家级金牌全部来自我们学校。”

而经历了大赛磨砺的学生，则是深受企业欢迎的“香饽饽”。

“我们学校就业率近年来一直保持在 98% 以上。”

“那招生就不成问题了。”

“原来为招不到学生发愁，现在为报名的学生太多发愁。”罗伟光笑着说，“大概从 2015 年开始，我就用两个电话号码，一到招生的时候，不仅要关门谢客，还要把常用电话关机，留下不常用的电话和教育局沟通。举个例子，2021 年市教育局给我们的招生计划是 1200 个学生，但报名人数达到了一万多人。我们就在湖南省中等职业教育阳光招生信息平台，从高分到低分录取，录满 1200 个后，发现还有太多优秀的学生想来我们学校。于是，我们向市教育局请示，扩大招生计划，最终招了 1470 个学生。由于教室不够，我们把一些老房子、小房子改成了教室，甚至把部分教师办公室改成了教室。”

“如何理解‘立德崇高，精技惟新’？”我提到了他们的办学理念。

“学生必须先立德，培养他们高尚的品格和人格，然后才是技术创新。立德是一切的根本。德是工匠精神的支柱，不论是麓谷工匠、星城工匠，还是湖湘工匠、大国工匠，没有德的支撑，一切都无从谈起。”罗伟光说，“现在，我们学校对人才培养有了更高的追求，要培养具有创新精神和创业意识的学生，这些学生离开校园后，他们所具备的思想与能力，将帮助他们将来在社会上真正成大器。”

在长沙高新技术工程学校采访时，我还与几位老师和学生进行了交流。

负责教授机械加工技术的向细飞老师，曾当过十多年的班主任，长期与学生打成一片，非常熟悉和了解学生的心理状态。

“早些年，因为没考上高中，总有些家长认为自己的孩子不优秀。我就对他们说，你们的观念是错误的。职业教育也需要扎实的基础，如果基础不扎实，以后如何进行技术革新？如何成为工匠？如何成为主管，甚至当经理带一个团队？我们不断给学生信心，让他们看到自己的优点与长处，激发他们学习的内生动力。后来，不断有学生在企业成为骨干、工匠，有的当上了主管或经理，那些学生家长的观念便逐渐改变了。”向细飞说，“我带的2019届毕业班，有45个学生，毕业后，一部分学生选择了单招，一部分选择参加工作，其中到中联重科工作的就有20个。他们不仅工作得心应手，对自己的发展也有了更加清晰的认识，相当一部分还选择参加了成人高考。”

20204班学数控专业的董良伟，今年20岁，来自湘西龙山，看上去阳光自信。他曾经是个叛逆而又郁郁寡欢的少年。初中毕业后，他曾上过民办职高，读了一段时间后，觉得没啥用，感觉前途渺茫。虽然父母反对，但他执意辍学，走向社会，在网吧做过网管、在餐厅当过服务员，当过大巴车乘务员，甚至摆过地摊。经历过生活的艰辛后，他隐约地意识到了知识的重要性。18岁生日那天，他跟爸妈提出，能不能回学校读书。浪子回头金不换，爸妈答应了他的请求。在长沙工作的表哥向他推荐了长沙高新技术工程学校，但一打听，想进这所学校的学生挤破了头，成绩必须过关，特别是语、数、外三门主科必须过关。于是，他买了一堆复习资料恶补，功夫不负有心人，最后他成功拿到了录取通知书。

“来到学校，我找到了属于自己的世界。在学校不光学到知识，还能感受到长沙高新区的发展变化，能接触到智能制造。我意识到，光有个中专文凭还不行，于是我更加努力学习，不仅当了班干部，成了省市三好学生，还进入了学校的单招班，我想上大专，再升本科，以后就留在高新区工作，继续追求我的机电梦。”董良伟说，“我现在考了车工、钳工与机械 CAD 三个技能中级证，我想把更高级的证书都拿到，特别想拿到智能制造的各种证。人在江湖走，不能没有证，人在高新区，不能没有证。”

16 岁的陈璐来自娄底新化，是 20406 班计算机网络安全专业的学生。来长沙高新技术工程学校前后，她判若两人。

“我中考考得一般般，爸爸带我去了很多中专学校，有学幼师的，有学财经的，后来到了长沙高新技术工程学校。”陈璐说，“很多人都说职高不好。来长沙高新技术工程学校前，我确实也没有任何目标和动力。但学校的开学典礼改变了我，老师说可以参加技能比赛，有很多学生通过技能比赛保送上了大专，甚至有的还上了本科。于是，我在心里暗暗发誓，我也要参加技能比赛，要拿到好名次，获得保送资格。放假回家时，我跟爸妈说，如果技能竞赛能拿到名次，就有可能保送上大专，还可以上本科，甚至读硕、读博。爸妈不太相信，说一切顺其自然。我说，我不服气，职高生不比普高生差，现在国家懂理论的人多，但他们动手能力差，特别是缺少技术人员。我正在准备明年的国赛。”

从陈璐稚嫩的眼神中，我看到了纯洁、坚韧、自信、希望。

经济社会发展需要大国工匠，培育大国工匠，离不开丰沃的土壤——高质量的职业教育。

职业教育为技能型社会提供人才和技能支撑，不可或缺、不可替代。但是，长期以来，职业教育被视为中等教育，这一无形的“天花板”阻碍着技术技能人才社会地位的提高，也成了职业教育发展的桎梏。职业教育的优劣事关国家制造业的兴衰，而工人素养的提升，是国家制造业腾飞的重要基础。德国是世界公认的制造业强国，工匠精神在德国得到很好的传承与发展，这与德国一直高度重视职业教育密不可分。

为了扭转职业教育不优这一局面，国家接连出台政策，优化职业教育的类型定位。习近平总书记曾对职业教育作出过重要指示，他指出，“在全面建设社会主义现代化国家新征程中，职业教育前途广阔、大有可为”。2014 年，国务院召开全国职业教育工作会议，出台《关于加快发展现代职业教育的决定》；2018 年在北京召开的全国教育大会之后，国务院印发《国家职业教育改革实施方案》，指出“职业教育与普通教育是两种不同教育类型，具有同等重要地位”；2021 年，党中央、国务院召开全国职业教育大会，提出建设技能型社会的理念和战略；2023 年，为统筹解决人才培养和产业发展“两张皮”的问题，推动产业需求更好融入人才培养全过程，持续优化人力资源供给结构，国家发展改革委员会同教育部等有关部门研究制定了《职业教育产教融合赋能提升行动实施方案（2023—2025 年）》……

但是，这还远远不够。从社会普遍的观念来看，表面上大家不否认技能型人才的重要性，但潜意识里依然对其存在着不少误解和歧视，甚而认为技能型人才比其他专业人才低一个档次。正因如此，待遇和社会地位不高是技能型人才面临的普遍困境。与此同时，技能型人才依然紧缺是一个客观存在的现实，也是一个迫切需要解决的问题。

进入新时代后，随着国家重大战略的实施，以及技术的迭代、产业的变革，重点领域技能型人才缺口仍然很大。教育部、工信部等部门调查显示，仅制造业的十大重点领域中，到 2025 年技能人才缺口将接近 3000 万人。

现在国家将普高与职高招生人数进行平分，各占 50%，虽然在社会上产生巨大震动，甚至让家长焦虑，但对国家制造业的影响将是深远的。

我们欣喜地看到，近年来，我国职业教育改革发展走上提质培优、增值赋能的快车道，顶层设计更加成熟定型。在实践中，“中职—高职专科—职业本科”一体化的职业学校体系基本建成。职业教育与基础教育、高等教育、继续教育之间构建起融通机制。

有这么一组数据：到 2022 年，我国已建成世界上规模最大的职业教育体系，共有职业学校 1.12 万所，在校生超过 2915 万人，中高职学校每年培养约 1000 万高素质技术技能人才。这不仅是火炬，更是希望和力量。

第五篇 看得见的未来

在三一重工长沙 18 号工厂、中联智慧产业城等处，我无不感受到万物互联的魅力——人和机器、机器和机器、机器和产品、人和产品都产生了连接，这里有“看不见的智慧”与“看得见的智能”。

我们叫它智能制造。即通过智能装备的改造升级，工业互联网平台的搭建，辅以大数据和 AI（人工智能）等技术，打造全流程多系统一体化的智能工厂，进而提供产研供销服一体化的智能服务。

人类历史是一个无限漫长、无限丰富而又无限神秘的时空隧道。科学的发展，文明的进步，不断改变着人类的生产、生存和生活方式。特别是进入到工业化时代以后，人类的创造更是日新月异。工业 1.0 是机器革命，人类得以进行大规模生产；工业 2.0 是电气革命，电力开始推进工业发展，产品被标准化；工业 3.0 是信息革命，机器实现了自动化；工业 4.0 不仅是一场科技革命，更是一场社会变革，创新和创造将是永恒的主题，核心是智能制造，其本质是“工业 + 信息”的大融合，从这个时候开始，机器被赋予了灵性，学会了独立思考。

是的，智能制造已经悄然来到了我们身旁，正在改变或将要改变人们的生活。

科技的进步，促使“智能化”和“绿色化”成为未来产业发展的主流趋势。数字智能、绿色低碳，正在加速推动制造业转型升级。

18号厂房

在一个初冬的下午，我穿越雨雾，满怀期待地走进位于长沙经开区的三一重工长沙18号工厂。

碧水汪汪，锦鲤翱翔；亭台雅座，棕榈花园。

若不是来往人员头上戴着安全帽，我很难想象，这里是生产车间。这座花园式、科技型、人文化的工厂，是我国首批智能制造示范应用车间，智能工厂和智能示范应用场景双示范中心，全球工程机械领先的 灯塔工厂。

“18号厂房是一家泵车生产工厂。”三一重工泵送工艺院智能制造所所长，博士、高级工程师，灯塔工厂幕后指挥官饶有福向我介绍说，“整个厂房占地面积10万平方米，厂房里面有500多台智能化的机器人和自动化设备，100多台AGV（自动导引运输车）和五大自动化的立库，通过自动化的软件一键启动，自动化生产百余款泵车，整个生产过程就像变戏法一样，一张钢板变成一台泵车。”

三一人都习惯叫这里“18号厂房”。

“媒体说‘18号厂房’是‘最聪明的工厂’。”饶有福脸上洋溢着自豪的笑容。

“聪明？”饶有福拟人化的表达，更加激起了我对“18号厂房”的兴趣。

“工人不再凭力气搬砖，包揽重活的全是‘新工友’。”饶有福说。

“新工友？”

“新工友有很多，包括我，也是其中一员。但最主要是三位。”

“哪三位？”

“第一位是智慧生产系统。它类似人的‘大脑中枢’，基于‘根云’工业互联网平台，串联起万余台生产设备，三万个高清摄像头，通过信息采集，AI 视频洞察、生产建模，在数字空间里面，建立了一个与灯塔工厂一模一样的孪生系统，传统的多名工人操作不同设备的模式，可以由一名工人掌控一台电脑来完成。”

“第二位呢？”

“第二位是自动化仓储物流。它包括全场一百多台 AGV，五大自动化立库，可以把对的物料，在对的时间，送到准确的地点，交给对的人和对的设备，类似人的‘毛细血管’和‘神经系统’，‘大脑中枢’负责指挥，‘神经系统’保障运输，执行操作则交给‘四肢’。”

“第三位呢？”

“第三位是自动化机器人。它动作灵活，不知疲倦地劳动着，如同人的‘四肢’，极大地解决了人体力不足的问题。这些自动化设备，把整个生产效率提升 5 倍以上。”

漫步在总装、机加、焊接、仓储、涂装车间，这里的生产场景完全颠覆了我对“车间”的刻板印象：全部 9 项工艺、32 个典型生产场景已实现“聪明”作业；遍布工厂的 1540 个传感器、200 台全联网机器人，每天产生超过 30TB 的大数据（这相当于一座 20 万人口的城市 1 天产生的手机网络流量）；通过树根互联提供的数据中台及工业应用，工厂实时运行数据映射到虚拟工厂，让海量数字资产从“摸清楚、管起来”到“用起来”。

工人不再拿焊枪、干体力活，少人化、智能化、自动化，在这里真实实现了！

钢板的切割和分拣完全交给了拥有 3D 视觉的 AI 机器人，在将精度提升至 1 毫米的同时，周期缩短 60%，材料浪费减少了近一半。

火花四溅的焊接中心基本不见工人的身影，依托电弧跟踪技术，长 3.7 米、重达 2.6 吨的泵车转台在行业首次实现了“无夹具抓取与焊接”。

装配中心，大到 72 米长的臂架，小到 2 毫米的螺丝等，全部由机器人自动化装配完成。

机加中心，在数字孪生技术的赋能下，三一品质原本仅 0.1 毫米的精度误差，被刷新至 10 微米级。

端到端的物流系统，可以实现 101320 种不同类型零件的自动搬运和上下料，准时交货率高达 99.2%，是灯塔工厂高效运作的“毛细血管”。

…………

“与改造升级前相比，18 号厂房产能提升 123%，生产率提高 98%，整体自动化率升至 76%，可生产机型增至 263 种，2021 年实现人均产值 1471.13 万元、每平方米效益 15.4 万元，达到全球领先水平。”饶有福介绍说。

“18 号厂房”的工作场景，让我由衷地赞叹科技的神奇力量，同时脑海里蹦出三个字来：

高——设备互联，高效运转！

快——45 分钟，一块钢板进一台泵车出！

美——园林景观，工业美感！

灯塔工厂，世界之光！

2022 年 10 月中旬，世界经济论坛发布新一期全球制造业领域灯塔工厂名单，三一重工长沙 18 号灯塔工厂成功入选，这是继三一重工北京桩机工厂后，全球重工行业第二座获认证的灯塔工厂。

18 号灯塔工厂的建成与成功入选，既是业界对三一集团实行数字化转型的认可，也意味着三一重工获得了世界工程机械领域前沿的话语权，更标志着三一集团在第四次工业革命中赢得先机，将带领中国工程机械行业成为“灯塔行业”，走向全球。

世界经济论坛官网上这样介绍三一重工18号工厂的入选理由："为应对重工行业市场的周期性波动、多品种小批量及重型部件生产挑战，三一充分利用柔性自动化生产、人工智能和规模化的IIoT（工业物联网），建立数字化柔性的重型设备制造系统。最终实现工厂产能扩大123%，生产率提高98%，单位制造成本降低29%。"

前期对18号工厂进行实地考察的麦肯锡灯塔工厂专家团一致认为，三一18号工厂在最难的领域，在没有先例的情况下，用创造性思维打通了核心技术，非常难能可贵。

"18号厂房生产的泵车、拖泵、车载泵等产品的全球市占率连续多年稳居第一，助力三一重工成为名副其实的'世界泵王'。"饶有福继续介绍说，"目前，18号厂房的整体自动化率达到76%，人机比由157：1降低至3：1，全面提升了工厂自动化、智能化水准。三一重工46座数字化转型工厂正在借助第四次工业革命的前沿技术，打造智慧工厂蓝图，将智能制造拓展到产业链上下游环节。在18号厂房，凡是能用机器做的绝对不用人来做，凡是能远程操作的绝对不来现场做。在这里，从一块钢板切割到整车下线，全流程智能化生产。"

数字化转型让三一集团的发展道路越走越宽敞。

2021年，三一集团实现销售收入1720亿元，取得公司历史最好经营业绩。10年来员工减少了3万名，销售额却增加了两倍多。除了传统的工程机械产业，三一集团也在布局以电动化为代表的新能源赛道，以及以工业机器人和机器视觉为代表的智能化赛道。

三一集团正通过数字化、电动化、国际化的"三化"战略迎接未来挑战。

在18号工厂，活都交给机器人干了，工人则在幕后遥控，这，很聪明。但这背后少不了三一人的战略眼光与勇气担当。

随着互联网、大数据、人工智能与实体经济的深度融合，三一重工在行业内率先启动20余座灯塔工厂建设，这是工程机械行业生产方式的再造与重塑。

2019年，三一重工拿出百亿级规模资金，开启数字化升级。位于长沙经开区的18号工厂是三一重工最先启动的灯塔工厂建设项目，占地10万平方米，每台泵车从其原材料开始就有一张专属“身份证”，由“工厂大脑”全程智能调度，实现“一张钢板进、一台泵车出”的智能制造全要素落地。

但要成功谈何容易！

他们以“要么‘翻身’，要么‘翻船’”的决心来推动三一数字化转型，同时成立了智能制造总部和智能研究总院来推动集团数字化转型工作，并以18号工厂作为集团首批转型试点工厂，董事长亲自调度，执行总裁躬身入局。

也少不了工业互联网的赋能。

为18号工厂赋能的树根互联便是一家工业互联网企业，是国家级“跨行业跨领域工业互联网平台”，他们将新一代信息技术与制造业深度融合，开发了以自主可控的工业互联网操作系统为核心的工业互联网平台——根云平台。它已经覆盖48个细分工业行业，持续助力不同领域、不同规模的企业数字化转型，并对接各类行业软件、硬件、通信商开展深度合作、形成生态效应。同时，根云平台已为45个国家和地区的企业提供服务，持续开拓全球服务能力，不仅帮助中国企业“走出去”，也吸引了众多国外企业入驻平台。树根互联已服务德国、印度、肯尼亚、南非、印尼、墨西哥、越南等众多国家的当地企业。

建造灯塔工厂首先需要以提升人均效率（产值）为核心目标制订顶层规划。而实现低成本、高效率数字化转型的关键在于将灯塔工厂建设分步去做，最核心的切入点是在全部业务环节中逐步明确应用场景。

树根互联将灯塔工厂规划分成几十个数字用例，从中选取投入产出比（ROI）小于两年的进行优先改造，让业务更快地体会到数字化改造的收益。对ROI为三到四年的，则相应晚一点改造，以此形成分步实施方案。在实施自动化和数字化改造的同时，更重要的是同步引入智能化。而智能化除了更多地发生在自动化层面外，也会发生在现场控制以及企业管理层面，需要在各个层级中去实现，而不是用一个昂贵的架构统一各个层级去实现智能化，这是以更低成本完成灯塔工厂转型的核心要素。

中国要快速由制造大国走向制造强国，离不开工业互联网的赋能，少不了灯塔工厂带来的红利，更少不了成百上千名一线建设者的“不眠不休，攻坚克难”。伴随灯塔工厂的升级，他们也在同步成长。

饶有福是江西人，原来在北京工作，2018年作为高精尖人才被精准引进到三一重工，参加18号厂房的改造。改造前，18号厂房车间里到处人山人海，现场物料的摆放也是乱七八糟；改造后，既有了园林的景观，也有了工业的美感。

这个变化可以说是破茧成蝶。破茧成蝶是个美好的词语，但是破茧却是个痛苦的过程。

为什么痛苦？

没有样板可学，是第一个吃螃蟹的。他们边研发、边设计、边改造、边完善，好在这个时代，风险与机遇并存，5G、大数据、人工智能等技术的成熟，给制造业发展提供了技术支撑。

而在长沙这个工程机械之都，追梦的年轻人也从不孤单。各级政府对他们给予了大力支持，有政策的支持、项目的支持，还提供了一些咨询团队，来为他们提供一些技术上的把关、咨询。

空间一层一层布局，路线一寸一寸丈量，机器一个一个替换……

回报是丰厚的。

饶有福说："18号厂房改造建成后，工人数量从1575人减少到450人，未来还会减少到66人，人机比从157:1降到3:1。降本增效，在这里得到了满分答案，生产交付周期从31天减少到12.7天，产能提升123.4%，年营业额翻番。"

饶有福的心情，也从初来长沙时的忐忑，变成了享受成功的喜悦。

他还说："四年前举家从北京来到长沙，感觉自己是一个'长漂'，第二年第三年，人才政策的支持，解决了房子的问题、孩子上学的问题，我便有了种从'漂'到落地的感觉。"他希望能够在这里长久地发展。

头戴安全帽，手拿电脑本，一个"90后"工艺工程师正在18号厂房焊接岛中来回调试机器人。

年轻工程师叫刘祥举，是三一重工泵路事业部智能制造本部工艺支持所所长。他告诉我说，这是他最平常的工作状态，与其说是工艺工程师，叫他"新工人"更恰当。

刘祥举是黑龙江哈尔滨人，大学学的材料专业，来长沙前在沈阳搞机器人应用。2019年11月，他作为数字化人才被引入，已有6年机器人编程工作经验的他，赶上了三一数字化的新浪潮。

刚来三一集团，他在泵路事业部智能制造本部的智能制造所工作，主要负责18号厂房机器人的技术支持与调试；18号厂房建成后，来到了工艺支持所。"从沈阳来到长沙，地域跨度这么大，即使已经三年了，我还不太适应这里的气候和饮食。"刘祥举说他之所以选择来长沙，主要是想投入到国家智能制造战略中来。智能制造是推进制造强国战略的主攻方向，中国的智能制造必须采取数字化、网络化、智能化并行推进、融合发展的技术方针，这是不二的选择。

"以前主要在电脑前、在会议室里开展工作，入职三一以来，我80%的工作时间都扎在车间里。"刘祥举说，"灯塔工厂的建设与传统工厂模式完全不一样，既要求工人都是工程师，也要求我们工程师都是‘新工人’。工艺员和工人师傅、设计员、技术员、检验员一起在现场摸爬滚打，一起摸索和试验，才能攻克所有的难关。”

进入灯塔工厂建设的最关键期，需要刘祥举协调、沟通的事情更多了。

“刘工，今天要出一批新部件，麻烦指导这个程序咋写。”

“小刘，新到的机器人已三线联网，赶紧组对。”

电话接二连三，他每天都要在转塔、转台、前后支腿4座焊接岛，近40台机器人间不停走动。

2020年5月，泵车转塔改为机器人焊接后，始终存在“合格率低，节拍过长”等瓶颈问题，制约产能。刘祥举每天与工人师傅们一起“上工”作业，一边深入分析每条焊缝和轨迹，一边重新梳理焊接程序及框架。整改措施出台后，还“一对一、面对面”向机器人操作员讲解沟通编程重点，使其以最快速度上手，实现技术协同。

整个9月，刘祥举吃睡都在车间，工作时长超400个小时。最终，在他和团队的努力下，转塔机器人焊接工艺得以大幅优化，单台套生产节拍缩短约75%，整体生产效率提升34%，按期、高质完成了焊接岛的达产、稳产。

看到我投来赞许的目光，刘祥举连连摆手说：“我们的努力付出是一方面，家人在背后默默地支持也同样重要。”

有个同事，他老婆生二胎，临近生产时，正是灯塔工厂建设的艰难时刻。为了攻克难关，他居然没有请过一天假，更不要说陪伴了。看着内疚与自责的老公，老婆更是深明大义：“我不需要你陪，有妈伴就行了，你回去工作吧，不要耽误项目进展。”另一个同事，在灯塔工厂建设的紧要时期，他老婆住院做手术。他没有去医院看望，也没有陪伴，甚至连手术前的签字都不是他签的……

刘祥举是个爱思考的人，每天下班后，他不是急着回家，而是在安静的办公室再坐一坐，看一些资料，处理前期的事情，凝思梳理一些方案。厂区主干道的夜色里，车间办公室闪烁的灯光，在浓密的树影中，成为温暖跳跃的心火。

在刘祥举看来，18 号厂房建成投产，并成功入选全球制造业领域灯塔工厂名单，是好事，是荣耀，但更是压力和动力。他说："灯塔工厂目前走在这个行业前列，具有世界性，要想真正保持世界领先，引领未来制造，必须不断加快科技创新的步伐，不断完善和优化系统与程序。"

我在 18 号厂房一个幽静的角落采访了彭聪。作为一线焊接工人，他对从"制造"到"智造"有着更为深刻的感受。

80 后的彭聪是湖南平江人，原来是在一家国企做电焊工，后来单位破产，他便来到三一重工。2010 年，在三一重工泵送制造部工作三年的他，接任焊接工作中心转台焊接班班长。

说到焊接，我想知道作为焊接工过去和现在的区别。彭聪说："以前搞焊接，完全靠手艺将一个板一个板拼起来。由于板与板之间是配合好的尺寸，所以必须一边量一边焊接，蹲在那里一焊就是一整天。由于焊接温度有几百摄氏度，甚至上千摄氏度，每天回去都是一股汗臭味加烟尘味，特别是夏天，从头到脚都湿透了。自己习惯了不觉得，但其他岗位的同事一接触我们，就会说我们身上的那股怪味太难闻了。"

2019 年上半年，彭聪参加了一个会议。在会上，领导说要搞数字化转型，改造升级 18 号厂房，他们的转台区域也在规划范围内。领导还说，公司将实现自动化，未来肯定靠机器吃饭，人工大量减少，大家的合作者是机器人。

"听到这个消息，我没有丝毫抵触，非常兴奋，也非常期待，觉得由机器人操作焊接是一件高大上的事儿。"彭聪说，"开完会回到班组，我就把以后由机器人替代我们操作焊接的消息跟同事们说了。有的同事觉得不可思议，说，那怎么做得到呢，那怎么可能呢。我对他们说，不要怀疑新设备，也不要怀疑自己的能力，一定要跟上时代的步伐，学习新技术，否则就会被淘汰。”

2019年下半年，自动化设备陆续进入18号厂房。他们熟悉设备，但如何用设备做产品他们并不熟悉，主要是对程序不了解，还需要摸索。他们联系得最多的就是设备供应商，因为供应商懂程序，他们懂加工。“形象一点说，比如焊接一个圆，我们知道焊角多大，知道用多大电流电压，用什么样的焊接速度，但是怎么用机器焊接成一个圆，一开始我们不懂，即使看了说明书，照着说明书操作，焊接出来的可能也不是圆，而是一段圆弧。”彭聪说。

如果人工焊接，凭着他们过硬的手艺，那是绝对没问题的，但现在截然不同了，他们要将自己的手艺传给机器人，这是他们要攻克的难题。机器人毕竟不是人，只是较高智能性的设备。他们必须对每一种型号的设备，一条焊缝一条焊缝地去攻克，然后编成最优化的程序。

彭聪介绍说：“大家经常说的焊缝，其实就是一个焊角，就是圆弧和直线。要实现焊接的自动化，就是要让机器人配合焊接工艺参数、电流电压和焊接速度，实现每一个圆弧和直线加工的方式。”

但实施起来异常艰难。一开始，机器人不听“使唤”，总是达不到焊接要求。以前人工焊，是多层多道的方式，可以焊到8到12道，但机器人的智能程度达不到那个高度，焊接出来的产品达不到工艺设计的要求。怎么办？他们没有打退堂鼓，而是集思广益，然后再摸索。最后他们发现改变焊接角度的效果出奇的好。人工焊接时是正面焊，他们就让机器人侧过来焊，并且无须焊8到12道，只要4到5道就可以了。彭聪说：“那半年是我们最艰难的时候，但大家面对新鲜事物，面对困难，没有气馁，而是选择团结起来，拧成一股绳，共同攻克难题。那段时间，大家对家人的陪伴缺失挺多，天天加班，即使加班结束，大家还要坐在一起聊一聊技术。很晚回到家，还是满脑子的机器人焊接。”

在投入 5 亿元资金，突破 55 项关键技术，攻克 1030 项难题后，18 号厂房项目于 2020 年圆满达产，成为三一集团第一个落地达产的灯塔工厂，实现生产效率提升 50%，每 45 分钟即可下线一台泵车，年产能 1 万台以上，成为引领行业智能制造的“新灯塔”。

我对转台焊接班 15 人在 18 号厂房里具体干些什么充满好奇。彭聪说，只要下个指令，包括机器人在内的整个系统就会忙碌起来，并高标准地完成各项任务。18 号厂房的智能生产，完全超出了彭聪和同事们的想象。

车间智能化了，环境改善了，工人也轻松了。

比如物料的配送，他以前想象是叉车配送，没想到是 AGV 的小车配送。它小巧，不占地方，还特有劲，顶起物料来回跑，要是碰到人或物，还会自动停止。

又比如转台的零部件是厚板，有几千斤重，他以前想过能自动焊接，但没想过还能自动组对，这也是行业首创。

作业的方式也发生了变化。以前他们早上来到车间后，这天干什么，完全取决于前方送什么，前方送什么他们就做什么。18 号厂房的 MOM（制造运营管理系统）彻底改变了他们的作业方式，计划、物流、制造、仓储全部融为一体。早上来到车间后，只要在 iPad（平板电脑）上点一下，车间就全部动了起来。AGV 小车就自动将物料送过来，并放在组对的区域。物料过来后，只要将指令下给机器人，机器人就会自动开始工作，一条焊缝一条焊缝地焊接……他们只需要关注设备的运行状态。

其他方面也跟着发生变化。彭聪原来所在的三一重工的泵送制造部，也改为了智能制造本部。他们转台焊接现在共有 8 台机器人，有 2 台负责搬运物件，6 台负责焊接。机器人的焊接速度是人工的 1.5 倍。人会工作疲劳，但机器人不会，可以 24 小时不间断工作，并且质量很稳定。完成工作任务后，机器人就会回到自己位置上。转台焊接班原来有 40 多名焊接工人，现在只有 15 人了。年纪大一点的，由于记忆力和视力都变弱了，系统的好多指令他们难以记住，便分流到了其他事业部，依然从事传统的焊接工作。留下的都是年轻人，以 80 后为主，还有少部分 90 后和 00 后。

以前从车间出来，身上的烟尘味太浓了，只要跟人家接触，就看得出人家脸上的嫌弃，回到家第一件事就是洗澡。现在没有了，不仅环境舒适，身上也干干净净。车间里甚至还有自动售卖机，商品价格远比外面商店便宜。休息时，他们喝点饮料，吃些点心，坐着聊聊天，非常惬意。

车间智能化了，并不是什么事都不用管了，可以当“甩手掌柜”。机器人很先进、很现代，但不是十全十美，有些方面也还是达不到预期目的。虽然有电影里的科技感，但还没达到那个层面，仍需不断跟踪完善。一是不断完善程序，虽然程序设置了焊接参数，但他们生产的产品不是一成不变的，产品变了，设计就得跟着改，程序就必须同步修改。即便是成熟的产品，也经常会有小的改动。二是要对焊接出来的大物件进行质量检测，焊接出来的尺寸合不合格，每一个尺寸都要检测，并做好详细记录，便于追踪与分析。不合格的大物件，需要人工焊接。三是定期给设备做保养。彭聪说，他们只能发现问题，解决一些简单的问题，大的机器维修还需要找厂家的专业维修人员。

“不管怎么样，18 号厂房通过国际认证，对我们来说，既是巨大的改变，也是巨大的鼓舞，以后灯塔工厂会像雨后春笋一样出现，见怪不怪，全面实现智能化。”彭聪说。

三一重工长沙18号工厂只是智能制造的一个缩影。

先进制造业伴随着历史的巨轮步入一个坚定逐梦的全新时代，一个从“制造”到“智造”的崭新时代。

此刻，仰望太空，“天问一号”着陆火星，“天舟二号”货运飞船与天和核心舱实现快速交会对接；俯瞰大地，智能高铁京雄城际铁路全线开通运营，白鹤滩水电站大坝全线浇筑到顶。科技发展日新月异，信息技术加速与工业深度融合。从高端装备、重大工程到基础材料、精密仪器，中国制造体系逐渐完善、结构优化升级、竞争力与日俱增。不断向高质量发展攀登的大国制造，步履铿锵。

再将镜头聚焦湖南，对准2021年3月22日。这天，“长沙工程机械”“株洲市先进轨道交通装备”两大产业集群双双上榜“全国先进制造业集群决赛优胜者”名单，成为中国制造走向全球的闪亮名片。

当然，这只是湖南着力打造国家重要先进制造业高地、擘画高质量发展蓝图的一个剪影。

令世界瞩目的成绩背后，是湖南工业十年磨一剑、跬步至千里，踏踏实实走出来的自强和自信。在前文中，我用较多文字描写了2008年世界金融危机之后，特别是2012年制造业危机骤然降临，市场断崖式下跌，工程机械、轨道交通装备等行业一时“哀鸿遍野”的场景。然而，面对困局，湖南保持战略定力，坚持以产业比实力、以项目论英雄，实行“一条产业链、一名省领导、一套工作机制”，举全省之力聚焦发展20个新兴优势产业链。

作为这个时代的记录者，我有幸见证了湖南制造业经过苦练内功后终于实现凤凰涅槃的时刻：工程机械行业企业资产、收入、利润总额居全国之首，三一重工、中联重科、铁建重工和山河智能入围全球工程机械制造商50强，制定、修订国际标准、国家标准400多项；

轨道交通装备产业成为国内最大的研发制造基地，营业收入占全国30%，电力机车、城轨车辆、轨道交通电传动系统和网络控制系统等国内第一……特别是产业高端化、智能化、绿色化转型升级，成为湖南高质量发展的主旋律。实施智能制造工程专项行动，通过试点示范建设了一批可复制、可推广的样板，27个项目列入工信部智能制造专项，16家企业被认定为国家智能制造试点示范企业，株洲国创轨道科技有限公司获评国家先进轨道交通装备创新中心，成为全国第十个制造业创新中心。

新时代，新征程，湖南立足新发展阶段，推动制造业由中高速增长转向高质量发展。湖南省工信厅提供的资料告诉我，从2012年到2022年的10年里，全省规模工业营业收入从2.75万亿元增加到4.28万亿元，资产总额从1.78万亿元增长到3.25万亿元。另一边，一批领军企业脱颖而出。湖南钢铁集团跻身《财富》世界500强，三一集团跻身《福布斯》全球500强。湖南优化营商环境好，促使一批优质企业在此快速壮大。千亿企业从无到有达到5家，百亿企业从14家增加到39家，规模企业从12949家增加到18577家。一批中小企业崭露头角，培育国家制造业单项冠军26个、国家专精特新“小巨人”企业232家，数量分别居中部第2位、第1位。不仅如此，湖南还推动新一代信息技术与制造业深度融合，加快数字化、网络化、智能化发展；培育国家级跨行业跨领域工业互联网平台1个，建设省级工业互联网平台44个，累计推动44.5万户企业“上云”、2.2万户企业“上平台”。

新时代，新征程，湖南贯彻新发展理念，推动大国制造加快向大国创造转变。从技术空白到实现国产替代，从“跟跑”到“领跑”，湖南只花了10年。10年里，湖南聚焦工业“五基”和制造业五大环节推进产业基础再造，在全国率先实施首台套、首批次奖励，推进“100

个产品创新强基”项目和关键产品“揭榜挂帅”，产业创新能力和竞争力不断提升。天河超算、北斗导航、全球最大吨位起重机、“海牛”深海钻机、国产最大直径盾构机等一批代表中国速度、中国高度、中国深度、中国强度的大国重器频频亮相。工业领域方面，湖南攻克填补国内空白技术200多项，CPU、GPU芯片、碳/碳复合材料等关键零部件和关键材料实现国产替代，IGBT实现从“跟跑”到“并跑”“领跑”，“两芯一生态”成为国内信创工程首选技术路线，先进轨道交通装备关键零部件国产化率提高到90%以上，中小航空发动机主导产品国内市场占有率达到75%以上。此外，湖南先进轨道交通装备获批全国行业唯一的制造业创新中心，湖南构建起包括“1个国家级+11个省级”制造业创新中心、“62家国家级+624家省级”企业技术中心的制造业创新体系，支撑企业成为创新主体，企业技术创新能力连续两年全国排名第8位、中部第1位。

新时代，新征程，湖南融入新发展格局，推动制造业开放合作形成国内国际双循环。湖南，既要高水平“引进来”，又要高质量“走出去”。这10年，湖南立足“一带一部”区位优势，紧抓机遇，着力开展“迎老乡回故乡建家乡”等招商活动，加快构建以融入共建“一带一路”为重点的全方位开放合作新格局。目前，在湘投资的世界500强企业达187家。湖南加快产业链强链补链延链，连续开展产业项目建设年活动，持续建设十大产业项目，道依茨发动机、泵送机械基地等项目补齐产业链短板，IGBT、“两机专项”等项目促进产业集群建设。长沙国家级互联网骨干直联点、世界计算·长沙智谷等项目抢占未来产业布局。同时，积极响应“一带一路”倡议，湖南制造业企业走向世界。2021年，机电产品占全省整体出口的43.6%，三一重工实现国际销售收入248.46亿元，中联重科境外收入增长51.05%，湖南工程机械产品已覆盖全球180个国家和地区。从行驶在青藏高原上的“复兴号”

高铁动车组到中老铁路，从墨西哥地铁轻轨到德国等欧洲国家的动车组，湖南轨道交通装备早已走向国际、闪耀世界。

从“制造”到“智造”，以“智造”迈向未来，这是一条必经之路，也是我国从制造大国走向制造强国的根本路径。

百年前，时代的洪流裹挟着工业文明的光辉滚滚向前。

看今朝，一个数字文明的智造新时代正在悄然开启。

在这里，新旧交替；在这里，万象更新。

看得见的未来

付玲是典型的“铁娘子”。

那天下午，湘江西岸、岳麓山下，夏日阳光炙烤大地。中联重科副总裁、总工程师付玲正组织研究院的骨干们开个小会。中联重科品牌部的刘成坤带着我前去采访，在门外等待的时候，我已经感受到，会场内正进行一场激烈而富有真知灼见的讨论。小会开完，已经到了下班时间。

“要不我明天再来采访。”我有点不好意思。

“没事儿，这是我的工作常态，很多时候，下班的时候又是我另一个工作时段的开始。”付玲没有丝毫的疲倦。

黑色T恤，短头发。看到干练而亲切的付玲，我想起了“铁娘子”郎平。她们不仅神态有些相似，且都有着顽强的作风。

“都已经在北京的高校当老师了，还选择来中联重科，您的选择和经历，我非常好奇。”我本想由此开始此次采访。

“那是2002年3月的事了，已经过去整整20年了。”付玲准备从此打开她的话匣子。

“能不能从您的家乡说起。”我还想探索她的性格、信念和理想的养成。

付玲会意地笑了。

1960年，付玲的父亲跟随自己的母亲和大哥，从湖北丹江口来到新疆阿克苏屯垦戍边，成为一名兵团人。1967年初，付玲出生，成为兵团二代。在付玲儿时的记忆中，身边都是大片大片的棉田。先是种植棉苗，一个坑里栽上四五株，随后根据生长态势进行剪苗，保留那些长势最好的苗。剪完苗后便是除草，一直到捡棉花。自从懂事开始，她就跟着父母和哥哥一起到棉田干活，印象最深的是在成片的雪白的棉田里捡棉花。捡棉花非常辛苦，常常累得直不起腰，他们就干脆跪在地里捡。为了捡到更多的棉花，他们一大早就去地里，有露珠的时候最好捡。付玲的学校上午10点上课，她捡到9点半左右就使劲往学校跑；下午放学后，第一件事还是跑到地里捡棉花，一直捡到天黑再跟着父母回家写作业。直到1984年8月她考上大学，在离开家乡去学校的前一天，她还在棉花地里干活。除了种植棉花，还种水稻、小麦、土豆、红薯。为了给水稻田引水，她经常跟着妈妈晚上来到水稻田。一次，她在黑暗中看到两道绿光。她有些紧张，往妈妈身边靠：“妈妈，那是狼。”妈妈握紧手中的劳动工具，对付玲说：“不能退缩，更不能跑，否则它就会上来咬你，你要勇敢，拿着手中的东西去打它。”随后，妈妈手握劳动工具，朝狼的方向走去，狼反而被吓跑了。

上中学时，家里离学校有十余公里，没有交通工具，她就那么来回跑着上学。夏天雨水多，沟渠河流里全是水，她就沿着路跑；冬天雨水少，四处是戈壁滩，她就通过戈壁滩抄近路跑。在戈壁滩上跑，她手里总是拿着本书，一边跑一边背课文。在戈壁滩上，遇到兔子、胡狼甚至狼，是常有的事儿。遇到兔子和胡狼，她根本不会当回事儿。即便遇到狼，她也不怕，会立即蹲下来，狼会误以为她要攻击它，吓得掉头逃跑。

虽然那时岁月艰苦，但却是付玲的幸福时光。春天，花儿开了，鸟儿出来了，她就跟着小伙伴们追赶小鸟；夏天，沟渠里流水哗哗，鱼儿前赴后继，他们就一起捉鱼；秋天，累累果实给果园抹上了艳丽的色彩，他们爬上树，吃脆甜爽口的水果。她印象最深的是打沙枣：三四个人一伙，瞅准一棵树，一个人爬到树上，用棍子使劲敲打树枝。瞬间，沙枣像雨点般落下，树下脖子上挎着黄书包的孩子一拥而上，双手忙乱而急促地捡拾沙枣。沙枣并不好吃。熟透了的沙枣或红或黄，果粒不大，酸甜味儿，吃起来涩，还噎人，吃多了容易便秘。他们只是享受玩乐的时光，捡到的沙枣常常是拿回家喂猪。

与新疆这片独特的土地对她的滋润和熏陶一样，父母对她的影响也极其重要而深远。母亲虽然没上过学，但她的勤劳、质朴和勇敢，无时无刻不在影响着付玲。父亲是名共产党员，还是连队指导员，他吃苦耐劳、以身作则、无私奉献的品质一样影响着付玲。

“1984年考上大学时，为什么选择沈阳建筑大学建筑机械与装备专业？”我问。

“其实当时我报的第一个专业是动物研究，毕竟是在农场长大的，对动物熟悉，也有感情，便报了林学院的动物研究专业。第二个报的才是机械专业。不是因为喜欢机械，而是觉得捡棉花那么辛苦，为什么就不能发明捡棉花的机械呢，所以就报了。”付玲笑着说，“有人问我，一个女子，为什么上了本科，还要接着上硕士和博士，到了高校当了老师为什么还要去企业。我想这可能跟新疆对我的影响有关。”

新疆那片土地，养成了付玲强健的体魄，锤炼了她坚强的意志，让她养成了不怕孤独、刚毅果敢、干脆利索的性格。在她的世界里，只要想干，就会义无反顾地去干，从不考虑环境和条件问题，也从不考虑名利与荣誉。她的梦想与追求纯粹而坦荡。她觉得，只要精心种下了种子，自然就会结下沉甸甸的果实。这也是她后来坚定选择做技术的原因，她想生活得纯粹点，用科学的思维去思考问题。她更是一个心怀感恩的人。虽然一直在外求学、工作，但对于家乡，她一直心心念念，每次回到家乡，只要飞机落到新疆大地上，她就变得无比踏实、舒服。

考入沈阳建筑大学后，她才发现，自己高考成绩在全班倒数第三，与第一名差了整整200分。她没有自卑，没有气馁，奋起直追。每天清晨，其他同学还在呼呼大睡，她就拿着书本来到操场学习。她热爱体育，爱跑步，爱打篮球，还是学校女子篮球队队长。看完书，她总会先跑上几圈，然后打篮球。她知道，时间对她非常宝贵，她珍惜每一分钟。

后来，她以优异的成绩毕业，先后在国家机械部天津工程机械研究所、天津鼎盛工程机械有限公司工作。再后来，她考取了吉林工业大学工程机械专业的博士研究生，毕业后，开始从事教学工作，开始带学生。不久，又考上了中国农业大学的博士后。

“都是学的工程机械专业吗？”我问。

“没错，我从本科到博士后学的都是工程机械专业，在天津工作时研究的也是挖掘机。”付玲谦虚地说，“人家可以从这个专业跳到那个专业，我动不了，没人家那么聪明，只能学一个专业。最后还是靠坚持的力量，才让自己所学的专业知识有了一个升华。”

2002年3月，还在中国农业大学边读博士后边当老师的付玲来长沙参加一个关于工程机械的年会。年会期间参观中联重科，听董事长詹纯新作了一个报告。她被詹纯新深刻的思想、全新的发展理念和博大的情怀深深吸引住了。中联重科的一句宣传语打动了她，大意是，淘汰你的人不是竞争者，而是你自己。中联重科的发展理念，正合她心意。在中国农业大学带学生时，她一直提倡学生做课题，实实在在、兢兢业业进行技术攻关，生产出有较高科技含量的产品。

回到北京后，付玲有些茶饭不思。她感觉这是一家有内省精神、有责任感的企业，这样的企业有内涵，有张力，一定有更好的未来。直觉告诉她，工程机械的主战场将会在长沙。这不正是她所追求的吗？经过两个月的思考，她决定主动向中联重科伸出橄榄枝。那年6月的一天，她给中联重科人事部打完电话后，就直奔长沙。

在一个小会议室，付玲第一次和詹纯新聊起工程机械的现状与未来。

“为什么要到中联来？”詹纯新问。

“您上次在年会上发言时讲的理念，我非常认可。”付玲说，“我想纯粹地做技术。在研究过程中，我一直感觉自己的知识不够用，于是从本科一直读到博士后，学的都是工程机械专业。对于工程机械来说，一些小的研究院所不够用了，要发展必须建立新的试验场，必须有应用基础技术、国际前沿技术，否则就没有竞争力。”

“还有呢？”詹纯新点着头，继续问道。

“还有就是中联的文化内涵：淘汰你的人不是竞争者，而是你自己。”付玲说，“一家企业如何才能走远？只有反省自己才能变得更加强大，才能不断进步，这是中联弥足珍贵的自我品质。”

“你觉得工程机械的未来在哪里？”詹纯新问道。

“在技术革新里，在长沙，在国内，也在海外。”付玲说。

詹纯新高兴地说：“你到中联来，你有多大能力，我就给你提供多大舞台。”

付玲微笑着与詹纯新握手。

那年7月9日，付玲与中联正式签订合同，投入长沙的怀抱，一头扎进了中联重科。

她的决定并没有得到博士后导师的肯定。“人家都打破头往高校里钻，更何况还是地处首都北京的高校。你倒好，往外面跑。”导师语重心长地对她说，“付玲，我给你留两年学籍，总有一天你会后悔的。”

然而付玲在中联重科一待就是 20 年，寒来暑往的岁月把她从一个热血“女青年”历练成了享誉全国的工程机械“女专家”。

来到中联重科的付玲如鱼得水，主持或参与了多项国家“973”、“863”、科技支撑计划，主持攻克了超高强钢臂架设计及制造关键技术、臂架减振技术、疲劳结构设计技术等 30 多项关键技术，累计完成专利申请 44 件，其中获国内授权发明专利 32 件、国际专利 1 件……从 2010 年起担任中联重科研究院副院长，她带领中联重科研发团队建立完善了流动式起重机技术国家地方联合工程研究中心、现代农业装备国家地方联合工程研究中心、建设机械关键技术国家重点实验室、国家混凝土机械工程技术研究中心、国家企业技术中心等创新机构。

我们聊到了“三高四新”，也就是“三个高地”和“四新使命”。“三个高地”：着力打造国家重要先进制造业高地，具有核心竞争力的科技创新高地，内陆地区改革开放高地。“四新使命”：在推动高质量发展上闯出新路子，在构建新发展格局中展现新作为，在推动中部地区崛起和长江经济带发展中彰显新担当，奋力谱写新时代坚持和发展中国特色社会主义的湖南新篇章。在工程机械行业打拼几十年的付玲对此有着自己独到的见解、深刻的理解。

“现在的高地已经不是传统意义上的高地了。”付玲说。

“为什么？”我问道。

她打开投影仪详细向我描绘起来：中联重科是一家靠技术发源的企业，把技术融入血液里的企业，把工程机械使命扛在肩上的企业。不论国家是否给他们提要求、压担子，他们都要把工程机械做到世界一流，这是他们内心天然的使命。先进制造业的高地是个什么样子？中联重科智慧产业城就是个标杆。这里有“看不见的智慧”与“看得见的智能”。

智慧产业城坐落于长沙高新区，定位为全球规模最大、品种最全的工程机械综合产业基地，最具创新活力的高端装备智能制造中心，也将是全球领先的高效之厂、生态之园、智慧之城。布局建设混凝土泵送机械、工程起重机械、高空作业机械、挖掘机械四大主机板块，四个零部件中心，八个国家级创新平台，以及智慧农机、人工智能等研发试验和产品孵化基地。

作为世界级灯塔工厂，“智能”“智慧”元素是中联智慧产业城最大的亮点。“看得见的智能”与“看不见的智慧”在这里联通融合，体现着“工程机械之都”长沙的未来感和科技感。项目建成后，“看得见的智能”将无处不在：中联智慧产业城创新逾 150 项行业领先技术，建设超过 8 个全球领先的灯塔工厂，300 余条智能产线，全域覆盖 5G，首创行业 20 条“黑灯产线”。同时，聚焦“看不见的智慧”，中联智慧产业城通过全价值链数字化运营、智能排产、工业 AI、数字孪生、全流程智能物流、工业互联网大数据平台等多维度结合，将数字化与制造深度融合，实现产品一致性好、产品合格率 100%、生产周期缩短 55%，成为有感知、会思考的智慧工厂。

“将现代工业和谐融入自然生态之中”是中联智慧产业城项目设计理念之一。雄浑壮观的建筑体与群山交相辉映，体现了中联重科“至诚无息，博厚悠远”的文化内涵。

在这里，智能机器人配送物料，挖掘机能跳华尔兹。

挖掘机械园区是中联智慧产业城的首开园区，它采用“世界一流智能工厂”的建设要求，打造现代化、数字化、信息化的挖掘机械智造基地。在中大挖智能装配车间，整洁一新的生产区，AGV、RGV（有轨输送小车）、涂胶机器人等智能设备让各个工序自动、智能，充满了科技范。

以装配车间的物料配送为例，在该车间，物料配送由智能配送机器人完成。它通过5G、激光导航等技术实现无人化配送。整个车间共有100多台机器人有序地配送9000多种零部件，其无叉车配送方式是行业内零部件单台套配送比例最高的柔性智能装配产线。车间里不使用叉车，小到螺丝钉的原材料配送都用AGV完成，自动化程度相当高，生产效率较以往提高50%以上。该园区采用人工智能、工业互联网等先进技术，建设中联重科的“大脑”与“神经”，对工厂、产品、市场等业务领域进行智能化升级，将推动中联重科挖掘机械的制造竞争力迈入世界先进水平。

中联智慧产业城四大主机园区由工程起重机械智造园区、混凝土泵送机械智造园区、高空作业机械智造园区、挖掘机械智造园区共同构成。建成后，工程起重机械智造园区将实现智能设备100%实时数据采集，实现产线与IT的互通互联。混凝土泵送机械智造园区将实现每30分钟下线1台混凝土泵车，关键工序自动化率为90%以上，关键工序数据采集率达100%。高空作业机械智造园区产品交期将缩短55%，每7.5分钟可下线1台剪叉产品，每20分钟可下线1台臂式产品，园区将成为全球先进的高机“智慧工厂”。

“中联智慧产业城将改变世界工程机械的竞争格局。以后，世界各地的人们为什么来长沙？就是想去看中联智慧产业城。”付玲满脸自信地说，“中联智慧产业城是我们未来二十年不落后的标志性工程，将成为一个国际先进未来智能制造企业的载体、标志性的工程。”

“有人说，中联重科堪称中国工程机械行业发展的引领者和国际化的先驱。”

“没错，中联重科以‘不在中国争地位，要为中国争地位’的信念，决心在国际上为中国混凝土行业发出强国‘第一声’。只有真正在国际上引领一个行业的发展，那才是名副其实的高地。”

以前，付玲他们参加国际标准化委员会的会议，只有学习的分，没有发言权，也没有话语权，更不可能申请到国际标准的立项，这让付玲心里很不是滋味。2011 年，她再次带领中联重科的团队参加国际标准化委员会的一个会议。一个星期的会议，都是美国、德国、法国等西方国家的轮值主席在主持。通过一些条例时，轮值主席问美国时，总是抬起头，用期待的眼神等待着美国人的表态，而当轮值主席问到中国时，头都不抬，等着回答。“我们的技术和标准不比人家的差，为什么不能说‘不’？”她想。有一次轮值主席要付玲他们表达时，付玲说“NO”。听到中国人说“NO”，轮值主席抬头问：“为什么？”付玲回答：“这个数据不足以核实这个结论，我们需要回去核实结论的对与错，好与坏。”轮值主席问付玲：“你们坚持吗？”付玲说：“我们坚持。”轮值主席主说：“好，这条暂时不通过，但你们下次必须拿出证据。”

付玲想，中联的起重机做得如此成功，为什么不申请国际标准的立项呢？第二年，她带领团队克服多方困难，最终促使国际标准化组织 / 起重机技术委员会秘书处成功落户中国，实现了我国工程机械行业作为国际标准化组织秘书处独立承担单位“零的突破”，标志着中国工程机械行业实现了从产品、技术输出到标准输出的跨越，中国工程机械行业嘹亮之音在世界舞台唱响。国际标准化组织秘书处落户后，付玲被任命为秘书处负责人。她与团队成员积极做好各分技术委员会、各成员国的协调工作，积极团结与引导中国起重机企业深度参与国际标准的制定与修订，大大提高了中国在国际标准制定与修订上的话语权。

至今，付玲已牵头制定、修订起重机国际标准 3 项，国家及行业标准 8 项。

“我觉得还有一个高地，使命的高地。”付玲说。

“使命的高地？”我有些不解。

“我们既要有面向世界开放包容的格局，也要有国家至上的使命感。制造业是国家的支柱产业，不光是经济的支柱，也是军事力量、国家安全、信息安全的支撑。所以中联有个宗旨，国家有需要就制造，不计成本与代价，这就是中联的使命。”付玲说，“当然，最终的落脚点还是科技创新、制造强国。在这个过程中我们要积极鼓励年轻的科技队伍，沉下心来做基础研究。”

“来中联，后悔吗？”我笑着问。

“如果当年不来中联，可能我也会这么努力地工作，但不会得到这么多，不会这么有成就感。归根结底，是中联给了我这个巨大的舞台。”付玲笑着说，“你是作家，我想你是在做自己喜欢做的事儿，这样不仅不觉得累，反而很幸福。作为一名科技工作者，我也觉得，做技术是一件无比幸福和踏实的事儿。”

采访结束时，付玲嘱咐我，一定要到正在兴建的中联智慧产业城看看，那里有看得见的未来。

于是，我来到位于湖南湘江新区的中联智慧产业城的首开园区——土方机械园区。

中联重科土方机械公司智能制造部部长欧阳书荀豪情满怀地向我介绍说，土方机械园区占地面积1300亩，共有7大车间，是目前行业内第一家覆盖从备料、焊接、机加、涂装、装配到调试全工艺流程的智能制造工厂，可实现平均每6分钟下线1台挖掘机，每年可生产从1.5吨微挖到50吨大挖全系列挖掘机产品5万台，年产值300亿元。

“首开”项目必有首开先河的气质。

土方机械园是中联重科智慧制造理念的“先行者”，运用了最先进的工艺、技术和设计理念，规划智能产线61条，其中包含黑灯区6个，实现关键工序数据采集率100%，是行业内智能化程度最高、柔性最高、装配精准度最高的智能工厂，整体工艺水平国际领先。

一台挖机又是怎样从这里生产出来的呢？

跟随一张钢板，我进到备料车间。备料车间共有13条产线，每年可加工3毫米到80毫米厚度钢板35万吨，具备切割、机加、校平、折弯、卷板全流程加工能力。欧阳书荀介绍说，车间内部物流自动化率100%，同时集成了SAP、MES、WMS、LES等11个信息化系统，配备完善的除烟除尘设施，是行业内规模最大、柔性最好、智能化程度最高的备料标杆车间。备料车间第一道工序就是为每个零件赋予激光二维码，作为零件的身份证，从而实现零件全生命周期溯源管理。切割成型后的钢板经过自动折弯机完成自动折弯、自动检测和自动校准，之后被机器人自动分拣到不同的托盘里，通过AGV小车配送到焊接工作站。

来到焊接车间后，组对机器人将不同的零件自动摆搭成下车架，并采用行业最先进的双枪双丝激光焊接技术完成下车架焊接，极大提升了焊接质量和效率。焊接完成后的车架，采用精准探伤的相控阵超声波探伤技术，实现工件内外部100%焊缝同时检测。

检测完成的车架，进入机加车间。我看到，车架在18台高精度数控机床完成机加工，再通过空中输送线转运到涂装车间。令人不可思议的是，进入涂装车间的每一个工件都会与挂具上的RFID芯片进行一一绑定，可被设备自动识别，从而调用对应的喷涂程序完成14—17道不同的涂装工序，整个涂装过程中工件全程不落地。

抬头望去，涂装好的工件正通过空中集放链输送到装配车间完成装配作业。欧阳书荀说，装配车间采用国内首创的非接触供电RGV作为线体，创新应用地面作业+空中返回的立体式流水线，通过漏波电缆实现设备之间相互通信，自动化率高达60%。这条下车线大量应用了机器人、自动翻转机、加注机、升降机、拧紧机等自动化设备，采用行业首创的程控行车配合智能柔性吊具进行合车，实现吊运全过程无人化，人员作业更加安全。同时产线控制系统与 MES 等管理系统交互，实现了全生产过程的智能管理。

…………

这只是中国乃至世界先进制造业发展的一个缩影，先进制造业的未来更智能，更奇妙，近乎科幻——科幻最终走进现实。

从 0 到 1 的突破

眼前，是长沙市岳麓区学士路的一幢普通的大楼，很难想象这是智能驾驶“新长沙会战”的指挥部。

走进湖南湘江智能科技创新中心有限公司（以下简称“湘江智能公司”），我就被这里的简约风格、青春气息所吸引。

湘江智能公司成立于 2018 年 8 月 16 日，是湖南湘江新区发展智能网联汽车产业的重要平台，主要负责湖南（长沙）国家级车联网先导区规划、建设和运营，湘江智能网联产业园的建设和运营。成立初由湘江集团按四级子公司规格进行管理，后来湘江新区党工委对公司进行了提级监管。目前已经形成了以建设运营智能网联汽车为主，产城开发、产业投资为辅的“一主两辅”三大业务板块：建设运营智能网联汽车新基建，助力新区智能网联汽车产业培育，增强研发创新基础能力，推进湘江智能网联产业园建设。

总经理姚广，高个子，戴眼镜，帅气而又充满朝气。1982 年出生的他，本科毕业于湖南大学自动化专业，研究生毕业于北京交通大学交通信息专业。早在 2007 年，他就来到湘江新区工作。副总经理高培基也是一名 80 后，来自岳阳，全程参与国家智能网联汽车（长沙）

测试区建设。80后刘凯，是湘江智能子公司湘江智车出行科技有限公司的研发人员，见证了车路一体化建设。而85后石亦磊，则是湘江智能攻艰克难的代表，参与了“头羊计划”……

在他们的讲述中，长沙智能网联汽车产业在我心中由模糊变得清晰。

“你们这里是否以年轻人为主？”我问。

“确实算是一家比较年轻的公司。”姚广说，“一是成立时间不长，算是一家处于科技前沿的公司；二是以年轻人为主，公司员工120多人，研发人员占比30%以上，平均年龄33.8岁。”

“为什么有人说长沙智能网联汽车产业发展犹如‘新长沙会战’？”我问。

“我想有两个核心吧。一是‘新’字，既可理解为新时代，更可理解为新事物、新科技、新理念。二是‘会战’，说明场面宏大，影响深远。”姚广说，“这场‘新长沙会战’，如果没有省委、省政府及市委、市政府的高瞻远瞩、运筹帷幄，从战略思想、组织保障、管理制度等方面进行全面部署，是不可能打响的，更不可能打赢。”

姚广说，长沙发展智能网联汽车产业，不是拍脑袋决定的，而是有时代背景和规律遵循的。全球新一轮科技革命和产业变革正在蓬勃发展，汽车与能源、交通、信息通信等领域加速融合，智能网联汽车作为产业变革创新的重要载体，正在推动着汽车产业形态、交通出行模式、能源消费结构和社会运行方式的深刻变化，具有广阔的市场前景和巨大的增长潜能。国家高度重视人工智能发展，并为人工智能如何赋能新时代指明了方向。习近平总书记指出，人工智能、大数据、量子信息、生物技术等新一轮科技革命和产业变革正在积聚力量，催生大量新产业、新业态、新模式，给全球发展和人类生产生活带来翻天覆地的变化。智能汽车作为人工智能应用最多的领域，将成为未来最大的产业风口之一。

古城长沙，这座拥有深厚历史文化底蕴的城市，沿北去的湘江、向海的方向，展示着洞悉未来的远见。长沙如何在新一轮的产业升级转型中“换道超车”，实现高质量发展？早在几年前，长沙就提前布局智能网联汽车产业，市委领导提出以“应用场景主导、数字交通先行、产业生态为本”为核心，搭平台、建生态、重应用、兴产业，构建“车、路、云、网”一体化的智慧交通建设布局，推动智能网联与智慧交通融合发展。

从封闭到开放、从城市到城际、从物理到虚拟……四年来，长沙深耕智能网联汽车产业，一路探索，一路前行，从追赶到领先，成功跻身“国家队”，“逆袭”成为智能网联汽车产业最具投资潜力前三名城市，获批全国第三个国家级车联网先导区，逐渐成为标准的制定者、行业的引领者，创造多项“全国第一”，向着中国“智能驾驶第一城”阔步前行。

“这场会战是如何部署的？如何打的？”

“首先是果断决策抢先机，建高标准测试场，跻身‘国字号’。”姚广说，“在这方面，高经理最有发言权。”

我将目光投向高培基。

“2018年6月12日上午，湖南湘江新区智能系统测试区正式开园。在当时，这个‘新生’的测试区是国内测试场景类型最丰富、测试道路总里程最长、研发办公配套最齐全、5G覆盖范围最广的测试区。3.6公里双向高速测试环境及无人机测试跑道更是国内独有，可为智能驾驶乘用车、商用车、无人机、智能机械、机器人、网联通信供应商提供系统测试服务。”高培基说，“故事源于此地，但倘若展开了说，长沙对智能网联汽车产业的布局谋划已然多时。”

早在2015年，长沙市委、市政府主要领导就对未来产业发展的主攻方向进行思考。彼时，全球新一轮科技革命和产业变革蓬勃发展，中国经济正由高速增长阶段转向高质量发展阶段，无论对于湖南、长沙还是湘江新区而言，都迫切需要找到产业变革的新突破点。

突破点在哪？如何实现“换道超车”？长沙市委、市政府将目光聚焦在智能网联汽车产业。不少专家学者研判，智能网联汽车产业是千亿级的蓝海，不容忽视、令人兴奋。但冷静下来细细评估，长沙在发展智能网联汽车产业方面虽有一定的产业基础，但区位优势并不明显。坦白地说，当时若想吸引相关龙头企业、行业翘楚落地长沙，自己的身家还是略显单薄。

正视现实，才能精准决策；找准方向，方能把握先机。

为实现从 0 到 1 的突破，长沙选择“筑巢引凤”。2015 年底，长沙在湖南湘江新区启动智能系统测试区建设。伴随而来的难题是，即便是建设测试区，国内外可供参考的标准也不多。在这种情况下，筹备人员赶赴国内外多地学习，瞄准高标准建设测试区。另一方面，2017 年，长沙智能驾驶研究院成立，蓄势待发。

“当时间再次回到 2018 年 6 月 12 日，测试区开园翻开了长沙发展智能网联汽车产业发展的新篇章。这片面积约 1232 亩的优质土地资源本可以获得百亿元房地产收益，但长沙市委、市政府决定将其用于投资未来，彰显了地方政府的魄力。”高培基感慨地说。

带着对未来的美好憧憬，测试区开园了，但“酒香也怕巷子深”，测试区面临的困难是没有客户。他们主动上门邀请长沙某研究院无人车项目做了测试区的第一个客户。于是，他们一边开展运营，一边抢抓窗口期申报“国字号”。一支特殊的“国字号”测试区申报小分队赶赴北京，晚上整理材料，白天顶着寒风到工信部等国家部委汇报。带着湖南省、长沙市和湘江新区的使命，9 天内依法依规完成全部程序，在最后一天连续办好了 25 个审批手续。2018 年 11 月 28 日，开园不到半年，湖南湘江新区智能系统测试区获工信部授牌“国家智能网联汽车（长沙）测试区”，正式跻身“国家队”的行列。

随着相关企业对道路测试需求逐步增多，这张“金字招牌”的重要性不言而喻，加上测试区的优质测试环境，平台的魔力加速释放。效果肉眼可见：以“国字号”测试区为平台，长沙火力全开，越来越多的知名企业来此测试，测试日程安排得密密麻麻。这里俨然成为领跑全国的智能网联汽车封闭测试基地。

“太棒了！”我为此点赞。

“还不够，还不够。”姚广插话说。

“为什么？”我问。

姚广说，测试场建立起来了，测试服务从无到有了，测试企业逐渐增多，但倘若仅仅局限于测试，那无疑违背了长沙打造产业高地的初衷。更多棘手的问题桩桩件件摆在决策者面前，长沙还需做更多创新探索。如果说这是一场会战的话，就必须要建一个强有力的指挥部。为此，长沙明确了公安交警、工信、交通运输、城管等部门联动，湖南湘江新区为实施主体，湘江智能公司为实施平台，长沙智能驾驶研究院为技术顾问，共同推进长沙智能网联汽车产业发展的联合新机制。湘江智能公司作为实施平台应运而生。

“仔细想来，作为人工智能技术应用最多的领域，能参与智能网联汽车产业的企业往往如雷贯耳，不是行业巨擘就是独角兽企业，招商难度可想而知。我们公司作为企业与政府之间的桥梁，又作为国家智能网联汽车（长沙）测试区的运营方，充分利用自身优势主动出击。”姚广说。

于是，他们一方面加强向国家交通运输部、工信部汇报，并最终促使他们参与制定的标准成为全国和行业标准，另一方面广交朋友，寻求商机。2020年，由湘江新区牵头，长沙智能汽车产业创新联盟正式成立，产业“朋友圈”初具规模。

“冬有乌镇，春有岳麓”，一年一度的互联网岳麓峰会成为扩大智能网联汽车“朋友圈”的美妙连接点。

2020年互联网岳麓峰会期间，湘江智能公司分别与福特（中国）、南德意志集团举行签约仪式，福特（中国）宣布在长沙智能网联汽车开放测试道路上进行基于C-V2X技术的车路协同功能测试，成为首个在长沙进行面向量产的“车路协同”功能测试和商业应用的整车企业。

而由湘江新区发起，联合中南大学、湖南大学、湖南师范大学、湘江智能公司、长沙智能驾驶研究院、百度公司、华诺星空等合作成立的湘江人工智能学院，搭起人才“朋友圈”。来自中南大学、湖南大学、湖南师范大学的优秀学生可以在智能网联汽车项目中完成实训课程。

…………

2020年5月15日，赛迪顾问发布的《2020年中国智能网联汽车产业投资潜力城市百强榜研究》白皮书中最令人惊讶的城市是长沙。白皮书评定，长沙依托产业优势位列全国第3位。

2022年3月，湖南省工信厅印发《湖南省智能网联汽车产业“十四五”发展规划（2021—2025）》，提出着力构建较为完善的智能网联汽车产业发展生态，将湖南打造成为具有国际影响力的智能网联汽车产业基地。

长沙智能网联汽车产业集群已初步形成！

“朋友圈”渐渐扩大，产业生态欣欣向荣，长沙的脚步却并未停滞。湖湘文化中经世致用、敢为人先等思想融入了智能网联汽车产业发展中。当前，全国获批的国家级测试场已有7个，运营模式以车促路者有之，以路促车者有之，但长沙的选择是：结合长沙实际，实施“车、路、云”一体化，注重车路协同，注重应用场景落地，推动智能网联与智慧交通融合发展。

“实践证明，长沙的抉择是正确而科学的。”刘凯说。

2019 年，长沙智能网联汽车“两个 100 公里”项目（100 公里智慧高速和 100 公里城市开放道路）建设在湘江新区全面铺开。

“建设的难点是什么？”我问。

“难点是没有先例可循。”刘凯说。

即便湘江智能公司在该项目推进时派出考察队希望能获取一些可资借鉴的经验，却在辗转多个城市后收获寥寥。其间和“两个 100 公里”项目技术支持的某家企业谈判时，由于“没有先例可循”的原因加之观念的差异，一场谈判足足持续了 7 天 5 场 16 轮才达成一致。

但风雨后的彩虹格外美丽。2019 年 9 月 26 日，开放道路智能驾驶长沙示范区正式启用。“两个 100 公里”项目的启用，是长沙智能网联汽车产业从封闭到开放，从 1.0 升级到 2.0 的重要节点。

当聪明的车驶上智慧的路，车路协同发挥的是 1 加 1 大于 2 的效应！

发展智能网联汽车产业，长沙始终在突出一个理念，那就是以新技术应用来解决城市痛点，将高端技术逐步落地，惠及百姓生活。2020 年 4 月 30 日，长沙开通了全国首条智能网联公交运行线路——智慧公交 315 线。智慧公交 315 线沿途 15 公里的 28 个站台和 24 个交叉路口都进行了智能网联化升级，包括加载车载智能设备、沿线交叉路口配置智能红绿灯、加载路侧智能网联设备等，并在 315 线开发了智能网联数字交通系统运营监管平台。

“最大的亮点是实现了公交优先。”刘凯解释说。

“公交优先？”我有些不解。

刘凯介绍说，以往大多是被动式地去实现“公交优先”，315 线利用信号机的内置算法，通过融合公交车实时位置、速度、行车方向、满载率、早晚点时间及路口拥堵状态等多源数据，系统可自动判断公交车的优先需求等级，智能生成优先控制方案。例如，若公交车为空车或满载率较低，而其他路口交通压力较大，信号机将为该公交车提供低等级的优先通行权；若公交车满载率高，且出现晚点情况，信号机将为该公交车提供高等级的优先通行权。此外，还可以降低“公交优先”给其他方向交通带来的压力。例如，当其他方向交通压力较高时，便适当降低公交优先程度。对于有绿波协调的路口，通过定制化算法，在保证公交优先的情况下，实现对绿波控制的最小干扰，并保证尽快恢复该道路正常通行。通过这些举措，让道路真正实现了在全局优化基础上的“公交优先”，降低拥堵，高效通行。

“很少人知晓，智慧公交315线从立项到开通时间非常短，只有一个月不到。这背后隐藏的成功逻辑有两方面，一方面是长沙生机盎然的产业生态溢出的技术优势带来的便利，另外一方面则是多次提及的公安交警、工信、交通运输、城管等多部门联动合作机制，发挥了重要作用。”刘凯说。

刘凯还介绍说，长沙智慧高速建设也正在齐头并进。2020年8月31日在正式通车的G5517长益北线高速上，长沙建成了我国首条支持车路协同自动驾驶的智慧高速，共计打造98个智能网联汽车相关场景。这条智慧高速无疑代表着未来交通的发展方向。从场景应用就可看出端倪，如：遇到交通事故后，智慧高速路侧感知连续覆盖路段，通过交通事故的实时检测和车道定位，通过云控平台与高速交警的数据打通，实时快速上报该起交通事故的信息。交警、路政、消防救援、医护、高速施救、应急管理等部门能迅速响应、快速处置、恢复通车。

石亦磊口中的“头羊计划”令我充满期待。

他说，通过改造“智慧的路”，奠定智慧交通基础；升级“聪明的车”，优化智慧交通载体；构建“强大的云”，完善智慧交通平台；建设“灵活的网”，铺设智慧交通“管道”。长沙成为全国智能网联汽车产业最具投资潜力的前三名城市，“长沙模式”脱颖而出。

2020年4月1日，长沙响应国家十一部委联合下发的《智能汽车创新发展战略》，率先出台长沙智能汽车产业的“火炬计划”和“头羊计划”，为未来三年长沙智能汽车产业发展做出指引。其中“头羊计划”全称为《长沙市智能汽车与智慧交通融合产业头羊计划》，目的在于打造全国规模最大、技术应用领先、配套设施完善的交通强国示范区、国家车联网先导区和国家公交都市建设示范区。

“头羊效应”又叫“羊群效应”，它一般出现在一个竞争非常激烈的行业，当这个行业出现了一只占据“高地”的“领头羊”，整个“羊群”就会向“领头羊”聚集。“头羊计划”的实施将催生产业巨人，引领带动整个产业发展，也将带动长沙从智能驾驶2.0升级到3.0。

2020年7月，长沙市“2020年数字交通车载智能终端技术改造”项目启动，标志着“头羊计划”四大重点项目按下全速前进的“快进键”。智能终端改造完成以后，公交数据将接入智能网联云控管理平台，可以解决公交车准时到站、缓解司机疲劳、减少事故发生、方便监管等痛点，全面提升公交智能化程度，赋能城市数字化升级，综合提高城市交通的治理能力。

…………

他们的讲述，让我对长沙智能驾驶充满期待与好奇。

虽然湘江智能是一家年轻的公司，但无人驾驶绝不仅仅只是一群年轻人的梦想，人类对无人驾驶的探索80多年前就开始了。

1939年世界博览会上，美国通用汽车公司参展的“未来世界展览”提出设想：“日照充足，空气清新，平坦的绿色大路上，汽车将自动驾驶。”他们想象着美国高速公路都会配有类似火车轨一样的装备，汽车将会配有自动驾驶系统，走到高速上就会自动生效，按照铁轨的轨迹和一定的速度高速行进，直到在高速公路的出口才会恢复成人类驾驶。这是世界最早的无人驾驶汽车的概念。

那不是天方夜谭吗？

简直不可思议！

但他们的设想最终从笑话逐渐变成现实。科技所释放的强大力量正让过去的幻想一一变成现实。

1956年，通用汽车公司对外展出了Firebird Ⅱ概念车，这是世界上第一辆配备了汽车安全及自动导航系统的概念车。它使用了钛金属技术、电动盘式制动器、磁点火钥匙、独立控制的燃气涡轮动力等新概念，看上去像是一辆“火箭车”。1958年，第三代Firebird问世，并且现场直播了通用在高速公路上对自己无人驾驶概念车的测试。通用使用了预埋式的线缆向安装了接收器的汽车发送电子脉冲信号。

事实上，与无人机、无人艇、无人潜水器一样，地面无人驾驶车辆也是起源于军事应用。从20世纪70年代开始，西方发达国家就开展了地面无人驾驶车辆的研究，并且取得了一系列研究成果。20世纪80年代前，受限于硬件技术和计算机、图形处理、数据融合等关键技术，地面无人驾驶车辆的发展侧重于遥控。80年代以后，随着自主车辆技术及其他相关技术突破性的进展，地面无人驾驶车辆得以进一步发展，出现了各种自主和半自主移动平台。但受定位导航设备、障碍识别传感器、计算控制处理器等关键部件性能的限制，这一时期的无人驾驶车辆行驶速度低，环境适应能力弱。这些车辆主要用于执行扫雷、排爆、侦察等任务。90年代之后，由于计算机、人工智能、机器人控制等方面技术的突破，半自主型地面无人驾驶车辆得到了进一步的发展。

恰在此时，来自长沙某研究院的研究人员贺汉根受国家委派，前往德国卡尔斯鲁厄大学留学访问，与著名自动控制技术专家格莱弗教授合作研究车辆自主驾驶技术。虽然他觉得当时离无人驾驶还很遥远，但对于相关技术并不算陌生，国内的一些研究所与高校已经开始研究了，他所在的研究院也于 1987 年开始了。

卡尔斯鲁厄大学是日耳曼民族智慧的结晶。它的综合办学实力在德国仅次于柏林大学，拥有计算机技术、自动控制技术等优势学科。贺汉根牢记自己的使命，在这块科学的沃土上，勤奋学习，勤于思考，如饥似渴地吮吸知识的营养。

卡尔斯鲁厄大学东面，是无边无际的森林，白桦树一棵挨着一棵。这片美丽恬静的白桦林，是贺汉根和各国自动化控制技术专家举办沙龙的地方。大家在林子里席地而坐，一边享受着温暖的阳光、凉爽的轻风，一边浮想联翩，畅谈科技发展的宏伟蓝图，好不惬意。

这天，沙龙的主题是无人车技术。

话题一挑开，便引起大家浓厚的兴趣，大家热烈讨论起来。素有大国情结的美国专家，一发言就把问题带到“战略高度”：“现在人类已经运用自动化技术，造出了无人驾驶飞机，无人车技术才刚刚起步。这是一项惠及全人类的技术，我们这些自动化技术专家，有义务让这项技术走进千家万户。”

“那个时候，我只要告诉爱车想去什么地方，它就可以把我带到什么地方，途中我可以睡觉，可以和同事谈工作，可以与情人耳语……”生性浪漫的法国专家抬头望着悠悠白云，美滋滋地说。

处事谦恭的日本专家，微笑地注视着每一位发言者，不时地点头。

“无人车技术虽然目前已经取得一些成果，但距离应用还有很长、很长的路。有些技术单靠一个国家，还很难突破，需要聚各国之力，联手解决。”惯于沉思的德国专家表情有些严肃刻板。

德国专家的话立刻得到各国专家响应，大家建议成立国际学术组织，并纷纷表示将来回国后，要力促各国加入这一个国际学术俱乐部。

“我们中国也要加入俱乐部，参与关键技术攻关。”贺汉根意识到这是中国向世界各国学习的好机会，便站起来说。

“你们中国是个大国，这个俱乐部没有你们参加，将是一种遗憾。”

“中国人口众多，潜在应用市场大，你们参加进来，对无人车技术研究有帮助。”

“中国现在发展势头很好，科技进步很快，国力迅速增长，有资格加入这个俱乐部。”

“贺先生，欢迎你的中国呀！”

…………

科学无国界。

“请问你们中国无人车速度达到35千米了吗？”一个外国专家笑眯眯地问贺汉根。

“这……”贺汉根一时哑口无言。虽然那位外国专家问这话时，脸带笑意，一脸谦恭，但贺汉根听了，却觉得他话里的一个个字，像一块块坚冰，伤人心窝。但贺汉根只能沉默，因为当时中国连无人车都没有。贺汉根知道，在世界科技俱乐部门前，科技水平就是入场券，就是发言权，就是人格与尊严。

夜幕徐徐降临，白天的浮躁、喧嚣渐渐隐去，但贺汉根起伏的心，依然不能平静。

留学回国后，他立刻将自己学习所获和研究所得引入教学，开出了新课——智能控制。这是20世纪90年代初计算机、自动控制和运筹学相互交叉产生的新兴学科。遗憾的是，由于它年幼得如同“呱呱”坠地的婴儿，人们还没有意识到它将来会成为栋梁之材，课程刚开了两个学期，便停课了。

他提出的无人车项目，更是孤掌难鸣。

“中国那么多人，现在失业率那么高，再搞什么无人驾驶车，将来失业率岂不更高？”

“他这是盲目跟风。”

“他这是玩时髦。”

…………

那时，就连国际上对无人车也是一片唱衰之声。

20 世纪 90 年代中期，世界寄予厚望的日本第五代计算机——智能计算机项目宣布结束，它突破了逻辑推理这一计算机科学技术难关，推理速度达到每秒 1000 多次，但由于缺乏基础理论支撑，至关重要也是最本质的问题——自主学习技术，却没有如愿，甚至有人断言“数十年内难以突破”。因此，日本有关部门为它开“庆功会”的同时，也为它开了一个“追悼会”。

随着日本智能计算机项目的失败，美国智能车项目 ALV 也宣布下马，世人对智能车由期望变成了失望。

但贺汉根坚持要搞无人车。他说，自己在参加那次国际合作研制新型无人车讨论时受的刺激太大，作为一名中国科研人员，他受不了别人鄙夷的目光，受不了别人轻视的口吻，受不了别人不屑的脸色。他甚至坚持认为，外国的智能车下马，并不等于中国搞不出无人车。任何新兴技术，只要能对人的能力提供有益补充，有益于人类认识和实践活动，就有存在的理由。车辆技术从 20 世纪初走到世纪末，其发展趋势、竞争焦点，已经从以舒适、大方和快捷为目标，转向追求安全、环保和节能，无人车技术是这一趋势的最佳体现。

无人支持，他从自己别的项目中匀出一部分经费，迅速启动了无人车项目。贺汉根对国外已经下马的车辆智能技术也不放过，安排一名博士研究生探索“车辆学习”技术，最终目标是希望运用这一技术制造出的无人车不仅能圆满完成人类赋予的各种功能和指令，还能自己不断总结实践经验，改进自身的操控水平。

中国的无人车技术水平，在贺汉根及其创新团队的顽强坚持下迅速跃升：

1997 年，稳定无人驾驶时速达到 30 至 35 千米；

2000 年初，稳定无人驾驶时速突破 76 千米。

这已经接近无人驾驶最高理论时速。国际学术界曾就无人车最高行驶速度进行过讨论，有专家经过试验推断，无人控制系统有 200 毫秒左右延时，因此无人车最高时速不能超过 100 千米，一旦超过这一速度，车辆就会像醉汉一样在路上东摇西晃，无法控制。

贺汉根带领创新团队创造的这一时速，极大振奋了中国无人车技术领域的相关研究人员。这年年底，贺汉根又带领大家打了一场突击战，攻克了一项国防预研重点项目的关键技术——无人车。

通过这场突击，他们的无人车技术积累更加深厚，向生产力、战斗力转化的时机已经成熟。几经求索，找到应用合作伙伴后，贺汉根瞄准了更高更远的目标——突破无人车极限理论时速。

贺汉根想，虽然国际学术界认定无人车极限时速为 100 千米，从纯技术理论上是成立的，但现实生活中，人类的反应速度并不比机器高，却能驾驶车辆行驶到 100 千米 / 小时以上，世界一级方程式赛车手甚至突破了 300 千米 / 小时。通过仔细观察人们的驾车过程，贺汉根发现人们对道路环境的感知是实时的，能够观测到前方数十米范围内的各种信息，然后根据不同情况作出各种预先反应。

一个大胆设想跳出贺汉根脑海：能否在车上加载智能控制系统，让它像人类一样针对各种信息随机应变呢？

通过研究国外有关技术，他发现过去人们只是简单地把无人车当成控制系统，所有行驶指令都是通过对某一段路况集中分析后再发出，无人车遇到情况变化时不能迅速作出判断，反应十分迟钝，严重影响了车速。

经过反复摸索，贺汉根提出了新的无人车技术路线，他大胆改变传统自主车控制框架结构，创造性地将控制系统和感知分析系统结合成一个有机整体，具备了多任务处理功能，车辆能“超前”感知前方路况，还能“眼到心到手到”，适时、准确地发出各种驾驶指令。

2003 年 7 月，一个阳光灿烂、万里无云的午后，贺汉根带着学生冒着炎炎酷暑，在长沙环城高速公路上试车。“红旗旗舰”无人车以 130 千米 / 小时的速度超越几辆大巴后，前方出现一段近 2000 米无车无人直线路面。

“红旗旗舰”计速表上的数字快速上升，130，140，145，150……它的峰值时速达到 170 千米，不仅超过国际学术界认定的极限理论时速，而且大幅超出美国、德国同类车车速，名列世界第一。

科技创新无止境，贺汉根心里始终有种紧迫感：“世界智能控制技术发展太快了，稍有懈怠就会落后于人。”

2011 年 4 月，贺汉根和他的团队研制的无人车又突破了两大关键技术难点：适应复杂路况、并入车流。

…………

为了进一步了解关于智能驾驶的“新长沙会战”，我走进了与湘江智能公司相距仅百米之远的长沙智能驾驶研究院。

它无疑是“新长沙会战”的主力部队。

当我走进这幢大楼，似乎穿越现实，来到了未来。无人矿卡、数字交通、车路协同、自动驾驶重卡……不可思议的梦想，他们都已将之变成了现实。他们正在书写自动驾驶产业生态，正在描绘未来的智慧城市。

长沙智能驾驶研究院院长助理宇军，祖籍东北，出身于军人世家，是1977年恢复高考后第一批大学生，后来一直从事科技方面的工作。他的工牌是“18”，因为他是第18个进入创业团队的，也是目前创业团队中的最后一位。身材魁梧，为人低调热情，虽然在做颈椎手术时神经损伤，行走不便，却坚持要带我参观展厅以及他们开发研制的各种车型，让我了解智能汽车的发展史，了解他们的发展历程与方向。

在宇军简约而又静谧的办公室，一个关于长沙智能驾驶的话题打开了。

看我对这一新型事物颇有兴致，宇军主动介绍起它的前世今生来：“虽然智能网联、汽车、高速路的发展都有较为悠久的历史，但智能驾驶还是个较为新鲜的事物。目前智能驾驶主要有三种类型。第一类是传统车企开发的智能驾驶，它们有非常好的工业基础，有成熟的市场，有完整的设计、开发、销售以及服务的配套体系。第二类是依靠互联网起步的，包括百度、阿里的智能驾驶，它们是国内较早启动智能驾驶的公司。它们的优势就是有海量的数据，依托数据进行科学分析，依靠人工智能、视觉计算、雷达、监控装置和全球定位系统协同合作，生产自己的产品。第三类是为做智能驾驶而成立的专业科技型公司。2018年时，这样的公司全国曾达到400多家，大浪淘沙，这两年倒闭了不少，现在只剩200多家了。这类公司最大的优势就是定位精准，思路明晰，并且是轻资产，不像传统车企是重资产，转型非常困难。比如三一集团，前两年它们在各个事业部都建立了智能驾驶研究所，但两年后，又撤销了各个事业部的智能驾驶研究所，集团集中建了一个研究院。原因很简单，智能驾驶在时间上不是一蹴而就的，需要融合多种技术，是跨学科跨专业的，属于大兵团作战。如果只是做做概念，想要工程落地是做不到的。与传统的工程机械制造业相比，它算得上尖端科技，是皇冠上的明珠。所以我们称之为‘新长沙会战’。”

“长沙智能驾驶研究院2017年9月开始筹建，10月正式成立，也称希迪智驾，总部就在长沙。虽然目前有二三十家智能驾驶公司落地长沙，但总部在长沙的屈指可数。”宇军说，“我们公司从一开始就定位为高科技公司，不做乘用车，侧重工程车辆，如干线物流商用载货车、高速路上跑的重型卡车等。”

“为何选择长沙？”我问，“又为什么选择工程车辆？”

宇军笑着说：“这跟董事长李泽湘有关。”

1961 年出生的李泽湘，戴着无框眼镜，朴素平实如大多数学者。他是永州蓝山人，恢复高考后，他参加了第二届考试，考上中南矿冶学院。由于成绩优异，刚上完大一，就作为交换生被公派赴美国卡内基梅隆大学留学。刚到美国的李泽湘并不能和当地人正常交流，这让他很苦恼，因为在学校学的英语是理论性、书面性的，缺乏口语交际能力。李泽湘和同行的伙伴花了几个月时间疯狂学习英语，终于可以和老师同学进行正常学习交流了。

在美国，李泽湘感受到了中西方教育模式的差别，中国重视理论学习，而美国则重视实践教学。在卡内基梅隆大学，他大大提高了自己的动手操作能力，增长了很多见识，学到了很多知识，最终获得了数学硕士、电机工程与计算机硕士及博士学位。

博士毕业后，李泽湘来到麻省理工学院人工智慧试验室和纽约大学计算机系工作，接触的都是时代前沿科技，他完全可以凭借这些条件在美国获得不错的收入。但是目睹了美国科学技术的飞速发展，产品迭代层出不穷，他深感国内大部分地区科技落后、经费缺乏、创新创业意识不够强烈、创新创业氛围不够浓厚，最终，他决心报效祖国，尽自己最大的努力改变国内的这种状况。

1991 年香港科技大学成立，在全球招聘华人教授，他便来到香港科技大学，担任电子计算机工程系教学教授和自动化技术研究室主任。在那里，他学术成就高，学生创业团队是培育一个成功一个。

李泽湘觉得，学生要有一定的动手操作能力及创新创业能力，便改变了自己的教学模式。他的学生各个年级的都有，他将其分组，几个人一组进行科技产品的研发创造。很多学生为了取得高分，不断对产品进行迭代升级；为了取得好的效果，学生们纷纷跑出校园到企业咨询、上网查询、购买材料……最终一件件产品如雨后春笋般被设计出来，而且都是具有开创性、前瞻性的产品。

1999 年，香港科技大学联合深圳市政府、北京大学，创建了深港产学研基地，李泽湘获得邀请和同事联合创立了国内运动控制领域的知名企业——固高科技，并担任固高科技董事长。就这样，全新的产、学、研、用一体的教学模式开创了一种创新创业的新局面。李泽湘在全国寻找名师，希望他们加入自己的团队，共同建设创新创业的大舞台。

其中，汪滔就是在他的帮助下成长起来的。汪滔从小就喜欢无人机科技方面的知识，他的本科毕业论文也是关于无人机的，可是在毕业答辩时由于无人机没能飞起来导致成绩不及格。由于汪滔两次选修李泽湘的课程，李泽湘对其印象很深刻。汪滔学习兴趣很浓，有较好的动手操作能力。李泽湘很看好这个学生，不断帮助他在无人机飞行控制方面进行探索研究，给他提供机会到企业学习。经过后期的不断努力，2006 年，汪滔凭借互联化和影像系统创立了“大疆”无人机品牌，由于赶上国内对无人机材料及科研的需求，“大疆”声名鹊起。

“大疆”无人机击败了所有的国外对手，迅速转回国内市场，致力于开创国内无人机行业的新天地。“大疆”无人机的估值从百万级迅速跃升为超 200 亿美元，成为一家大型科技企业。

这时，毕业于上海交通大学的硕士张峻彬带着自己的几个项目千里迢迢找到李泽湘，希望得到李泽湘的当面指导。可见面后李泽湘理性分析了张峻彬的项目，直接否定了他的项目，认为项目缺乏创新且市场化程度不高。但是李泽湘很欣赏张峻彬对创新创业的热情，他很喜欢这样的人才，决定支持他创业。后来，张峻彬创建了全球首款“会自己洗拖布”的拖地机器人“云鲸”。产品研发成功之后立刻受到了广大消费者的喜爱，并且在微博、抖音、快手等平台火爆全网。

科学技术才是改革的动力，科学技术是推动时代进步的第一生产力。而科技的出现需要创新，因为创新是一个民族进步的灵魂，是一个国家兴旺发达的不竭动力。要引领潮流，就要关注市场，预测未来，用科学方法推动科技进步。“大疆”“云鲸”的成功很典型地证实了这一点。

2015 年 9 月，回乡省亲的李泽湘受到了湖南省和长沙市主要领导的会见。领导的意图很明确：以招商引资的方式将李泽湘引进长沙。领导对他说，湖南制造业基础良好，工程机械、新材料、智能制造等产业走在全国前列，并拥有较强的科研实力和雄厚的人才储备，希望他回家乡创业，为家乡作贡献。面对家乡的盛情邀请，李泽湘无法拒绝。他决定亲自挂帅成立“长沙智能驾驶研究院”。

“当然，选择在长沙建立智能驾驶研究院除了李泽湘董事长割舍不断的家乡情结，还有其他客观原因。”宇军说。

“什么原因？”我赶紧问道。

“一是长沙正在打造中国第六大汽车制造基地，具备良好的基础；二是长沙与东风柳汽所在的柳州不算远，柳州是中国十大重型卡车主基地之一，东风有意签订战略合作协议，算是天时地利人和的条件。”宇军说。

“是因为离柳州近，才选择做工程车辆的吗？”

“不是，不是。”宇军连忙说，“因为自动驾驶真正落地要面临三大挑战。”

“自动驾驶？”我有些疑惑。

宇军笑着解释说：“自动驾驶和智能驾驶本质上没啥区别，关键点是周边监控是人类驾驶者还是系统，如果周边监控为人类驾驶者，就是智能驾驶，而周边监控为系统，则是自动驾驶。”

“哦！明白了。”继而又问，“是哪三大挑战呢？”

宇军剖析起来。第一是技术的成熟度。车辆制造本身不存在问题，但自动驾驶所涵盖的其他技术需要很好地解决。比如感知技术，要让无人车像驾驶员一样能感知到前方道路上的情况，并能精准识别障碍，保持畅通行驶；比如说规划决策技术：定位导航到什么地方去、在复杂的道路上如何控制？这是一个非常具体、现实而又复杂的问题。而重卡的时速理论上限定在 80 公里，且高速路上没有非机动车，也没有行人，不需要超车，这比乘用车要简单而现实得多。关于技术的成熟度，就是国际上也同样遇到了瓶颈，解决了百分之九十九的问题，还剩百分之一的问题没有解决，所以很难落地。一般来说，自动驾驶有 L0 级到 L5 级的定义。L0 级是人工驾驶，L1 级是辅助驾驶。L1 级可以帮助驾驶员完成某些驾驶任务，且只能帮助完成一项驾驶操作，同时驾驶员需要监控驾驶环境并随时准备接管。从 L2 级开始，实现部分自动化，能够同时自动进行加减速和转向操作，前面的车慢，自动驾驶车也跟着慢，前面的车快，自动驾驶车也跟着快，虽然解放了脚，但不会避让。L3 级解放了手，具备横向控制的技术，不仅可以避让，还具备超车功能。到了 L4 级，就解放了眼睛，选择目的地和路线后，基本上就不用管了。L5 级才是顶尖技术，才能算得上真正意义上的无人驾驶，因为它能适应任何驾驶环境，解放了人的大脑。但现实生活中却很难达到 L5 级。第二是法规容忍度。当前世界上除了美国允许部分道路开放自动驾驶，其他国家基本没有开放。法规不开放，无人驾驶就永远不能落地。所以现在能实行的，是在固有的场所和道路上行驶，工程车辆更加适合。第三是客户的接受度，或者说价格的接受度。客户现在能接受的价格是涨幅不能超过现有价格的 20%，但科技公司的成本却达到了现有价格的 200%。这三个条件制约了自动驾驶的落地，也是李泽湘最终选择工程车辆的主要原因。

“成立时最大的困难是什么？”

“办这么一个科技公司，说起来容易，做起来难呀。高科技公司当然需要高科技人才、高素质人才，成立时最大的困难就是人才。”宇军说，“当时李泽湘不是站在湖南角度，也不是站在中国高度，而是从全球的视野来寻找人才。为了找到一位资深的新能源和智能驾驶的专家，李泽湘一连跑了三趟美国，三顾茅庐，动之以情、晓之以理，终于将一位美籍华人专家请回国内。现在我们公司有将近 500 人，其中博士 20 多名，包括 3 名外籍博士，海归人才 30 多个，硕士以上学历 180 多人，还有 130 多个本科生，本科以上学历占比超过 60%，85% 以上是研发人员，是个典型的科技公司。”

希迪智驾一经注册成立，为长沙智能网联汽车产业点燃了星星之火。

“能不能讲讲‘新长沙会战’到底是如何打的？”我想了解其中的感人故事。我相信，枯燥数据背后都是感人的故事。

长沙智能驾驶研究院成立之初，他们实现了第一台重型卡车的循迹，但这还只是自动驾驶的初始阶段，只是将重卡跑的过程记录在计算机内存里，再根据计算机的记忆重新跑一圈。李泽湘知道，对于智能驾驶来说，漫漫长征路刚开始，所以他跟自己的团队说，要像“大疆”那样闭门造车，先干起来再说。

2018 年 1 月 20 日，中国电动汽车百人会论坛在北京钓鱼台国宾馆召开，本届论坛主题是“把握全球变革趋势，实现高质量发展”。李泽湘应邀出席，并作了题为《人工智能会给汽车产业带来什么》的主题发言。在发言当中，李泽湘不经意地提到，他最近在长沙办了一家科技公司，做智能驾驶的。说者无心，听者有意。他的话引起了百度阿波罗智能驾驶研发人员的注意，并在会场上有所交流。会后不久，百度方就来到长沙考察。虽然当时长沙智能驾驶研究院还只有30多人，但其初创团队的技术实力、科技理念，都令百度方称道。百度方人员说："我们准备在今年4月19日推出阿波罗自动驾驶2.5版本，能不能和你们合作，把这个系统用在你们的重卡上？这应该是一个不错的发展方向。"对于起步阶段的长沙智能驾驶研究院来说，这当然是求之不得的事儿。李泽湘立即表态同意合作。为了确保这个项目，百度方特别从北美团队派了10个技术人员来到长沙，只用了3天时间就把系统适配好了。为了配合4月19日的发布会，百度方还专门来拍宣传片。因为李泽湘说过，要像"大疆"那样闭门造车，先悄悄地干，宇军他们便问李泽湘："可能会在百度阿波罗的宣传片中曝光，怎么办？"李泽湘哈哈一笑，说道："曝光就曝光吧，既然曝光了，干脆展开了干吧。"

"新长沙会战"打响了！

"参与国家智能网联汽车（长沙）测试区建设，应该是'新长沙会战'的第一仗。"宇军说。

测试区建设与李泽湘也有关。2015年9月，湖南省和长沙市主要领导会见李泽湘，李泽湘答应回长沙做智能驾驶时，也提出了一个现实问题：要真正发展智能驾驶，必须在长沙建一个智能网联测试场。省市领导高度重视，很快就责成相关部门落实，并在岳麓区学士路附近征了1200多亩地，并于2016年动工建设。长沙智能驾驶研究院为测试区部署RSU（路侧单元），进行网络化基础建设，助力测试区提供V2X（车用无线通信技术）相关测试。

2018年6月12日，测试区开园，虽然还不太完善，但却引来一片赞叹声。有城市道路，也有乡村道路，有平地，也有山地，有桥梁，也有隧道。最宝贵的是，在这1200多亩地里，还有3.6公里的高速公路，并且是完全封闭式的。这段不长的高速公路上，还有收费站、加油站和服务区。228种道路场景，几乎涵盖了所有道路场景，所有自动驾驶车辆都可以进行测试，这在国内是最全的。就连美国来的专家都感叹，在美国也没有这么好的测试场。测试区刚一开园，就受到各方关注，甚至被国家“收编”，于当年11月28日获工信部授予“国家智能网联汽车（长沙）测试区”牌照。

“第二仗呢？”我问。

“第二仗应该是参与国内首条开放道路智慧公交示范线的建设。”宇军说。

“第三仗呢？”

“第三仗是参加‘两个100公里’项目建设，我们提供了多种车路协同路侧基站、边缘计算、全息感知产品和解决方案。参加全国首条主动式公交优先线路智慧公交315线，‘火炬计划’和‘头羊计划’，算是第四仗和第五仗。所有建设中，我们公司都深度参与。”

“最大的困难是什么？”

“产品落地难。”宇军说，“虽然很难，但有不少产品效益还不错，比如无人矿卡，现在就是我们的一个核心业务。”

宇军把我带到了长沙智能驾驶研究院车辆工程部总经理刘洲的办公室。1990年出生的刘洲，老家株洲，大学学的机械自动化，做过矿山设备、移动互联网，但他最想做的还是科技产品，于是他成为第六位跨进长沙智能驾驶研究院大门的创业者。

“我们这个部门主要做无人矿卡。”刘洲说，“现在矿山行业面临的问题越来越多，很多人不愿意去矿山，从业人口也越来越少，特别是西北地区的矿山非常缺人。我们的目标就是要实现采矿无人化，我们的口号是：让天下没有难采的矿。”

刘洲说，制造一辆普通的卡车很简单，但要造一辆无人驾驶的卡车，难度要提升几十倍，甚至上百倍。光一辆车就有 300 多万个代码，而要实现车辆 24 小时稳定工作，极具挑战性。他们生产的无人矿卡，以建筑矿山为主。这些矿山有个特点，重载下坡，能够发挥电动车特性，做能量回收，下坡时利用重力势能发电。这一特点与无人驾驶结合，可以让单台车运营成本节省 80% 到 90%。这是一个了不起的数据。无人矿卡是未来矿山运营的发展趋势，既能代替人工进行工作，降低碳排放，又能节省成本，还能提升工作效率，更主要的是能保障人员安全。

无人矿卡，希迪智驾从零做起，没有经验可以借鉴，完全靠自己摸索。最开始推广这种车时，阻碍很大：人家没见过，也不相信，有很多质疑。于是，他们不断地给人家讲理论，进行各种模拟演练。渐渐地，有些客户开始接受他们的无人矿卡。以前在矿山里挖矿，晴天一身灰，雨天一身泥，又脏又累。现在只要在矿山边上搭个移动板房，程序员坐在办公室里敲击键盘，就能完成所有的工序。

“现在无人矿卡的客户需求越来越大了，今年还会有几十台落地。”刘洲说，“但也有缺点，技术还在迭代过程中，功能和性能还在不断完善的过程中。”

“可以描述一下未来的无人矿卡吗？”我说。

“有个概念叫元宇宙，我们未来的愿景就是做元矿山，它的核心理念就是实现矿山采矿的远程化和虚拟化，通过自动驾驶和 5G 远程遥控，不用去现场，在办公室或是在家里，就能完成现场的工作。”刘洲说。

采访中我了解到，刘洲是一个文学青年，他热爱诗歌。但无人矿卡的故事，不是浪漫的诗歌，也不是天马行空的科幻小说，而是现实，以及正在成为现实的愿景。

尾声 浩瀚而璀璨

一

回顾世界历史，没有任何一个大国可以不经成为制造强国而走向繁荣富强。制造业是世界经济的心脏和主动脉，更是立国之本、强国之基、兴国之器，始终与国家和民族的命运休戚与共。没有强大的制造业就没有经济的持续繁荣，没有经济繁荣就会落后，落后就要挨打。

中华民族，曾在漫长的历史中占据着制造强国的地位。中国早在上古时期就有了一定规模的制造业，传统制造的优势一直保持到清代前期。

在新石器时代，中华大地就已经出现了石器和陶器的制造，以及纺织业和酿酒业。到夏朝，已经有了铜器的冶炼和铸造，车、船的制造。商、周的青铜器、陶器、玉器、骨角器以及纺织品，种类繁多。尤其是造型新奇别致的青铜器，令人叹为观止。春秋战国时期，工业部门日渐齐备，冶铁工业、陶瓷工业、漆器工业、煮盐业、纺织印染业，以及铁器铸造、铜器铸造、车船制造等蓬勃发展，并且还带有明显的地方特色，甚至出现了官府工业和民营工业之分。到了战国，甚至开始出现独立的手工业者。

秦汉大一统局面的形成与发展，促进了各民族经济文化进一步交流融汇的良好局面。经过秦代的重视经营，到了西汉，钢铁冶炼技术已经有了很大提高。并且随着生产力的恢复和发展，各种生产工具和生活用具需求增加，在产量和质量方面都达到了一个新的高度。秦汉的陶瓷工业值得大书特书，气势宏伟、形态各异、无一雷同的兵马俑就说明了一切。汉代的陶瓷工业更为发达，具有历史突破意义的是到东汉时中国瓷器的烧制成功，陶泥、制胎、施釉、烧温等方面均已达到了真正瓷器的要求，这为魏晋时期中国瓷器制作走向成熟奠定了基础。西汉时期，丝绸之路开始了，这是当时纺织工业尤其是丝织业异常兴盛的真实写照。

造纸术依然在历史长河中闪耀着璀璨的光芒。关于纸的发明者，史学界公推东汉的宦官蔡伦。他在总结前人经验的基础上，利用树皮、旧渔网、破布、麻头为原料，制成一种便于书写而又便宜的纸，人们称之为“蔡侯纸”。由于“蔡侯纸”原料丰富、制作方便、价格低廉，因此在全国普遍推广。到了东晋末年，纸完全取代了简帛，成为通常书写的材料。再后来，中国的造纸术先后传到了东亚、东南亚、南亚、西亚、北非，以及欧洲和北美洲，席卷全球。

有意思的是，魏晋南北朝是炼丹术盛行的时代，也是中国化学工业大发展的时期。炼丹术的一项副产品便是火药。方士们在用材料制造某种药物时，这些材料发生了类似火药的作用，从而发明了火药。那些醉心于淘金炼银、不老仙药的方士们，做梦也不会想到，在中国的四大发明中竟然会有他们的一份功劳。第一次把火药配方记录下来的是唐初的炼丹家和药物学家孙思邈。在制作丹药的过程中，孙思邈将硫磺、硝石、木炭混合在一起制成药粉，这就是火药的雏形。唐朝末期，火药就被用于军事了。12 世纪，火药传到阿拉伯，再由阿拉伯人传入欧亚大陆，最终传播至全世界，推动人类的社会文明进步。

历史的车轮来到了隋唐。隋唐时期是我国历史上继秦汉和西晋之后的又一个大一统时期。隋朝统治时期虽然短暂，但却在瓷器业、造船业和造桥技术方面表现不凡。数千年来，历经风风雨雨，依然横跨洨河之上的赵州桥，依然在默默讲述着隋朝工匠精益求精的故事，中国制造的辉煌篇章。隋朝更是我国瓷器发展的重要阶段，其突出表现就是白瓷的出现。胎质坚硬，色泽晶莹，造型生动而美观。唐朝的工业更是一片繁华景象。由于承平日久，国泰民安，大一统的环境对工业的促进作用益发显著。此时的工业发展相当迅速，内部分工极细，最重要的工业部门有造船、矿冶、瓷器、铸钱等。不论是技术水平、产品种类，还是生产规模，都超过了前代。特别是颜色绚丽、生动优美的唐三彩，还有色彩丰富、气象万千的长沙彩瓷，都令我们惊艳不已。

辽宋夏金是我国历史上的又一个大分裂时期，虽无以往分裂时期那种小国林立的局面，然而由相互攻伐所造成的国家动荡、生民涂炭却是有过之而无不及的。但即使如此，中国的工业仍在顽强地向前发展，在各方面取得显著进步，同时又具有鲜明的地域性、民族性。兵器工业在数量、种类、技术上都有突破，火药武器到了宋朝就已经能充分地利用其爆炸力了，并不断投入战争。

北宋平民毕昇发明了活字印刷术，这在印刷业上是个划时代的创新，是我国对世界科技文明的重大贡献。制瓷工业已经成了宋朝光彩夺目的一个工业部门，不仅瓷窑众多，名窑迭出，在制瓷工艺上有很多创新。令人称道的是，宋朝许多工业的发展中都蕴含着科技因素的力量，中国古代的四大发明有三项是产生于或完成于宋朝。令人惋惜的是，宋朝也是中国工业领先世界的最后一个朝代，此后，中国工业逐渐被西方世界所赶超。

明清两朝，充满无奈与伤感。明清的政治统治可以说达到了中国封建统治的顶峰，统治者为了维护自己的地位，对社会发展的桎梏性越发显露无遗，他们实行海禁，他们闭关锁国。明清工业发展也因此屡遭挫折，但仍艰难地向前发展，而且在一些主要工业部门中，已稀疏地出现了资本主义萌芽。而放眼世界，中国的工业已无可奈何地落伍，预示着中国近代挨打受侮的悲惨命运。

令我们遗憾的是，正当明清两朝闭关锁国沉睡之时，世界或正在步入近代工业文明路途，或正在轰轰烈烈地发展工业文明，并利用当时的“先进制造业”暴风骤雨般地席卷整个世界。

1765 年，英国以织工哈格里夫斯夫妇发明“珍妮纺织机”为开端，展开了宏大的第一次工业革命时代。1785 年，英国发明家瓦特改良蒸汽机后，人们的生活发生了巨大的变化，蒸汽时代来临了……于是，工场变成了工厂，社会分成了企业家和劳动人民两部分，资本主义发展迅速。

1831 年，英国物理学家、化学家法拉第发现了电磁感应现象；1866 年，德国发明家西门子发明了发电机……19 世纪中期开始 20 世纪初期结束的第二次工业革命，是科学和技术的紧密结合，是时代的必然趋势。这次工业革命还给人们带来了汽车、飞机的雏形，爱迪生的灯泡让黑夜也如白天般明亮……

明清以来，文明越来越萎缩，国力也越来越衰弱。1840 年的鸦片战争，英国人用火炮轰开了闭关锁国两百年的大清国门，还迫使清政府签订了丧失主权、独立和领土完整的《南京条约》，这意味着中国屈辱的近代史开始了。随后，英美法等主要西方列强通过一系列不平等条约，加强了对中国的经济侵略，对中国的传统工业造成了严重冲击。

在人类文明的历史长河中，伟大的中华民族曾经独领风骚几千年，仅仅在近代工业文明的创新中打了个瞌睡，伸了个懒腰，走慢了半拍，就付出了惨重的代价。当然这有政治体制、经济实力、军事装备等各方面的因素，但工业在其中是个根本因素。

庆幸的是，东方雄狮终于从沉睡中渐渐苏醒。

实现国家工业化，建设世界工业强国，是近代以来中国人的梦想，也是中国共产党的奋斗目标。

新中国成立之初，我们集中力量进行重工业和国防工业建设，特别是重点发展电子与核工业，取得巨大成就，成为世界上少数几个拥有核武器与卫星的国家，不但提高了国际地位，而且增强了国防安全保障能力，为我国后续发展营造了稳定的国际环境，也为制造业的发展奠定了必要的物质与人才基础。

改革开放中，我们抓住了发达国家离岸外包和全球垂直分工的趋势，充分发挥了劳动力丰富、成本低的优势，快速融入全球分工格局，承载了发达国家跨国公司全球价值链劳动密集型环节的转移；加入WTO后，我们进一步降低了加入全球分工体系的壁垒，迅速发展成为世界主要的加工制造基地；进入新时代，新一轮科技革命和产业变革方兴未艾，云计算、大数据、物联网、人工智能等新一代信息技术，正推动制造业进入智能化时代。

今天，“天问一号”开启火星探测、“奋斗者号”万米海沟成功坐底……可上九天揽月，可下五洋采“冰”，大国制造屡创奇迹，制造大国奋楫笃行。越来越多的高科技在国内诞生，制造业曾面临的短板也被一项项突破。作为世界上拥有最为完善工业体系的国家，中国制造业已经创造或正在创造出更大的辉煌。

党的十八大以来，我国制造业发展取得历史性成就、发生历史性变革。

从40万户规模以上工业企业，到4万多家“专精特新”中小企业，我国制造业综合实力持续提升，市场主体活力和实力不断增强；从新能源汽车产销量连续7年位居世界第一，到5G手机2021年出货量达到2.66亿部，我国制造业供给体系质量大幅提升，不断满足人民群众对美好生活的需要；从大型飞机、载人航天、电力装备、高档数控机床等领域实现创新突破，到 2021 年重点工业企业关键工序数控化率、数字化研发设计工具普及率分别达到 55.3% 和 74.7%，我国加快推进制造业生产模式转型升级，高端化、智能化、绿色化发展取得新成效……

2023 年 3 月 5 日下午，人民大会堂东大厅灯光璀璨，暖意融融。

十四届全国人大一次会议开幕当天，习近平总书记首先来到他所在的江苏代表团，同大家共商国是。

坐在总书记对面的单增海代表刚一发言，总书记就认出了他：“你今天在代表通道接受记者采访了吧？”

“是的。”

“我看到了。”

单增海是一名来自徐工集团的工人代表。这次他给总书记带来了一个好消息：“2017 年您考察徐工时乘坐的 220 吨全地面起重机，关键指标已达到全球第一，国产化率由原来的 71% 提升到 100%。”

总书记插话问：“你们起重机里面的芯片，是国产的吗？”

“全是国产的。”

单增海进一步介绍，他们坚持创新驱动，加大科研投入，产品零部件国产化率从 62% 提升到 91%。

总书记肯定地说：“你们的工程机械是做出来了，达到了世界领先水平。从全世界来看，我们现在的制造业门类品种是最齐全的。同时，我们还要再提升，向中高端走，我们高质量发展要体现在这里。”

从制造业谈到发展与安全的辩证法，总书记强调，任何时候中国都不能缺少制造业。一个 14 亿多人口的大国，靠国际市场不行，单靠“一招鲜吃遍天”也不行，必须依靠自己解决自己的问题。

二

为稳稳地筑牢中国制造业，湖南一直在奋斗。

地处内陆丘陵地区，湖南为何能抓住历史机遇，在制造业上创造奇迹，突破重围，走向全国，拥抱世界？

首先是因为“经世致用，敢为人先”的实干精神。虽然湖南地处中部内陆，在地理位置上不占优势，不像江苏、山东、广东、浙江、福建等先进制造业强省，有优良海港，发达海运，但湖南人有“经世致用，敢为人先”的精神，敢于也善于应对各种挑战。让我们看向近代湖湘。陶澍，清代湖湘经世致用派的领袖，在改革盐政、改良漕运、创办海运、兴修水利等方面政绩卓著，使两江地区“百政俱兴”，成为全国人才荟萃之地、经济富裕之地。曾国藩，作为经世致用思想的继承者，他创建湘军，率先发起洋务运动，创办近代中国第一家大型军工厂，促成了近代第一批赴美留学生。左宗棠，他筹办马尾船厂和船政学堂，创办兰州制造局，收复新疆，抗击法军。胡林翼，他通过改漕章、通蜀盐、整榷务、办厘金，将“天下第一破烂之鄂”变为“天下第一富强之省”。郭嵩焘，首位驻英法公使，成为中国近代“清醒看世界第一人”。百年来，三湘儿女怀着“心忧天下、敢为人先、经世致用、坚忍不拔”的精神特质，致力于推进制造业发展。

其次是因为包容开放的创新精神。告别僵化沉闷、冲破内陆封闭，不断突破创新的高度、开放的宽度，这是流淌在湖南人血脉里的创新特质。从发出“建党先声”到成为“建军摇篮”，再到如今推动工程机械、轨道交通、中小航空发动机及航空航天装备等享誉全国乃至世界，都是湖南人敢闯敢试、敢于创新的具体体现。具有广大包容胸怀才能取他人之所长，才能使其融入自己的创新中。故步自封，只会停滞不前。湖南人敢于吸收各家技术之长，并在此基础上进行创新。特别善于吸收和整合来自世界各国的诸多文化因素，本着开放的心态，面向世界。我想到了长沙铜官窑。1200 年前，与发展成熟的越窑相比，刚刚兴起的长沙铜官窑肯定是难以与之抗衡的。但长沙铜官窑却另辟蹊径，走上了彩瓷之路，并在装饰风格上独树一帜。它将大量的市井诗文、题记和商业铭文搬上瓷器的制作工艺中。它最突出的创新点，便是以文化手段来经营品牌，在品牌经营中提升文化品位。长沙铜官窑吸收了各家技艺之长，才能在此基础上创新。从长沙铜官窑的创新中，可以看到南北方瓷艺的痕迹。同时，它又整合来自西亚和南亚的诸多文化因素，也正是因为其包含多元文化因素，其产品才会为各民族所接受。令人欣慰的是，创新和包容的品质一直在湖湘血脉中流淌，生生不息。

再次是因为举国体制的重要作用。今天，我们面对的全球环境是一个开放体系，我们必须用开放的胸怀、全球化的视野进行科技创新和科技交往。同时，科技竞争的壁垒无处不在。面对日趋激烈的国际竞争以及部分国家的围堵打压，只有围绕国家战略需求，优化配置创新资源，发挥集中力量办大事的优势，才能尽快补上关键核心技术的短板。关键核心技术通常具有开发周期长、投资大、风险高等特点，难以单纯依靠市场自发力量驱动出来。健全新型举国体制，是实施创新驱动发展战略的必然要求，也是实现科技自立自强的现实需要。也正是在举国体制推动下，过去我们自力更生、艰苦奋斗，取得了“两弹一星”、人工合成牛胰岛素等科技攻关重大成就。近年来，新型举国体制不断完善，在探月工程、国产大飞机研制科技攻关中发挥了重要作用。党的十八大以来，习近平总书记高度重视科技创新及关键核心技术攻关问题。2022 年 9 月 6 日，习近平总书记主持召开中央全面深化改革委员会第二十七次会议，会议强调：“健全关键核心技术攻关新型举国体制，要把政府、市场、社会有机结合起来，科学统筹、集中力量、优化机制、协同攻关。”湖南是制造业“举国体制”的受益者。

当然还少不了各级政府的责任担当和真抓实干。为推动习近平总书记考察湖南重要讲话精神在三湘大地落地生根、开花结果，湖南编制出台打造国家重要先进制造业高地、科技创新和开放型经济发展等专项规划。在打造国家重要先进制造业高地上，大力推进先进装备制造业倍增、战略性新兴产业培育等“八大工程”；在打造具有核心竞争力的科技创新高地上，大力实施关键核心技术攻关计划、基础研究发展计划等“七大计划”；在打造内陆地区改革开放高地上，着力开展国企国资改革、对接大战略提升大平台等“九大行动”。坚持把打造“三个高地”摆在重中之重的位置。围绕打造国家重要先进制造业高地，把握“重要”定位、瞄准“先进”方向、体现“高地”要求，大力推进产业项目建设，着力打造工程机械、轨道交通装备、中小航空发动机及航空航天装备三大具有影响力的世界级产业集群，打造电子信息、新材料、新能源与节能三大具有比较优势的国家级产业集群，以及转型升级传统产业集群和布局培育未来新兴产业集群。坚持把践行“四新”使命作为沉甸甸的责任。坚持质量第一、效益优先，完整全面准确贯彻新发展理念，加快推动经济发展质量变革、效率变革、动力变革，着力提高发展“含金量”，促进全省经济继续保持稳中有进、稳中提质、稳中向好的良好态势，努力在推动高质量发展上闯出新路子。

三

工业人在不懈的奋斗中获得了丰硕的果实，也留下了有益的启示。

中国制造业发展依然面临着冲击和挑战，中国政府对此有清醒认识。《中国制造2025》中写道，我国“制造业大而不强，自主创新能力弱，关键核心技术与高端装备对外依存度高，以企业为主体的制造业创新体系不完善；产品档次不高，缺乏世界知名品牌；资源能源利用效率低，环境污染问题较为突出；产业结构不合理，高端装备制造业和生产性服务业发展滞后；信息化水平不高，与工业化融合深度不够；产业国际化程度不高，企业全球化经营能力不足”，可见转型升级和跨越发展的任务紧迫而艰巨。

采访中，我被工业人在逆境中自主创新，最终扬眉吐气的故事，被不屈不挠、生生不息的奋斗精神深深感动着，同时我也听到了理性、客观、冷静的思考。正如山河智能装备股份有限公司国际营销公司售后服务工程师李桂文所说：“我们的品牌在很多方面已经国际领先了，国际认可度越来越高了，但不能骄傲，更不能沾沾自喜。世界制造业滚滚向前，更何况在个别材料上和技术上仍比欧美国家逊色，如果不理性认识，不逆水行舟，就会后退，甚至泥沙俱下。”是啊，由于一些关键基础零部件长期依赖进口、核心技术缺乏竞争力的现象较为普遍，核心技术、关键零部件被“卡脖子”的风险日益凸显。

习近平总书记指出，关键核心技术是要不来、买不来、讨不来的，只有把关键核心技术掌握在自己手中，才能从根本上保障国家经济安全、国防安全和其他安全。怎么办？只有真正把制造业发展的“卡脖子”清单转换为科研攻关的任务清单，积极围绕产业链部署创新链，加快打通基础研究、应用研究、产业转化的“堵点”，尽快提升自主创新能力，才能降低我国制造业供应链和技术链“卡脖子”“掉链子”的风险。

仍需培育对科技的信仰和对创新的冲动。面对工业 4.0 时代，我国有自己的优势：我国工业拥有世界最完整的供应链条，我国是世界上唯一拥有联合国产业分类中全部工业门类（39 个工业大类、191 个中类、525 个小类）的国家，形成了“门类齐全、独立完整”的工业体系；

我国政府强大的组织能力也是不可忽视的一个独特优势。我国最缺的是什么？对科技的信仰、对创新的冲动。当今世界新的竞争法则是“在协作中谋竞争，在给予中谋回报”。正如美国的一个作家所言：未来的竞争，不是政治，不是经济，而是孩子们的想象力。工业 4.0 不仅是一场科技革命，更是一场社会变革，创新和创造将是永恒的主题，它将对人类产生深远的影响。现在，我国的人口红利伴随着人口负增长的出现，已经正式消失，制造业在转型，经济结构也在调整，如果不培育对科技的信仰和对创新的冲动，不融入世界，在竞争中合作，在合作中竞争，做到知己知彼，则很难赢得更大的主动。

应该更加尊重产业工人的主体地位。虽然因为中央到地方的重点关注，让产业工人队伍不断壮大、素质不断提高，但产业工人队伍建设现状，与经济高质量发展的要求相比仍有差距。采访中，我还深刻感受到：产业工人社会地位不高、技能发展通道受阻等因素，造成不少产业工人职业认同感不足。缺乏职业认同，直接导致愿意钻研技术、提升技能的产业工人不多，追求极致、精益求精的工匠更少。不少工厂正逐渐失去对年轻人的吸引力，一些劳动者“宁愿送外卖也不愿去工厂”。产业转型发展、建设装备制造业强国，迫切需要一支具有工匠精神的产业工人队伍。磨炼技能要耐得住寂寞，产业工人只有感到有奔头，攻坚克难、锲而不舍才会有劲头。为此必须提升产业工人的获得感、自豪感、荣誉感，激发更多产业工人的奋斗热情，让他们既有地位又有尊严。由于产业工人缺乏职业认同，职业技术教育陷入“困境”，甚至举步维艰。我想起在湘钢高级技工学校采访时刘波老师所说：“从目前来看，相当一部分家长还是不太愿意让孩子进职业技术学校，感觉做工人又脏又苦，在亲戚朋友面前抬不起头。他们鼓励孩子去送外卖、当主播，甚至希望孩子当网红，这容易让孩子对社会主流文化的理解产生偏差。”另一方面，职业技术学校也必须提高教学质量，使其成为培育产业工人的摇篮。职业技术学校学生也要有钻研高深学问的自觉，比如学习机器人编程等，只有这样才能适应时代和社会，才能赋予自己更大的价值。应该铭记和强化，产业工人是工人阶级中发挥支撑作用的主体力量，是创造社会财富的中坚力量，是创新驱动发展的骨干力量，是实施制造强国战略的有生力量，是推动中国工业高质量发展的“重中之重”。

应该继续高度关注市场，加大研发力度。市场需求是创新的根本动力，只有创新才能突破技术难关，实现制造业高质量发展，而创新离不开科研经费的支撑。采访中，不少专家理性地向我表示：虽然我国制造业发展迅速，但基础学科仍然较为薄弱。政府不仅要为企业营造更好的研发环境，还要加大研发资金的扶持；企业也应该加大研发投入，做高质量的具有引领性的产品。

…………

此刻，抬头仰望，窗外的星空浩瀚而璀璨。

如今的“中国造”，北斗卫星已在太空集结，高铁风驰电掣地驶向世界，混凝土搅拌车、挖掘机、大吨位起重机、旋挖钻机等“忙碌”于地球各个角落的工程现场，“海牛”深海钻机、“鲲龙2000”采矿车等已到“五洋捉鳖”……

这无疑是我们这个时代最为壮丽的风景之一。

这既是中华民族工业跨越百年的历史回响，也是国家重要先进制造业独立自主、强大崛起，推进中华民族伟大复兴的重要保障。

我喜欢这风景：神州奋起，国民荣耀，山河壮丽。但我更感佩于风景背后的情怀和胸襟、汗水和心血、警醒和理性，那是另一种风景，植根在灵魂深处的风景，是一个民族最鲜明的底色。

但这不是东方大国打造国家重要先进制造业高地的终极目标。

翻开2021年11月初在济南召开的世界先进制造业大会上发布的

《世界先进制造业大会济南宣言》，大国情怀跃然纸上：

开放合作是先进制造业发展的必然选择。世界经济体系已经成为不可分割的整体，先进制造业的发展离不开世界各国的积极参与，离不开全球企业的共同努力。推动先进制造业高质量发展，必须秉持互利共赢理念，开展广泛深入的国际分工与合作，构建开放合作生态体系，在世界范围内配置技术、装备、产品、人才、资金等资源要素，在开放合作中提升产业竞争力，共同推动全球先进制造业朝着更加开放、合作、包容、普惠、共赢的方向发展。

是啊，制造业高质量发展终究是人类共同面对的课题，创新既需要全人类的积累，也需要有多元文化与思维方式的碰撞，还需要全球更广阔范围的资源和市场，唯有顺应新变革、新趋势，以更加开放的胸怀拥抱新变化，以不断创新的精神迎接新挑战，携手打造全球制造业命运共同体，方能为全球经济发展和人类文明进步注入强大动力。

我们面向未来，走向世界，不是去规划和征服世界，而是更加开放自信地融入世界，创造和体现自己的价值，书写最为宏阔和壮丽的制造业诗篇。

后记

这是一次深情的凝视与回眸，惊心动魄而又热血沸腾，艰难与辛酸、拼搏与希望、感动与欣喜相伴随行。

古代能工巧匠勤劳且富有智慧，近代工业先驱在逆境中重燃梦想并奋起拼搏，纷飞战火中工业人在颠沛流离中奔腾不息，新中国成立后政府和企业同心协力，在一穷二白的基础上建成制造大国……一代又一代工业人接续奋斗，共同构成了中国制造的浩瀚历史。他们不仅承载着人类历史的薪火相传，也推动着人类文明的不断进步。他们是我创作的源泉，更是这部作品的底色。

在采写这部作品的过程中，我不仅深刻感受到了工业人的艰辛与艰难，自己的创作也遇到了前所未有的挑战。一方面，波澜壮阔的中国工业史，与国家的前途和命运紧密相连，我需要做好功课，知晓其发展脉络；另一方面，工业题材不是我熟悉的领域，当我真正面对精细、庞大的机器时，我竟然有些束手无策。尤其是面对制造业的智能化和数字化转型，面对依托物联网、大数据和人工智能技术赋能的灯塔工厂等现代化工厂时，我感到了陌生甚至理解吃力。显然，我的数字化意识和理念是落后的，需要被唤醒，更需要补课。真正走进工业的内核，发现它的灵魂和思想，这是我创作好这部作品必须解决的课题。于是，我深入制造业企业，走到生产一线，以“小学生”的身份走进工业人的内心，倾听他们的故事，与他们同喜同忧。渐渐地，我的内心变得丰盈起来，陌生开始消解，感悟凝聚成文字。

本书的采写与出版，得到了中国作家协会、中共湖南省委宣传部、中国报告文学学会、湖南省作家协会、湖南省工业和信息化厅、湖南省人民政府国有资产监督管理委员会、湖南人民出版社、《中国作家》杂志社、中共长沙市委宣传部，以及湖南工程机械领域、轨道交通装备领域、智能制造领域、钢铁生产领域众多企业和湖南省内职业院校的大力支持与帮助，参考了记录、研究并推进制造业发展的专家、学者的一大批专著。特别是湖南省作家协会，不仅给予鼓励与扶持，还为采访与创作最大限度地提供便利；湖南省工业和信息化厅积极组织协调，保障了采访与创作的顺利进行；湖南人民出版社的编辑老师，对文字心怀敬畏，用丰富的想象力与深刻的思想，以追求卓越的工匠精神投入工作。我感谢他们为这本书付出心血，凝聚情感。

我把这本书献给正在制造业领域奋斗的企业家、科学家、技术人员、大国工匠们。如果不是他们的奋起、实干、创新，推进“中国制造”从跟跑到逐渐领跑，并走向“中国智造”，我的创作便会缺乏灵魂与内涵。整个采写过程，劳模精神、工匠精神、创新精神一直浸润着我的心灵，像一条涓涓细流，流向心灵深处。

纪红建

2023 年春于长沙

图书在版编目（CIP）数据

大国制造 / 纪红建著. —长沙：湖南人民出版社, 2023.7
ISBN 978-7-5561-3223-2

Ⅰ. ①大…　Ⅱ.①纪…　Ⅲ. ①制造工业—工业发展—研究—湖南
Ⅳ. ① F426.4

中国国家版本馆CIP数据核字（2023）第061651号

大国制造

DAGUO ZHIZAO

著　　者　纪红建
策划编辑　周　熠
责任编辑　周　熠　张　新
设计总监　虢　剑
装帧设计　侯越越　许婷怡
责任印制　肖　晖
责任校对　欧家作　杨萍萍

出版发行　湖南人民出版社［http://www.hnppp.com］
地　　址　长沙市营盘东路3号
邮　　编　410005
经　　销　湖南省新华书店

印　　刷　长沙超峰印刷有限公司
版　　次　2023年7月第1版
印　　次　2023年7月第1次印刷
开　　本　710 mm × 1000 mm　1/16
印　　张　25
字　　数　334千字
书　　号　ISBN 978-7-5561-3223-2
定　　价　68.00 元

营销电话：0731-82221529　（如发现印装质量问题请与出版社调换）